Hansjörg Gadient

Spielraum

Kindergerechte Freiräume
planen und bauen

Illustrationen
Jan Robert Dünnweller

Birkhäuser
Basel

Vorwort

Für Kinder entscheiden

Kinder brauchen für ihre körperliche und geistige Entwicklung ein sicheres und anregendes Umfeld. Freies Spiel und unterschiedliche soziale Kontakte sind unabdingbar für ihr Wohlbefinden. Dieses Buch gibt Hinweise, wie auf allen Planungsebenen konsequent für Kinder und ihre Bedürfnisse entschieden werden kann.
Mit «Kindern» sind Menschen vom Säuglingsalter bis zur Pubertät gemeint. Sie sind am stärksten auf attraktive und sichere Freiräume angewiesen. Ältere Kinder – oder besser Jugendliche – haben spezifische Ansprüche an ihre Umwelt, die besondere Einrichtungen erfordern. Sie sind mobiler und weniger gefährdet und suchen sich selbst Orte, wo sie ihre Interessen[1] verfolgen können.
Die Hinweise in diesem Buch richten sich an Fachleute aus Raumplanung, Architektur und Landschaftsarchitektur, an Immobilienfachleute und an Laien, die sich mit Planung, Bau und Unterhalt von Freiräumen für Kinder beschäftigen. Zudem finden auch Personen in Politik und Behörden Hinweise zu kindergerechten Freiräumen.

Die Gliederung folgt dem Ablauf eines Planungs-, Bau- und Nutzungsprozesses, von den ersten Planungsschritten bis zu Unterhalt und Pflege. Dieses Buch will Hintergrundwissen vermitteln und ein effizientes Arbeitsinstrument für die Umsetzung sein. In jedem Kapitel werden im ersten Teil Ursachen, Hintergründe und Zusammenhänge eines Themas erläutert: Der Text wirbt für Verständnis der Kinderanliegen und zeigt Vorgehensweisen und Lösungsansätze auf. Im zweiten Teil jeden Kapitels finden sich Listen und Stichworte, die als schnelles Nachschlagemittel in der Praxis dienen. Die Illustrationen veranschaulichen technische Erfordernisse und setzen die Welt der Kinder ins Bild.
Das Buch ist keine Rezeptsammlung, sondern es will dazu anregen, Freiräume für die Jüngsten selbstständig, kreativ und kindergerecht zu planen und zu realisieren. Die Texte und Darstellungen erheben auch keinen Anspruch auf Vollständigkeit; sie sind Hinweise für mehr Kindergerechtigkeit. Sie entbinden Planungsverantwortliche nicht davon, sich mit den am eigenen Wirkungsort geltenden Vorschriften vertraut zu machen und die Regeln der professionellen Praxis zu kennen und einzuhalten.
Und nicht zuletzt gilt: Kinderfreundliche Freiräume sind immer auch erwachsenenfreundlich!

Chancen kinderfreundlicher Freiräume

Wenn Kindern gute Freiräume zur Verfügung stehen, in denen sie unbeaufsichtigt, frei und sicher spielen können, hat dies große positive Wirkungen.[2] Die Aktivitätszeit ist länger, der Medienkonsum sinkt, es entstehen Freundschaften, und die Gesundheit wird gestärkt. Zudem werden Kreativität und Sozialkompetenz gefördert. Wo gute Freiräume fehlen, entstehen gravierende Probleme in der körperlichen, geistigen und sozialen Entwicklung.[3] Übergewicht, Vereinzelung und Aufmerksamkeitsstörungen gehören zu den Folgen.

Längere Spieldauer in guten Freiräumen

«Kinder brauchen drinnen und draußen ein Umfeld, das sie anspricht, neugierig macht, zum Gestalten und Experimentieren animiert.»[4] In guten Freiräumen bewegen sich Kinder mehr, sie entwickeln seltener Übergewicht[5] , und ihre fein- und grobmotorische Entwicklung verbessert sich. Sie üben ihr Sozialverhalten und ihren Umgang mit Risiken. Sie werden selbstständiger, weil ihre Autonomieentwicklung auf allen Ebenen gefördert wird. Wo Kinder sich sicher und frei bewegen können, lassen ihnen die Eltern früher mehr Freiheiten; als Folge davon werden sie selbstständiger und selbstsicherer.[6] Gute Freiräume unterstützen und fördern die Kreativität, denn sie lassen Kindern auch im übertragenen Sinn Freiraum.
Wenn das Wohnumfeld so attraktiv und sicher ist, dass auch relativ kleine Kinder es unbeaufsichtigt nutzen können, spielen darin bei gutem Wetter über 55 Prozent der Drei- bis Vierjährigen drei bis vier Stunden pro Tag außer Haus.[7] Sie sind dabei viel explorativer als in der Wohnung oder im Kindergarten. Dieses Verhalten ist vom familiären Hintergrund praktisch unabhängig und wird vor allem durch die Qualität und Sicherheit des Wohnumfeldes beeinflusst.[8]

Sinkender Medienkonsum

Der Medienkonsum der älteren Kinder sinkt mindestens um die Hälfte, in manchen Fällen sogar noch stärker.[9] Weniger Medienkonsum und stärkere Eigenaktivität haben positive Auswirkungen auf die körperliche Entwicklung, insbesondere auch die des Gehirns.[10]

Begegnung und Freundschaft

Das freie Spiel fördert das Sozialverhalten und die Begegnung: Im guten Wohnumfeld haben Kinder durchschnittlich neun Spielkameraden, in schlechten nur zwei.[11] Es entstehen Begegnungen und Freundschaften mit Kindern anderen Alters, aber auch mit Kindern aus verschiedenen sozialen Verhältnissen. Kinder und Erwachsene, die an verkehrsberuhigten Straßen wohnen, haben viel häufigere und intensivere Sozialkontakte als an stark befahrenen Straßen. Sie sind besser integriert und fühlen sich wohler.[12]

Probleme von fehlenden und schlechten Freiräumen

Übergewicht, Hyperaktivität und Aufmerksamkeitsstörungen

Wo Kinder keine Gelegenheit haben, regelmäßig und unbeaufsichtigt draußen spielen zu können, werden sie zu «Hors-sol-Kindern»[13]. Das heißt, dass sie sich in Innenräume zurückziehen und ihre Freizeit oft ohne körperliche Aktivität mit Spielkonsolen, dem Internet oder Fernsehen verbringen. Wegen der Gefahren im Freiraum werden sie von den Eltern ständig beaufsichtigt und herumgefahren. Diese «Verhäuslichung» führt zu Übergewicht, Aufmerksamkeitsstörungen und Hyperaktivität.

Vereinzelung und Entwicklungsverzögerungen

Zudem leidet der freie Austausch mit Kindern diverser Altersstufen und anderer sozialer Hintergründe. Die Kinder vereinzeln, nicht zuletzt, weil der motorisierte Individualverkehr ihre Freiräume zu unsicher für das unbeaufsichtigte Spiel im Freien macht.[14] Unter fehlender Bewegung im Freien leiden auch die Wahrnehmungs- und Konzentrationsfähigkeit sowie die Resilienzentwicklung. Psychische und physische Entwicklungsstörungen, Hyperaktivität in der Schule und Gewaltbereitschaft können die Folgen sein.

Letzter autonomer Raum für Kinder: das Internet

«Es wundert nicht, dass Kinder vom Surfen im Internet und den Computerspielen fasziniert sind. In dieser virtuellen Welt finden sie das, was in der realen Welt für sie kaum mehr zu haben ist, etwas Spielraum, sich autonom und unbeobachtet zu bewegen, ein Substitut für das, was ihnen verloren gegangen ist: Freiheit, Abenteuer und Gefahr». schreibt Claudius Natsch[15] und benennt damit den letzten Schritt in einer fatalen Entwicklung des Kinderspiels vom Abenteuer im Freien zum Rückzug in die virtuelle Welt.

Kurze Geschichte des Kinderspiels im Freien

Einheit von Spielraum und Lebensraum der Erwachsenen

Bis zum Beginn der Neuzeit wurden Kinder als kleine Erwachsene gesehen. Sie nahmen am Alltag der Familie teil, ohne dass für sie besondere Vorkehrungen, wie zum Beispiel Spielplätze, getroffen wurden. Sie spielten auf der Straße und auf den Feldern, in den Werkstätten und Wohnungen und nutzten vorhandene Alltagsdinge wie Fassdauben als Wippen oder Gelenkknöchelchen als Spielzeugkühe. Ihr Spielraum war nirgends und überall.
Erst mit der «Entdeckung der Kindheit»[16] im 16. Jahrhundert traten die Kinder und ihre Spiele in den Fokus der Aufmerksamkeit. Um 1560 malte Pieter Bruegel sein berühmtes Wimmelbild «Die Kinderspiele». Es ist eine Szene im Freien, in der Kinder sich allein und in Gruppen, still und wild vergnügen. Straße, Platz und Bachufer gehören ihnen.

Die ersten Spielgeräte: Turngeräte zur Leibesertüchtigung

Zu Bruegels Zeiten gab es weder Spielplätze noch besonders errichtete Spielgeräte. Diese – oder deren Vorläufer – entstanden erst um 1800, als das männliche Kind in den Fokus der militärischen Leibesertüchtigung rückte. «Turnvater Jahn», der Pädagoge Friedrich Ludwig Jahn (1778–1852), propagierte das Turnen – vor allem an Geräten –, um die männliche Jugend für den künftigen Kriegsdienst zu ertüchtigen. 1811 baute er seinen ersten Turnplatz in der Hasenheide in Berlin.[17] Aus seinen Turngeräten entwickelten sich mit der Zeit die Spielplatzgeräte, die wir heute kennen. Ein weiterer Ursprung dieser Geräte waren die Karussells und Schaukeln, die sich der Adel seit dem Barock in seine Gärten hatte stellen lassen.

Erste Sandgärten

Bereits 1850 wurden im Umfeld von Friedrich Fröbels (1782–1852) pädagogischen Ansätzen in Berlin die ersten sogenannten Sandgärten angelegt: im Grunde nichts als aufgeschütteter Sand in öffentlichen Anlagen. Die Architekturkritikerin Alexandra Lange beschreibt sehr anschaulich, wie ein einfacher Sandhaufen, ergänzt mit losem Material wie Stöcken und Steinen, zu einem beliebten Spielort wird. In Form der Sandkästen für die jüngsten Kinder ist dieses Element bis heute sehr beliebt.[18]

Motorisierter Verkehr: Verlust von Spielräumen

Die für das Spiel im Freien folgenschwerste Entwicklung war die Erfindung des Autos und der damit verbundene Verlust von Straßen und Plätzen als Spielräumen. Straßen waren schon zur Zeit von Kutschen und Reitern nicht ganz ungefährlich für Kinder, aber mit dem Aufkommen der Motorisierung verloren sie immer mehr ihren multifunktionalen Charakter von Fortbewegung, Begegnung und Spiel.

Bau- und Schrottspielplätze

Nach dem Zweiten Weltkrieg nahm der Verkehr so zu, dass für das freie und selbstbestimmte Spiel im Freien gezielt Alternativen zur Straße gesucht wurden. Mit Carl Theodor Sørensen (1893–1979) und anderen Landschaftsarchitekten erstarkte in Skandinavien ab 1945 eine Bewegung, die den Kindern sogenannte Bau- oder Schrottspielplätze anbot, auf denen sie mit Abfällen und Baumaterial kreativ werden konnten.[19] Dieser höchst innovative und erfolgreiche Ansatz verbreitete sich in den 1970er-Jahren in ganz Mitteleuropa und wurde dort unter dem Namen «Robinsonspielplatz» bekannt. Weil die Kinder hier tatsächlich selbst Hand anlegen und Dinge verändern und gestalten durften, erfreuten sich diese Anlagen größter Beliebtheit.

Langweilige Standardspielplätze im Wohnungsbau

Mit der regen Bautätigkeit im Siedlungsbereich entstanden ab 1950 immer mehr, meist sehr konventionelle Spielplätze, deren Ausstattung mit Rasenfeld, Sandkasten, Rutsche und Schaukel bis heute als Standard gilt. Ihre Funktionalität und Bedarfsgerechtigkeit wurden viel zu wenig infrage gestellt. Meist wurden sie von jüngeren Kindern ein paar Mal ausprobiert und dann bald wegen fehlender Anregungen und geringem Spielwert ignoriert.

Spielskulpturen von Kunstschaffenden

Etwa ab 1970 gerieten die Spielplätze auch ins Blickfeld von Kunstschaffenden, denen vor allem an der Gestaltung lag. Es entstanden individuell entworfene Spielskulpturen und -plastiken aus verschiedensten Materialien, die meist vor allem zum Beklettern geeignet waren, wie beispielsweise die «Playscapes» von Isamu Noguchi (1904–1988). Zudem wurden flexibel einsetzbare Produkte entwickelt, wie zum Beispiel der «Lozziwurm»[20] von 1972, eine aus modularen Elementen zusammengesetzte Kunststoffröhre, die als Kletterobjekt, Rutsche oder Versteck diente.

Naturspielplätze

Mit der Naturgartenbewegung der späten 1970er- bis 1980er-Jahre etablierte sich der Naturspielplatz, der weitgehend auf Geräte und versiegelte Flächen verzichtete. Stattdessen wurden wild bepflanzte Bereiche mit Sand-, Kies- und Matschgruben propagiert. Der große Vorteil dieser Anlagen war, dass sie die Veränderungs- und Gestaltungswünsche der Kinder ernst nahmen und ihnen ein robustes und anregendes Umfeld boten. Andere Spielformen wie Fußball oder Rollschuhlaufen dagegen kamen in solchen Anlagen zu kurz.

Designerspielplätze und Standardgeräte

Heute herrschen in den anspruchsvolleren Planungen Anlagen vor, die aufwendig durchgestaltet sind, zum Beispiel mit Themen wie Piratenschiff oder mittelalterliche Burg. Ihr Spielwert ist aber weniger vom Gestaltungsthema als von den konkreten Spielmöglichkeiten abhängig. Eine kritische Prüfung der Elemente ergibt oft ein auf Klettern und Rutschen beschränktes Angebot. Der heutige Mainstream – vor allem im Wohnumfeld – begnügt sich meist mit einem Sandkasten, einer Schaukel und einer Rutsche, und wenn der finanzielle Rahmen es erlaubt, mit ein paar zusätzlichen Geräten. Damit werden aber nur wenige Bedürfnisse von Kindern erfüllt, oft diejenigen der kleineren. Und allzu oft erfüllen solche Anlagen weder die Bedürfnisse der jüngsten noch der älteren Kinder, wenn zum Beispiel ihr Spielwert für die jüngsten gut wäre, aber die Geräte für ältere Kinder gebaut sind.

Überall ist Spielraum!

Jeder Freiraum soll als möglicher Spiel- und Streifraum betrachtet werden. Wenn man sie lässt, eignen sich Kinder alle erdenklichen Bereiche kreativ und lustvoll als Spielräume an. Sie nutzen eine langweilige Flächenpflanzung aus Kriechwachholder als Trampolin oder funktionieren den Fahrradunterstand zum Pferdestall um. Sie nutzen einen leeren Parkplatz als Fußballfeld oder machen ein Dickicht aus Haseln zum Räuberversteck.[21]
Die erste und wichtigste Voraussetzung, dass Flächen sich durchgehend als Spielraum eignen, ist Sicherheit. Siedlungsräume müssen so sicher gebaut oder umgebaut werden, dass sie keine Gefahrenquellen für ernste Verletzungen aufweisen. Die größte Gefahr geht vom motorisierten Individualverkehr aus; hier liegt ein riesiges Potenzial, mit einfachen Regeländerungen ist sehr viel zu erreichen.
Die zweite wichtige Voraussetzung für Spielräume ist die planerische Sicherung von geeigneten Flächen. Ein weiteres Mittel ist die Mehrfachnutzung von spezialisierten Flächen, sodass sie auch für Kinderspiel geeignet sind. Das einfachste Beispiel dafür ist die Spielstraße. Viele weitere Maßnahmen können helfen, dass Kindern wieder große, sichere und frei bespielbare Streifräume zur Verfügung stehen.

Anforderungen an Freiräume für Kinder

Freiräume müssen zugänglich, sicher, anregend und veränderbar sein. Sie sollen sich für alle Arten von Spielen eignen, anpassbar und robust sein. In ihnen muss unbeaufsichtigtes, langes Spielen mit möglichst vielen verschiedenen Kindern möglich sein. Solche Freiräume sollen Gemeinschaft und Rückzug erlauben, Naturerfahrungen ermöglichen, Risikoverhalten zulassen und die Fantasie anregen. Sie müssen dauerhaft unterhalten und gepflegt und den sich ändernden Bedürfnissen angeglichen werden. Im besten Fall gibt es keinen besonders ausgeschiedenen Freiraum für die Kinder, sondern der gesamte Freiraum ist für sie geeignet: Überall ist Spielraum.

Formen des Spielens

Spielen zur geistigen, sozialen und körperlichen Entwicklung

Spiel ist immer intrinsisch motiviert: Kinder spielen, weil sie spielen wollen. Je leichter sich ihre vielfältigen Spielinteressen realisieren lassen, desto besser ist der Freiraum. Spielen ist nicht Selbstzweck, sondern dient der körperlichen, geistigen und sozialen Entwicklung der Kinder. Sie lernen alles, was sie brauchen, mit Spaß, wenn sie spielen dürfen. Sie erfahren sich selbst im Spiel als eigenständige, fähige und wachsende Individuen. Sie erfahren Selbstwirksamkeit, was für eine gesunde Entwicklung unabdingbar ist.[22] Das zentrale Kriterium für die Eignung eines Spielraumes ist seine Offenheit für verschiedene Spielformen. Die wichtigsten Formen des Spielens sind Bewegungsspiel, Beziehungsspiel und Gestaltungsspiel.[23] Je nach Alter und Neigung der Kinder steht das eine oder andere im Vordergrund.

Bewegungsspiel

Im Bewegungsspiel werden vor allem die körperlichen Fähigkeiten entwickelt und erprobt: robben, krabbeln, aufrecht gehen, laufen, rennen, klettern, tanzen, Rad fahren, Fußball spielen, einen Salto schlagen ... Dafür sind vor allem freie Flächen sowie Balancier- und Klettermöglichkeiten erforderlich. Sinnvoll sind auch Spielgeräte mit verschiedenen Nutzungsmöglichkeiten, vor allem dort, wo die Platzverhältnisse und die Bewegungsmöglichkeiten beschränkt sind.

Beziehungsspiel

Im Beziehungsspiel werden gemeinschaftlicher Umgang, Begegnung und Rückzug geübt. Das äußerst sich in Fantasie- und Rollenspielen wie: das Kind oder der Vater sein, eine Gruppe anführen oder ihr folgen, streiten und sich versöhnen, Streiche spielen oder beim Gärtnern helfen, ein Pferd sein oder ein Bär, eine Prinzessin oder ein Entdecker, sich nicht mehr mit den Kleinen abgeben, pubertieren und cool werden. Beziehungsspiele brauchen unterschiedlich strukturierte Freiräume mit großzügigen Freiflächen zum einen und geschützten Nischen zum anderen.

Gestaltungsspiel

Im Gestaltungsspiel wird die eigene Kreativität erfahren und geübt: einen Sandkuchen backen, einen See stauen, mit Kreide einen Vogel malen oder «Himmel und Hölle», einen Blumenkranz flechten, mit Rosskastanien eine Kuhherde basteln, aus Laken ein Zelt aufschlagen, ein Baumhaus bauen oder eine Seifenkiste ... Gestaltungsspiel hat meist mit Veränderung der Umgebung zu tun und ist daher die Spielform, die am schwierigsten in Spielräume zu integrieren ist. Für Kinder gehört sie zu den wichtigsten.

Akteure

Für kinderfreundliche Spiel- und Freiräume sind viele Mitwirkende verantwortlich: Fachleute aus Planung und Bau, Laien als Auftraggeber oder politisch Verantwortliche, Nachbarn, Erziehungsberechtigte oder Unterhaltsverantwortliche. Sie alle bestimmen maßgeblich über Gestaltung und Nutzung. Oft beanspruchen Erwachsene den größten Teil der Freiräume jedoch für ihre eigenen Bedürfnisse; Kinder kommen in diesem Machtgefälle meist zu kurz. Dabei sind sie es, die vor allem auf gut nutzbare Freiräume angewiesen sind.

Kinder

Die Kinder selbst sind die zentralen Akteure. Sie nutzen die Freiräume in Siedlungen am häufigsten und intensivsten. Deshalb sollten ihre Bedürfnisse im Zentrum von Planung, Bau und Unterhalt stehen. Abhängig von ihrem Alter und den damit verbundenen Bedürfnissen und Fähigkeiten,[24] bestehen unterschiedliche Ansprüche an die Freiräume.

Freiräume für Säuglinge und Betreuungspersonen

Kinder unter einem Jahr sind für eine gesunde Entwicklung vollständig auf den kontinuierlichen Kontakt zu ihren Betreuungspersonen angewiesen. Sie sind noch nicht in der Lage, einen Freiraum selbst aufzusuchen oder sich darin allein zu bewegen. Trotzdem können sie bereits von Freiräumen profitieren. Die erste Voraussetzung dafür ist die Eignung und Attraktivität der Freiräume für sie und ihre Betreuungspersonen. Von Geburt an bis zum Alter von einem Jahr entwickeln sich die verschiedenen Sinne von Säuglingen sehr stark. Ihre Wahrnehmungsfähigkeiten formen sich überraschend weit aus, und sie lernen vor allem dabei, ihre Wahrnehmungen der unterschiedlichen Sinne zu koordinieren.[25] Sie krabbeln und erkunden ihre Umwelt akustisch, visuell, haptisch, olfaktorisch und nicht zuletzt gustatorisch. Sie üben neben ihren grobmotorischen Fähigkeiten vor allem sehen und greifen. Vieles stecken sie in den Mund, um es zu erkunden. Für sie muss ein Freiraum deshalb vor allem sicher und hygienisch unbedenklich sein. Für ihre Betreuungspersonen müssen attraktive Aufenthaltsqualitäten vorhanden sein, im Minimum bequeme Sitzgelegenheiten mit Baumschatten.

Kleinkinder

Kinder im Alter von einem bis drei Jahren nutzen wohnungsnahe Freiräume intensiv, sofern die Erwachsenen das zulassen. Sie haben einen ausgeprägten Drang, sich zu bewegen und sich die Umwelt anzueignen. Jüngere Kinder sind noch auf Begleitung angewiesen, von der sie sich mit zunehmendem Alter immer weiter entfernen. Diese zunehmende Eigenständigkeit und die Eroberung einer eigenen Welt können in einem sicheren und anregenden Freiraum erprobt werden. Kinder in diesem Alter erlernen und üben eine Vielzahl von fein- und grobmotorischen Abläufen, vor allem in Bewegung und Spiel. Dies ist auch für eine gesunde hirnphysiologische Entwicklung unabdingbar.

Sicherheit

Kleinkinder haben kein Gefahrenbewusstsein und verlieren sich ganz im Spiel. Deshalb braucht es Vorkehrungen oder eine aufmerksame Aufsicht, um sie vor echten Risiken zu schützen. Die größten Gefahren in diesem Alter sind Abstürze, Ertrinken und der motorisierte Verkehr. Das Thema Giftpflanzen dagegen ist wenig relevant. Im Kapitel «Sicherheit» finden sich ausführliche Erläuterungen und Hinweise zu diesen Themen.

Nähe und Entfernung

Kleinkinder bewegen sich in einem Streifradius von rund fünfzig Metern um die Wohnung und knüpfen Kontakte zu anderen Kindern. Trotzdem brauchen und schätzen sie noch die Nähe und Erreichbarkeit der Eltern oder anderer Bezugspersonen. Deshalb müssen ihre Freiräume neben den Spielmöglichkeiten auch für die Erwachsenen angenehme Orte aufweisen. Für Kinder bis zum Alter von etwa drei Jahren sollten Freiräume übersichtlich, räumlich gefasst und nicht zu groß sein. Die Kinder sollen sich sicher fühlen und sich nicht verlaufen können. Sie sollen selbst bestimmen können, wie nah oder fern sie den Erwachsenen oder älteren Kindern sein wollen. Jüngere Kinder nehmen oft gern an den Aktivitäten der älteren teil, auch wenn es nur ums Zuschauen geht. Zu große Räume und Flächen wirken angsteinflößend und sind für kleine Kinder nicht zu bewältigen.

Erste Fahrversuche

Ein- bis Dreijährige machen zwar schon erste Versuche mit Rollschuhen oder Kinderfahrrädern, können aber weder Bewegungen noch Distanzen einschätzen, geschweige denn Verkehrsregeln verstehen. Ihre Spielräume sind daher von Verkehrsräumen konsequent mit physischen Grenzen zu trennen. Erst wenn auch unbeaufsichtigte Kleinkinder auf keinen Fall mit dem motorisierten Verkehr in Berührung kommen, kann ihr Spielraum in dieser Hinsicht als sicher betrachtet werden.

Wasser

Kinder dieser Altersgruppe beschäftigen sich außer mit Bewegung sehr gern mit Gestaltungsspielen, für die es Einrichtungen wie Sandkästen, Matschbereiche, chaussierte Flächen und Ähnliches braucht. Wasser wirkt auf sie – wie auf ältere – magisch anziehend. Dieser Freude am Wasser sollte auf jeden Fall entsprochen werden; schon mit einem einfachen Wasseranschluss, einem Schlauch und einer flachen Senke ist für viel Spielspaß gesorgt. Zum Schutz vor Ertrinken sind unbedingt geeignete Vorkehrungen zu treffen, insbesondere ist auf eine geringe Wassertiefe zu achten.

Vorschulalter

Im Alter von vier bis sechs Jahren erlebt sich ein Kind zunehmend als eigenständiges, von Bezugspersonen unabhängiges Individuum. Sich von ihnen weiter zu entfernen, eigene Freundschaften zu schließen und die Umwelt immer stärker unabhängig zu erkunden, gehört zu den Herausforderungen und den Freuden dieses Alters.

Bewegung

Die Bewegung und das Entwickeln von motorischen Fähigkeiten stehen im Zentrum; die motorische Aktivität erreicht einen Höhepunkt. Die Vielfalt von Bewegungsabläufen nimmt zu; Klettern, Balancieren und andere Geschicklichkeitsspiele werden wichtig. Mit Vorliebe werden auch alle Fortbewegungsmittel mit Rädern ausprobiert. Wenn es möglich ist, erweitern Vorschulkinder ihren Streifraum bis zu einem Radius von etwa 200 Metern um die Wohnung. Sie brauchen und suchen zwar immer noch den Kontakt zu den Erwachsenen, bewegen sich aber zunehmend selbstständig weg von ihnen. Unbeobachtet und unbeaufsichtigt wollen sie eigene Erfahrungen sammeln. Außer dem Wohnumfeld werden die Wege wichtig: zu Spielgefährten oder zum Kindergarten, zu Spiel- und Aufenthaltsorten. Ein sicheres Wegenetz ist daher von größter Bedeutung.

«Magische Jahre»

Zusammen mit den Spielgefährten entwickeln Kinder im Vorschulalter vielfältige und lang andauernde Rollen- und Beziehungsspiele. Die Fantasie ist sehr stark ausgeprägt; man spricht in der Psychologie von den «magischen Jahren». Es entstehen imaginäre Welten, für die es im Freiraum außer Platz und einigen Anregungen wenig braucht. Objekte können sich fast beliebig in Gegenstände, Tiere, Monster oder Menschen verwandeln; die Kinder selbst schlüpfen in Rollen aller Art. Auch Ängste vor realen oder imaginären Gefahren wie Dunkelheit oder Ungeheuern gehören in diesen Lebensabschnitt.

Eigene Fähigkeiten erproben

In diesem Alter erproben Kinder auch gezielt die eigenen Fähigkeiten, ohne dass sie in der Lage wären, ihre eigenen Grenzen und die damit verbundenen Risiken richtig einzuschätzen. Die meisten benutzen schon Kickboard oder Fahrrad und sind mit Skateboard oder Rollschuhen unterwegs. Aber noch immer können sie Beschleunigung und Bewegung nicht richtig einschätzen. Wenn sie am öffentlichen Verkehr teilnehmen sollen, braucht es deshalb gezielte Vorkehrungen zu ihrem Schutz und eine sorgfältige Einweisung in die richtigen Verhaltensweisen.

Langer Aufenthalt im Freien

In dieser und der folgenden Lebensphase ist es außerordentlich wichtig, dass die Kinder so lange und so frei wie möglich draußen spielen. Deshalb brauchen sie außer einem vielfältigen und sicheren Umfeld auch Elemente, die das Kleinklima im Spielbereich positiv beeinflussen, d. h. Schattenbäume, Regenunterstände, Wind- und Staubschutz sowie Materialien, die auch bei kühlem Wetter nicht eiskalt und bei Hitze nicht brandheiß werden. Wenn alle diese Voraussetzungen gegeben sind und das Wohnumfeld frei zugänglich und anregend ist, wird es oft stundenlang selbstständig genutzt.

Schuleintritt

Im Alter von sechs bis sieben Jahren macht das magische Denken einer zunehmend realistischen Sicht Platz. Die stark ich-bezogene Einstellung wird um die Wahrnehmung der anderen Kinder und damit der Gruppe und ihrer Ansprüche ergänzt. Die Kinder setzen sich verstärkt mit anderen auseinander und lernen den Austausch mit ihnen. In dieser Phase dient das Spiel im Freien vor allem dazu, diesen schwierigen Übergang zusammen mit anderen Kindern im freien Austausch zu bewältigen und sich in Gruppen zurechtzufinden. Das bisher meist zweckfreie Spiel macht zunehmend eher zielgerichteten Aktivitäten Platz. Die Fähigkeit zur Selbststeuerung nimmt – unter anderem wegen der neuen Anforderungen in der Schule – schnell zu. Bewegung und Spiel im Freien erhalten jetzt auch die Aufgabe, als Ausgleich zum Stillsitzen in der Schule zu dienen und dem immer noch starken Bewegungsdrang Entfaltungsmöglichkeiten zu bieten.

Unterstufe

Im Alter von sieben bis zwölf Jahren erreichen Kinder das Maximum ihrer körperlichen Geschicklichkeit, und ihr Spielverhalten wird abenteuerlich. Sie entwickeln ihre körperlichen Fähigkeiten immer weiter, bis hin zu akrobatischen Kunststücken und gewagten Mutproben. Um besondere Fähigkeiten zu erreichen, sind sie auch bereit, intensiv zu üben, so zum Beispiel auf dem Skateboard. Sportliche Betätigungen mit klaren Zielen beginnen wichtig zu werden.

Risikoverhalten erlernen

Die Bereitschaft, Gefahren zu erkunden und Risiken bewusst einzugehen, gehört zu dieser Phase und stellt einen besonderen Reiz dar. Die Kinder erweitern ihren Streifraum um die Wohnung auf einen Radius von etwa 500 Metern und lieben es, darin Neues zu erkunden, vorzugsweise auch von Eltern oder Lehrpersonen Verbotenes. Hoch hinaufklettern, stehend auf dem Fahrrad balancieren und ähnlich riskante Übungen sind beliebte Herausforderungen, sowohl für Mädchen als auch für Jungen. In diesem Alter ist denn auch die Häufigkeit von Spielunfällen am höchsten.[26] Kinder dieses Alters verlangen nach Spielangeboten, die ihnen entsprechen; «Kleinkinderzeugs» wird vehement abgelehnt.

Ball- und Regelspiele

Dementsprechend sollten die Spielangebote für sie von denen sehr junger Kinder unterschieden werden. Es geht allerdings nicht um eine deutliche räumliche Trennung, denn Kinder dieser Altersstufe kümmern sich gern auch einmal um die jüngeren und lassen sie mitspielen. Noch immer gibt es ein Rollenspielverhalten, das sich verstärkt an Vorbildern aus Filmen oder Spielen orientiert.

Eine zentrale Rolle spielen Ball- und andere Regelspiele, die oft und ausdauernd gespielt werden. Dafür eignet sich zum Beispiel ein Hartplatz sehr gut, der fast bei jeder Witterung nutzbar ist. Auch eine ausreichend große Rasenfläche ist ein geeignetes Spielangebot; Tore oder andere Markierungen werden improvisiert, wo sie fehlen.

Spiele auf Rädern

Ebenso wichtig sind Fahrspiele mit allen erdenklichen Mitteln: Skateboard, Fahrrad, Inline-skates. Jede befestigte Fläche ohne zu viel Verkehr wird sofort dafür genutzt. Auch temporär ungenutzte Flächen mit befahrbarem Belag wie Parkplätze, Wendekreise, Rampen oder Zufahrten sind beliebte Übungs- und Trainingsplätze. Auf Skateboards werden alle erdenklichen baulichen Elemente zum willkommenen Parcours.

Gestaltungsspiele

Auch Gestaltungsspiele sind noch immer wichtig. Die Kinder haben die geistige und körperliche Fähigkeit entwickelt, Sachen zu gestalten oder zu bauen. Das können Baumhäuser, Pumptracks oder Skaterhindernisse sein. Wichtig ist, dass ihnen die Freiheit gelassen wird, solche Vorhaben in die Tat umzusetzen, auch wenn dabei Schmutz und Unordnung entstehen. Mit ihrer Kraft und Geschicklichkeit können Kinder dieser Altersstufe erheblich in ihr Umfeld eingreifen und tun das auch. Wo dieser Drang nicht ausgelebt werden kann, kann er schnell zu „Vandalismus“ führen. Dies sollte aber immer auch als Zeichen für einen unzureichend gestaltbaren Lebensraum gelesen werden.

Rückzugs- und Ruheräume

Neben all diesem Aktivismus werden in der vor- und frühpubertären Phase auch Rückzugs- und Ruheräume wichtig. Dies können Orte sein, von denen aus Aktivitäten nur beobachtet werden, oder stille Zonen, wo die Kinder ihrem Bedürfnis nach Gesprächen und Austausch nachkommen oder sich mit einem Buch, einem Computerspiel oder dem Handy zurückziehen können. «Abhängen» wird eine wichtige Beschäftigung. In den Freiräumen sind daher verschiedene Rückzugsräume und geschützte Orte unabdingbar.

Schritte in die Erwachsenenwelt

In diesem Alter nimmt auch der Wunsch zu, ein Teil der Erwachsenenwelt zu werden, sich nützlich zu machen oder «richtige» Aufgaben zu erledigen. Damit wird der Selbstwert der Kinder gestärkt, und sie erfahren Selbstwirksamkeit in einem Bereich, der bereits zum «richtigen Leben» gehört. Es beginnt der langsame Übertritt in die Erwachsenenwelt. Kinder dieser Altersstufe können daher auch sehr gut in Entscheidungen zu ihrer Lebenswelt einbezogen werden und dafür Verantwortung übernehmen.

Oberstufe

Im Alter von zwölf bis 16 Jahren vollzieht sich die Pubertät, eine Phase der körperlichen, geistigen und emotionalen Irritation wie der Neuorientierung in vielerlei Hinsicht. Aus Kindern werden junge Erwachsene mit neuen Interessen und Bedürfnissen. Sie ziehen sich gern allein oder in Gruppen zurück und brauchen entsprechende Orte der Ruhe, wo sie «chillen» können. Stundenlanges miteinander Reden und Chatten nimmt einen großen Teil der Freizeit ein. Das Wechselspiel von Gruppenzugehörigkeit und Individualisierung ist ein wichtiges Thema dieser Altersgruppe. Daneben intensivieren Kinder in dieser Zeit oft ihre Hobbys, in die sie viel Zeit und Energie investieren. Freiräume dienen oft als Orte dafür, zum Beispiel für Freizeitvergnügen wie Skating, Fußball, Reiten oder andere Sportarten.

Mitgestalten und Mitbestimmen

Mitgestalten und Mitbestimmen wird in dieser Lebensphase sehr wichtig; daher sind Partizipationsprozesse bei der Freiraumgestaltung hier sehr sinnvoll und für die Kinder und Erwachsenen meist sehr fruchtbar. Auch bei der konkreten Umsetzung von gemeinsam geplanten Vorhaben sind 12- bis 16-Jährige gern dabei. Im Kapitel «Partizipation» finden sich ausführliche Angaben dazu.

Großes Streifgebiet

Das Streifgebiet in dieser Altersgruppe wird erheblich größer, die Kinder suchen zu Fuß, mit dem Fahrrad oder öffentlichen Verkehrsmitteln auch weit von der Wohnung entfernte Orte auf, um zur Schule oder zu Freizeitaktivitäten zu gelangen. Bei 14-jährigen ist der Radius ihrer Aktivitäten um ihren Wohnort im Durchschnitt rund zehn Kilometer groß. Sie sind daher weniger auf das nahe Wohnumfeld als Aufenthaltsort angewiesen; meist suchen sie auch gezielt die Distanz zu den Eltern und zu jüngeren Kindern. Dementsprechend verlieren das Wohn- und Schulumfeld an Bedeutung für die Freizeitgestaltung, und die Aktivitäten finden oft in Einrichtungen statt, die sowohl von Jugendlichen als auch von Erwachsenen genutzt werden.

Jugendliche

Jugendliche zwischen 16 und 18 gelten gemäß der 1989 verabschiedeten UN-Konvention über die Rechte des Kindes zwar noch als Kinder, sie unterscheiden sich aber in ihrem Verhalten stark von jüngeren Kindern und gleichen mehr jungen Erwachsenen. In dieser Phase endet die obligatorische Schulpflicht; es erfolgt der Übergang in die Erwachsenenwelt in Form einer Berufsausbildung oder dem Übertritt in die weiterführende Schulausbildung. Jugendliche übernehmen in dieser Phase gern die Rolle von Erwachsenen in der Kinderbetreuung. Sie vertreten die Erziehungsberechtigten zu Hause oder engagieren sich in Freizeitorganisationen. Sie engagieren sich in Vereinen oder in sportlichen Aktivitäten und nutzen dazu meist die gleichen Einrichtungen wie Erwachsene. Deshalb wird in dieser Publikation nicht weiter auf sie eingegangen.

Erwachsene

Ob Freiräume für Kinder dauerhaft attraktiv und sicher sind, hängt von allen Beteiligten ab. Das sind nicht nur die Planungsverantwortlichen, sondern auch die Behörden, die Eigentümerschaft, die Eltern und die Unterhaltsverantwortlichen. Erst ihre gemeinsamen Anstrengungen ergeben kinderfreundliche Räume; die Gesellschaft als Ganzes trägt die Verantwortung dafür, wie unsere Kinder aufwachsen.

Eltern

Als Erziehungsberechtigte und engste Bezugspersonen der Kinder tragen Eltern Verantwortung und nehmen viel Einfluss auf die Entwicklung ihrer Kinder. Sie begleiten deren Aufwachsen vom ersten Tag an über Kindheit und Pubertät – und oft noch lange darüber hinaus. Im Idealfall ermöglicht dieser Prozess eine gute Entwicklung und eine ständig größer werdende Selbstständigkeit der Kinder. Sosehr die jüngsten lückenlos behütet und umsorgt werden müssen, so wichtig ist es für die älteren, unbeaufsichtigt spielen und sich immer stärker von den Erwachsenen lösen zu können. Und schon für junge Jugendliche ist eine der wichtigsten Qualitäten eines guten Freiraums, dass die Eltern keinerlei Einfluss darauf nehmen.

Kontrolle und Freiheit

Eltern können die Entwicklung ihrer Kinder unterstützen, wenn sie ihnen dort Selbstständigkeit und Autonomie gewähren, wo sie es brauchen. Überbehütung, Risikoscheu und Kontrollwahn von Erziehungsberechtigten hindern Kinder daran, die eigene Risikokompetenz[27] zu erlernen. Überbehütete Kinder lernen nur schwer, für sich selbst Verantwortung zu übernehmen und einen sozial angemessenen Umgang mit anderen zu entwickeln. Eine im Jahr 2021 durchgeführte Studie des Instituts für Generationenforschung hat gezeigt, dass 15,2 Prozent der Kinder nach Meinung der Erzieherinnen und Erzieher komplett überbehütet werden. Bei den acht- bis neunjährigen Jungen seien es sogar 26,8 Prozent.[28]

Falsch eingeschätzte Risiken

Entscheidend für die Nutzung eines Freiraums ist die Einschätzung der Eltern oder Erziehungsberechtigten. Nur wenn sie ihn als sicher erachten, lassen sie ihre Kinder ruhigen Gewissens unbeaufsichtigt draußen spielen. Schon einzelne, als unsicher eingeschätzte Elemente, wie zum Beispiel eine marode Leiter, können dazu führen, dass den Kindern das Spiel auf einer Anlage verwehrt wird. Dabei ist die Risikoeinschätzung von Erwachsenen nicht unbedingt realistisch. Reale Verletzungsmöglichkeiten wie Ertrinken und Abstürze werden unterschätzt, andere wie Vergiftungen dagegen überschätzt. Ein großes Risiko, das Eltern meist richtig einschätzen, ist die Gefährdung durch den motorisierten Verkehr. Wenn die Reaktion darauf allerdings die ständige Aufsicht und das Chauffieren der Kinder zu allen Orten ist, nützt das der Entwicklung der Kinder nichts. Die Ängstlichkeit der Eltern kann ihre Kinder sogar ernsthaft in Gefahr bringen, weil sie – einmal ohne Aufsicht – nicht gelernt haben, sich im Verkehr sicher und vorsichtig zu bewegen.

Überbehütung

Auch in anderen Bereichen kann unangemessen ängstliches Verhalten der Eltern Kinder in Gefahr bringen, etwa wenn sie diese mit Fahrradhelm auf den Spielplatz schicken. Die Geräte sind so konstruiert, dass ein Kinderkopf sich darin nicht verfangen kann; mit einem Helm passt der Kopf nicht mehr durch die Öffnungen, und das Kind kann sich strangulieren. Eltern müssen ihrer Aufsichtspflicht nachkommen, sollten sich aber davor hüten, ihre Kinder vor jeglichem Risiko abzuschirmen. Viel eher sollten sie – im Zweifelsfall durch Rückfragen bei Fachleuten – die Risiken in einem Freiraum möglichst realistisch einschätzen. Die Kinder können so einen angemessenen Umgang mit Risiken und Gefahren erlernen, ohne sich bleibende Schäden zuzuziehen.

Nachbarschaft

Beschwerden von störungsempfindlichen Nachbarn können die Nutzbarkeit von Freiräumen stark beeinträchtigen; Unordnung und Lärm sind häufig Anlass dafür. Wegweisende Urteile haben aber mittlerweile in der Schweiz[29] und in Deutschland[30] dazu geführt, dass der Lärm, der von spielenden Kindern ausgeht, kein Klagegrund mehr ist. Nachbarn müssen ihn hinnehmen, selbst wenn die Immissionen Grenzwerte überschreiten; Kinderlärm gehört zu einer Siedlung dazu. In Österreich sind Klagen gegen Kinderlärm noch möglich, allerdings gibt es auch hier seit 2007 einen Entscheid des Obersten Gerichtshofes[31], der sagt, dass von einem Spielplatz ausgehender Lärm grundsätzlich nicht als eine Störung angesehen werden könne, die beispielsweise die Brauchbarkeit einer Wohnung oder einer Rechtsanwaltskanzlei vermindere.

Unordnung und Toleranz

Außer Lärm gibt es vielfältige andere Beschwerdegründe, die Nachbarn in Rage bringen können. Dazu gehören vor allem Unordnung und Vandalismus. Kinder lassen ihre Kick- und Skateboards, ihre Fahrräder und ihr Spielzeug vor der Haustüre liegen, sie tragen Sand aus dem Sandkasten und Humus aus den Beeten auf die Gartenwege, sie malen Wände an und brechen Pflanzen ab. All das stört, manchmal zu Recht, manchmal nicht. Nachbarn sollten öfter ein Auge zudrücken und an ihre eigene Kindheit denken. Bei Konflikten gilt es, im Gespräch Regeln für das Zusammenleben zu formulieren und für deren Einhaltung zu sorgen. Kindern sollten deshalb Orte und Zonen zur Verfügung gestellt werden, wo ihre «Unordnung» nicht stört. Gegen Lärmbelästigung hilft eine Hausordnung, in der die geltenden Mittags- und Nachtruhezeiten beschrieben sind. Wenn sich Kinder kindgemäß verhalten und die vereinbarten Regeln eingehalten werden, muss von den Nachbarn Toleranz eingefordert werden.

Rolle der Politik

Kinder dürfen nicht an die Urnen. Sie haben keine starke Lobby und kaum eine Stimme in der Politik. Wahlberechtigte interessieren sich in der Regel für Kinderanliegen, solange sie selbst Kinder aufziehen, danach kaum noch. Deshalb trägt die Politik eine große Verantwortung dafür, wie Kinder aufwachsen. Mit Gesetzen, Verordnungen und Planungen können verbindliche Grundlagen geschaffen werden, auf denen alle späteren Schritte beruhen. Mit wenigen Entscheiden können so die Weichen für die künftige Rechtsprechung, Bauentwicklung oder Sozialpraxis gestellt werden.

Strukturen, Geld, Beteiligung

Wichtig ist, dass in politischen Prozessen Kinder und ihre Anliegen ausdrücklich genannt werden und dass ihre Anliegen in Leitbildern, Strategien und Programmen konkret formuliert und dann auch verfolgt werden. Im Idealfall werden institutionelle Rahmenbedingungen geschaffen, mit denen Kinderanliegen fachübergreifend und kontinuierlich Eingang in die politischen Prozesse finden. Ein weiterer wichtiger Punkt ist die Sicherung von finanziellen Mitteln in den ordentlichen Budgets, sodass nicht für jedes Anliegen individuell Gelder genehmigt werden müssen. Wo immer möglich, sollten die Kinder auch über partizipative Prozesse in die Entscheidungsfindung integriert werden.[32]

Behördenmitglieder

Behörden stehen an der Schnittstelle zwischen Politik und Ausführung. Sie haben großen Einfluss darauf, wie politische Ziele und Vorgaben umgesetzt werden. So kann ein Gericht ein Leiturteil zugunsten von Kinderrechten fällen, das in der Praxis klare Verbesserungen darstellt, wie zum Beispiel bei Lärmklagen. Baubehörden können Vorschriften formulieren, die planer- und eigentümerverbindlich regeln, wie Freiräume für Kinder dimensioniert, ausgestattet und unterhalten sein müssen. Sie können Einfluss nehmen auf Wettbewerbe für öffentliche Anlagen oder auf die Baubewilligungspraxis. Und nicht zuletzt sind Behörden oft auch Bauherrschaften, die entscheiden, was und wie für Kinder geplant und gebaut wird. So ist die Verwaltung – ähnlich wie die Politik – in der Pflicht, sich für die Qualität von kindergerechten Freiräumen einzusetzen.

Bauträger

Bauträger stehen am Anfang eines intensiven Prozesses mit sehr langfristigen Auswirkungen. Je früher sie Kinderanliegen mitberücksichtigen, desto größer sind die Erfolgschancen. Sie können schon bei der Wahl der Fachleute darauf achten, dass Kinder mit ihren Anliegen und Bedürfnissen ernst genommen werden. Bauträger können verbindliche Vorgaben machen, dass jede einzelne Entscheidung Kinderanliegen berücksichtigt, und unterbinden, dass dagegen verstoßen wird. Wenn die geplanten Anlagen gebaut sind, liegt ihre Aufgabe in der kontinuierlichen Sicherung der geschaffenen Qualitäten. Dazu gehören Finanzierung und Beaufsichtigung der Unterhaltsarbeiten, aber auch die Anpassung der Anlagen an neue Bedürfnisse.

«Nicht gebaute Architektur»

Bauträger haben über die Formulierungen von Verträgen, Hausordnungen und Pflichtenheften einen großen Einfluss auf die «nicht gebaute Architektur». Damit sind die nicht sichtbaren, aber spürbaren Rahmenbedingungen gemeint, die einen erheblichen Einfluss auf die Qualität und Nutzbarkeit eines Freiraums haben. So kann zum Beispiel vertraglich festgelegt werden, wie Kinderanliegen berücksichtigt werden. Unterhaltsverantwortliche oder Verwaltungsangestellte müssen sich an die Vorgaben halten. Eine Eigentümerschaft kann und muss aber auch finanziell vorsorgen, dass der Zusatzaufwand, der durch Kindergerechtigkeit im Unterhalt entstehen kann, fair vergütet wird.

Planungsverantwortliche

Planungsverantwortliche setzen Vorgaben und Ziele von Behörden und Bauträgern um und sind damit zuständig für die Einlösung von Absichten und Versprechen. Auf allen Maßstabsebenen, also vom Richtplan für eine Gemeinde bis zu den Ausschreibungstexten für die Unterhaltsarbeiten eines Spielplatzes, treffen sie Entscheidungen, die für oder gegen Kinderanliegen fallen können. In Zielkonflikten wird viel zu oft gegen die Kinder entschieden. Beispielsweise sind nur Siedlungen mit Höchsttempo 30 km/h für Kinder einigermaßen sicher. Trotzdem wird meist zugunsten des Autos entschieden. Stadtplanerinnen und -planer könnten mehr Spielplätze vorsehen und diese mit sicheren Wegen vernetzen. In der eigentümerverbindlichen Bauleitplanung könnten wenige, klare Vorschriften für Kindergerechtigkeit sorgen, wie zum Beispiel minimale Größenangaben für Spielplätze oder Erschließungssysteme, die durchgehend als Begegnungszonen angelegt sind. Die Architektur könnte einen Städtebau bevorzugen, der Kindern großzügige Freiräume zugesteht und Eingangstüren baut, die sie selbstständig öffnen können. Die Landschaftsarchitektur hat ein reichhaltiges Instrumentarium, wie sie mit Aufschüttungen, Wasseranschlüssen, vielfältigen Materialien und Pflanzen für Spielspaß sorgen könnte. Zusammen hätten es diese Planungsverantwortlichen bereits heute schon weitgehend in der Hand, die Anliegen kindergerechter Freiräume in der Praxis umzusetzen.

Schulverantwortliche

Die Leitungen von Schulen, die Lehrpersonen und die Unterhaltsverantwortlichen haben einen großen Einfluss darauf, wie die Freiräume von Schulen genutzt werden. Sie können diese nutzen, um die Interessen der Kinder ins Zentrum zu stellen. Schulhöfe und Spielplätze könnten konsequent auch außerhalb der Schulzeiten für die Kinder geöffnet sein; dieser Mehraufwand an Betreuung und Unterhalt müsste den Pflegeverantwortlichen entschädigt werden. Schulen könnten auf ihrem Gelände Nutzungsangebote machen, die – wie etwa ein Schulgarten oder eine Skateranlage – weder in Spielstraßen noch in Wohnsiedlungen unterzubringen sind.

Gemeinschaftszentren

Eine ähnliche Verantwortung haben Personen, die Gemeinschaftszentren und ähnliche Einrichtungen betreiben oder leiten. Sie haben es dank ihrer personellen und finanziellen Ausstattung in der Hand, besondere Spiel- und Freizeitangebote für Kinder bereitzuhalten, die anderswo nicht möglich sind. Bauspielplätze zum Beispiel müssen aus Sicherheitsgründen eingezäunt und betreut sein, was in einem Gemeinschaftszentrum ohne Weiteres machbar ist. Veränderungsspiele wie Bauen oder andere handwerkliche Betätigungen sind für alle Kinder enorm wichtig, um Selbstwirksamkeit zu erleben; sie sollten wo immer möglich angeboten werden.

Unterhaltsverantwortliche

Den Unterhaltsverantwortlichen kommt eine wichtige Rolle zu. Sie sind es, die im Alltag die Anlagen pflegen und instand halten. Kinder machen Unordnung, reißen Pflanzen ab, lassen Spielzeuge liegen und verschmutzen Wege und Wände: Sie machen Arbeit. Diese Arbeit muss getan werden, und die Unterhaltsverantwortlichen müssen dafür angemessen entschädigt werden. Zudem brauchen sie ein Grundverständnis dafür, warum Kinder auf Freiräume und vielfältige Entfaltungsmöglichkeiten angewiesen sind. Sie sollten daher über den Sinn dieses Pflegeaufwandes orientiert und für Kinderanliegen sensibilisiert werden.

Regeln helfen

Haus- und Gartenordnungen müssen klar regeln, welche Nutzungen zulässig sind; im Pflichtenheft der Unterhaltsverantwortlichen müssen alle Arbeiten aufgeführt sein, besonders auch diejenigen, die etwas mit Kinderspiel zu tun haben. Diese Regelungen sollten dazu beitragen, dass sich alle Beteiligten über Rechte und Pflichten klar sind. Dazu gehört nicht zuletzt ein respektvoller gegenseitiger Umgang.

Gemeinsam denken

Weil an gelingenden Freiräumen für Kinder so viele unterschiedliche Personen und Berufsgruppen beteiligt sind, lohnt es sich, möglichst früh möglichst viele von ihnen in den Planungs- und Gestaltungsprozess zu integrieren. Bekanntermaßen sind Anregungen und Ideen desto leichter zu integrieren, je früher sie eingebracht werden können. Oft wird bei Planungen der Aspekt von Betrieb und Unterhalt viel zu wenig berücksichtigt; gerade hier entscheidet sich aber vieles für oder gegen die Interessen der Kinder. Partizipative Prozesse sind anspruchsvoll, aber lohnend; Kinder und Erwachsene sollten sich zusammensetzen.[33]

Leitlinien zur Einbindung aller Akteure

- Kinder an allen Planungs- und Entscheidungsprozessen beteiligen
- Alle beteiligten Erwachsenen für Kinderanliegen sensibilisieren
- Möglichst früh alle Akteure an Planungen beteiligen
- Auch während der Nutzungszeit alle Akteure berücksichtigen
- Bei Problemen alle Betroffenen an der Lösungsfindung beteiligen
- Bei Abwägungen und Zielkonflikten Kinderanliegen hoch gewichten
- Unterhaltsverantwortliche von Anfang an in Planungen einbeziehen

Hinweise zu den beteiligten Akteuren

Am Entstehen kindergerechter Freiräume sind Kinder, Jugendliche und Erwachsene beteiligt. Daher ist es wichtig, ihre Bedürfnisse zu kennen und sie alle als mögliche Akteure zu betrachten.

Kleinkinder und Säuglinge

Bewegungsradius um die Wohnung:
ca. 50 m

Enger Bezug zu Begleitpersonen erforderlich

Ständige Aufsicht unabdingbar

Aufenthaltsqualität für Begleitpersonen schaffen

Für hygienische Verhältnisse sorgen

Gefahrenzonen konsequent physisch abgrenzen

Vielfältige Bewegungs- und Spielmöglichkeiten schaffen

Wasser als Spielelement integrieren

Klimatisch angenehme Orte anbieten (Schutz vor Regen, Sonne, Wind)

Kinder im Vorschulalter

Bewegungsradius um die Wohnung:
ca. 200 m

Phase der «magischen Jahre»:
Fantasiewelt ist wichtig

Nähe und Distanz zu älteren Kindern und Erwachsenen ermöglichen

Zonen für unbeobachtetes Spiel schaffen

Starkem Bewegungsdrang gerecht werden (rennen, klettern, balancieren etc.)

Sichere Fortbewegung auf Rädern ermöglichen

Sichere Verbindungswege zwischen Wohnort und Spielorten schaffen

Klimatisch angenehme Orte anbieten (Schutz vor Regen, Sonne, Wind)

Kinder im frühen Schulalter

Bewegungsradius um die Wohnung:
rund 500 m

Verstärktes Spiel miteinander; lernen, sich in Gruppen zu verhalten

Schuleintritt – Freiraum als Ausgleich mit Spiel und Sport nötig

Risikoverhalten erlernen

Angebote für den starken Bewegungsdrang bieten

Möglichkeiten, motorische Fähigkeiten zu entwickeln, schaffen

Sichere Flächen für Spiele auf Rädern bieten

Angebote für Veränderung und Gestaltung der Umwelt bieten

Eigene Zonen für komplett unbeaufsichtigtes Spiel anbieten

Rückzugs- und Ruhezonen schaffen

Kinder zwischen zwölf und 16 Jahren

Bewegungsradius um die Wohnung:
bis zu zehn km

Eigenständige Nutzung verschiedener Mobilitätsformen

Große Unabhängigkeit von Eltern und Betreuungspersonen

Pubertät als Phase des Wandels und der Neuorientierung

Bedürfnisse sind noch die von Kindern, aber auch schon die von Erwachsenen

Wichtiges Alter für Mitbestimmen und Mitgestalten

Jugendliche

Vergleichbare Interessen und Ansprüche wie Erwachsene

Verfolgen spezifische Interessen wie Hobbys oder Sport

Vertreten teilweise die Erziehungsberechtigten

Engagieren sich teilweise in der Freizeitgestaltung von Kindern

Eltern

Kinderanliegen gegenüber allen Beteiligten rigoros vertreten

Kinder altersgerecht begleiten, von ständiger Behütung bis zu völliger Freiheit

Überbehütung vermeiden

Freies Spiel und eigene Erfahrungen der Kinder fördern

Risikoverhalten der Kinder zulassen

Risiken von Freiräumen realistisch einschätzen

Gegen echte Gefahren (Verkehr, Abstürze, Gewässer) vorsorgen

Austausch mit Fachleuten suchen

Nachbarn

Toleranz üben

Bei Problemen den Dialog mit allen Beteiligten suchen

Regeln vereinbaren und einhalten

Zonen für freies, chaotisches Kinderspiel respektieren

Rolle der Politik

Auf legislativer Stufe gute Grundlagen für Kinderfreundlichkeit schaffen

Finanzielle Mittel für kinderfreundliche Freiräume regelmäßig einplanen

Kinder und ihre Vertretung an Entscheidungsfindung beteiligen

In Leitbildern, Programmen und Strategien Kinder ausdrücklich nennen

Institutionelle Rahmen für Kinderanliegen schaffen

Fach- und sektorenübergreifende Stellen für Kinderanliegen schaffen

Behördenmitglieder

Auf judikativer Stufe Kinderanliegen Recht verschaffen

In Vorschriften Qualitätskriterien für Kinderanliegen aufführen

Bei Aufträgen Kinderanliegen verbindlich definieren

Bei Interessenabwägungen Kinderanliegen hoch gewichten

Anlagen für Kinder unterhalten und verlässlich sichern

Anlagen für Kinder den sich verändernden Ansprüchen anpassen

Bauträger

Einfluss zugunsten der Kinder nutzen

Bei Entscheidungen Kinderanliegen immer berücksichtigen und hoch gewichten

Bei Aufträgen die Berücksichtigung von Kinderanliegen einfordern

Geschaffene Qualitäten kontinuierlich sichern

Finanzierung von Unterhalts- und Anpassungsarbeiten für Kindergerechtigkeit langfristig sichern

Planungsverantwortliche

Bedürfnisse aller Betroffenen der Planung berücksichtigen

Bei Abwägungen und Zielkonflikten Kindergerechtigkeit hoch gewichten

Bei der Wahl von Materialien und Produkten immer nach Vorzügen für Kinder suchen

Bei Abmessungen die Bedürfnisse von Kindern berücksichtigen

Verantwortliche von Schulen und Gemeinschaftszentren

Freiräume der Schulanlagen auch für die Freizeit öffnen

Freizeitangebote schaffen, die anderswo nicht möglich sind

Unterhaltsverantwortliche sensibilisieren und angemessen entlohnen

Pflege- und Unterhaltsverantwortliche

Kinderanliegen und -verhalten kennen und respektieren

Klare Regeln für alle Nutzenden und Pflegenden aufstellen

Probleme im Dialog mit allen Beteiligten lösen

Kinder für Unterhalts- und Pflegearbeiten sensibilisieren

Kinder an Entscheiden zu Unterhalt und Pflege beteiligen

Kindern unkontrollierte Bereiche überlassen

Partizipation

Kinder lieben es, sich in einen Planungsprozess einbringen zu können und dann zu sehen, was ihre Mitarbeit bewirkt. Die UNO-Kinderrechtskonvention verlangt, dass sie in allen Bereichen, die sie betreffen, ihre Meinung frei äußern dürfen und dass ihre Anliegen ernst genommen werden.[34] Wenn Kinder aktiv bei Planung, Bau und Pflanzung mitwirken, identifizieren sie sich stärker mit ihrem Umfeld und gehen pfleglicher damit um.[35] Entscheidend für den Erfolg ist die Beteiligung von Fachleuten der Partizipation.

Formen der Partizipation

Die Form der Beteiligung von Kindern kann direkt oder stellvertretend sein: Es kann sich um nur Mitreden, um Mitreden und Mitentscheiden oder sogar um Mitreden, Mitentscheiden und Mitwirken handeln. Der Beteiligungsprozess muss dem Alter der Kinder und den Inhalten, über die entschieden wird, angemessen sein. Die Kinder müssen wirklich verstehen, worüber entschieden wird. Es sollten nur Themen behandelt werden, bei denen das Ergebnis offen und eine Umsetzung wirklich möglich ist. Sonst werden den Kindern Einflussmöglichkeiten vorgegaukelt, die es gar nicht gibt.

Zeit und Geld für Partizipation einplanen

Entscheidend ist, genug Zeit für die Partizipation freizuhalten. Zudem muss die Planung flexibel sein, um auf Kinderanliegen reagieren zu können. Das bedeutet, dass genug Zeit, Geld und Anpassbarkeit vorhanden sind, um die Ergebnisse ins Projekt einfließen zu lassen. Da bei der Projektierung von Außenräumen oft zu wenig Zeit zur Verfügung steht, stellt die Kinderbeteiligung eine erhebliche Herausforderung dar. Aber schon eine einfache und schnelle Beteiligung ist besser als keine. Es gibt – alters- und inhaltsabhängig – unterschiedliche Formen, mit Kindern partizipative Prozesse durchzuführen. Sie sind nachfolgend aufgeführt.

Mitreden

Die einfachste Form von Partizipation ist das Gespräch mit den Kindern. Ihre Äußerungen ermöglichen es den Erwachsenen, sich der Aufgabe auf Augenhöhe der Kinder zu nähern. So kann das Gespräch zum Beispiel als Führung der Kinder durch ihr Wohnumfeld ablaufen. Sie beschreiben ihre Lieblingsorte und benennen Orte, wo es ihnen nicht gefällt oder wo sie etwas verändern möchten. Die Gespräche können strukturiert werden, indem an die Kinder klare Fragen gestellt werden. Diese sind sinnvoll, um innerhalb von klaren Rahmenbedingungen nur solche Themen zu behandeln, bei denen tatsächlich Veränderungsmöglichkeiten bestehen oder die innerhalb eines beschränkten Zeit- und Kostenrahmens realisierbar sind.

Mitreden und mitentscheiden

Wenn Kinder in einem Verfahren Entscheidungsbefugnisse erhalten sollen, muss ihnen bewusst sein, worüber sie entscheiden und was die Konsequenzen ihres Entscheids sind. Dafür braucht es klare Entscheidungsfragen. Auch der Ablauf der Entscheidungsfindung muss den Kindern klar sein: Wer ist stimmberechtigt? Genügt die einfache Mehrheit oder braucht es eine Zweidrittelmehrheit? Wird diskutiert, bis Einhelligkeit vorliegt, oder wird irgendwann abgestimmt? Solche und andere Fragen zum Prozedere sind im Vorfeld zu klären, im Idealfall auch hier schon unter Mitwirkung der Kinder.

Mitreden, mitentscheiden und mitwirken

Die weitestgehende Form von Partizipation schließt Mitreden, Mitentscheiden und Mitwirken ein. Dies ist nicht auf allen Planungsebenen möglich; aber wo immer es Gelegenheit gibt, Kinder in so einen Gesamtprozess zu involvieren, sollte sie genutzt werden. Kinder und Jugendliche lieben es, zu gestalten und zu verändern. Wenn sie Gelegenheit erhalten, an ihrem künftigen Spielumfeld mitzuwirken, werden sie es lieber annehmen und eher Sorge dafür tragen.

Methoden der Partizipation

Die Methode der Beteiligung muss so sein, dass die Kinder wirklich verstehen, worum es geht und worüber gesprochen und entschieden wird. Bei einfacheren Themen genügt vielleicht schon ein offenes Gespräch in der Gruppe, bei komplizierteren Themen oder größeren Vorhaben sind gut strukturierte Prozesse erforderlich. Bei jeder Partizipation empfiehlt es sich, alle Betroffenen einzubeziehen, also bei einem Wohnumfeld außer den Kindern auch die Bauherrschaft, die Planenden und die Unterhaltsverantwortlichen. Das sorgt dafür, dass alle Ansichten einfließen können. Es hilft aber auch, Verständnis für die Wünsche der anderen zu entwickeln oder Entscheidungen nachzuvollziehen.

Direkte und indirekte Partizipation

Bei der direkten Partizipation werden die Kinder selbst einbezogen, bei der indirekten vertreten Jugendliche oder Erwachsene die Anliegen der Kinder. Je nach dem Inhalt und dem Alter der Kinder eignet sich die eine oder andere Form besser. Wenn immer möglich, sollten sich die Kinder selbst äußern können. Indirekte Partizipation ist dort sinnvoll, wo komplexe Themen sich nicht so vereinfachen lassen, dass Kinder wirklich verstehen, worum es geht. Sie kann auch sinnvoll sein, wenn die betroffenen Kinder zu jung sind, um sich wirklich äußern zu können. Auch in lang andauernden Planungsprozessen kann es besser sein, dass Erwachsene die Kinder vertreten, etwa wenn die Aufmerksamkeitsspanne der Kinder überfordert würde oder wenn zwischen der Partizipation und der Umsetzung zu viel Zeit verfließt. Kinder verlieren dann das Interesse an der Realisierung oder sind schon aus dem gemeinsam Geplanten herausgewachsen. Dies ist etwa bei Stadtentwicklungsprojekten mit ihren langen Planungshorizonten leicht möglich.

Gespräch mit Fachpersonen

Eine sinnvolle Form der indirekten Partizipation ist das Gespräch mit Fachpersonen für die kindliche Entwicklung. Sie kennen die Bedürfnisse der Kinder und können beispielsweise über die Erfordernisse an einen Spielraum Auskunft geben. Daraus lassen sich Schlussfolgerungen für die Planung ziehen, so etwa für die räumliche Gliederung, die Ausstattung oder die Veränderbarkeit.

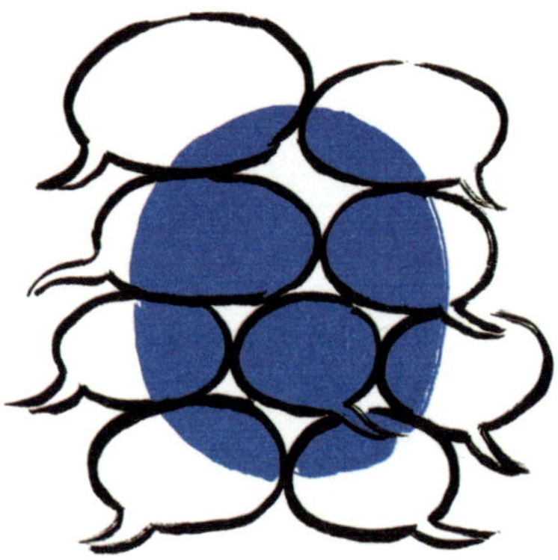

Beobachtung und Gespräch

Die einfachsten direkten Methoden, Kinder einzubeziehen, sind Beobachtungen und Gespräche. Schon die exakte Erfassung, wo und wie sie spielen, kann die Basis für erste Erkenntnisse und Verbesserungen in ihrem Außenraum legen. In Gesprächen lässt sich klären, wie die Kinder ihr Umfeld einschätzen, wo sie Defizite feststellen und wo sie zufrieden sind. Dabei lässt sich auch erläutern, was möglich ist und was nicht. Die Form des Gespräches muss dem Thema und dem Alter der Kinder angemessen sein, und das Gespräch muss protokolliert werden. Solche Protokolle werden dann nicht nur ein Teil des Planungsauftrages, sondern später auch zum Kontrollinstrument für den Erfolg.

Befragung

Einzelne Aspekte lassen sich gut mit direkten Befragungen klären. Dabei sollte nicht nach gewünschten Objekten oder Ausstattungen gefragt werden, weil Kinder sich – wie Erwachsene auch – meist an Bekanntem orientieren und in ihren Antworten Gefahr laufen, Stereotypen zu wiederholen. Lohnender sind zum Beispiel Fragen nach den gewünschten Tätigkeiten oder nach Atmosphären.[36] Auch hier sind die Ergebnisse zu protokollieren und für die Erfolgskontrolle zu nutzen.

Workshops

In altersgerechten Workshops oder Spielen können Kindern sprachliche und nichtsprachliche Ausdrucksmittel gegeben werden, mit denen sie ihre Vorlieben und Abneigungen zeigen können: Sie wählen beispielsweise aus einer Bildersammlung solche aus, die sie ansprechen, und solche, die ihnen nicht gefallen. Sie zeichnen und malen, was sie sich wünschen, oder sie bauen in spielerischen Modellen Situationen und Anlagen, die ihnen gefallen. Zusammen mit den Erläuterungen zu solchen Arbeiten entstehen Bildwelten und Modelle, die als Ideale oder Ziele für die Planung dienen. Auch hier ist besonders darauf zu achten, dass den Kindern nur Mitwirkungsmöglichkeiten in einem klaren Rahmen des Umsetzbaren gegeben werden.

Planung vor Ort

Es kann sehr fruchtbar sein, mit den Kindern draußen im realen Raum Vorstellungen provisorisch abzustecken und auszuprobieren. Auch hier ist es sinnvoll, klare Fragen zu stellen und gemeinsam zu beantworten: Wie groß soll der gemeinsame Garten werden? Wo soll der Wasserspielplatz entstehen? Wie viele Abstellplätze für die Kickboards braucht es und wo sollen sie vorgesehen werden?

Partizipations-Methoden nach Altersstufen

Kinder können und sollen in jedem Alter an Entscheidungen teilhaben, die sie betreffen. Kinder drücken schon als Säuglinge Zustimmung oder Missfallen aus. Noch bevor sie sprechen können, machen sie ihre Bedürfnisse durch Zeigen, Schreien, Lachen oder andere Mittel deutlich[37]. Jeder Partizipationsprozess muss auf Alter und Entwicklungsstand der betroffenen Kinder abgestimmt werden. Dabei können verschiedene Methoden angewendet werden.

Partizipation mit Kindern unter vier Jahren:

Bei Kindern unter vier Jahren muss die Beteiligung sehr präzise auf ihren Entwicklungsstand abgestimmt werden.[38] In komplexen Fragen ist eine stellvertretende Partizipation sinnvoller als eine direkte. Erwachsene mit entsprechendem Wissen und Erfahrung vertreten die Interessen der jüngsten Kinder. Es gibt aber auch bei sehr jungen Kindern Möglichkeiten direkter Partizipation. Die Beobachtung ihres Verhaltens gibt Aufschlüsse über Vorlieben und Abneigungen. Einfache Begehungen mit Kindern in ihrem Wohnumfeld sind nützlich und geben Aufschluss über ihre Sichtweise. Sie zeigen, wie sie spielen und wo sie sich gerne aufhalten. Sie erklären, was ihnen nicht gefällt und was sie gern anders hätten. Wo es um neu zu erstellende Freiräume geht und noch nichts zu sehen ist, können die Kinder in anderen Frei- und Spielräumen ihre Meinung sagen. Wichtig ist, darauf zu achten, dass die Themen, bei denen sehr junge Kinder einbezogen werden, sehr einfach sind und wirklich gut verstanden werden können.

Partizipation im Alter von vier bis sieben Jahren:

Kinder im Alter von vier bis sieben Jahren sind schon besser in der Lage, auch abstraktere Fragen zu verstehen; ihre Aufmerksamkeitsspanne ist länger. Trotzdem ist es auch hier wichtig, die Kinder nicht zu überfordern und sie Schritt für Schritt durch den Beteiligungsprozess zu führen. In dieser Altersstufe kann die Mosaikmethode sinnvoll sein. Dabei werden verschiedene Formen der Partizipation parallel angewendet, um so ein Gesamtbild der kindlichen Wünsche und Ideen zu erhalten. Dies können zum Beispiel Begehungen mit den Kindern sein, begleitet von

Fotos, die sie von Dingen machen, die ihnen wichtig sind; dabei kommen oft sehr überraschende Ergebnisse ans Licht. Auch direkte Befragungen nach einzelnen Themen oder Diskussionsrunden in Gruppen von Kindern sind hilfreich. Kinder dieses Alters können sich meist auch in Zeichnungen[39] oder mittels Modellen aus Modelliermasse oder Ton ausdrücken und ihre Ansichten und Wünsche sichtbar machen. Man kann Kindern dieses Alters auch Abbildungen zur Hand geben, die sie kommentieren und ordnen und die sie vielleicht auf weitere Ideen bringen. Abbildungen sind auch besonders im Kontakt mit sprachlich weniger versierten Kindern ein hilfreiches Kommunikationsmittel.

Partizipation im Alter von sieben bis 14 Jahren

Kinder aller Altersstufen wollen, dass ihre Anliegen ernst genommen werden und sie die Auswirkungen ihrer Mitarbeit selbst sehen. Besonders bedeutend wird dies bei Kindern im Schulalter bis zur Pubertät. Sie nähern sich immer stärker der Erwachsenenwelt an und wollen sich zunehmend einbringen. Sie wollen als Gesprächs- und Projektpartner ernst genommen werden und ihre Selbstwirksamkeit erfahren. Zu sehen, wie in einer Gruppe Entscheidungen fallen und wie gemeinsam etwas realisiert wird, ist eine wertvolle Lernerfahrung. Auch in dieser Altersgruppe ist es wichtig, dass die Einflussmöglichkeiten und Rahmenbedingungen ganz klar sind, damit es nicht zu überhöhten Erwartungen und bitteren Enttäuschungen kommt.

Partizipation ab 14 Jahren

Menschen ab 14 Jahren sind eher Jugendliche als Kinder und wollen wie Erwachsene angesprochen und behandelt werden. Ihre Fähigkeiten und Fertigkeiten erlauben es schon, sie sowohl in planerische Prozesse als auch in die Ausführung einzubeziehen. Erfahrungen zeigen, dass die Ausführungsphase oft die spannendste ist. Die Jugendlichen erleben sich als aktiv mitgestaltende Mitglieder der Gesellschaft.[40] Trotzdem muss auch hier darauf geachtet werden, die Jugendlichen nicht dadurch zu überfordern, dass etwa zu komplexe Fragen in Teilprobleme aufgeteilt werden. In diesem Alter kann auch schon der Partizipationsprozess selbst Gegenstand der Beteiligung sein. Wenn die Jugendlichen selbst mitbestimmen, wie verhandelt und entschieden wird, tragen sie die Entscheidungen eher mit.

Kriterien für eine gute Partizipation

Kriterien für eine gute Partizipation von Kindern bei der Gestaltung und beim Betrieb von Freiräumen sind:

1. Die Kinder können mitmachen, aber sie müssen nicht.
2. Die Kinder kennen die Ziele der Partizipation und sind damit einverstanden.
3. Die Partizipation ist für die Kinder transparent und verständlich.
4. Die Partizipation ist inklusiv; sie integriert gezielt alle daran interessierten Kinder.
5. Die Äußerungen der Kinder werden respektiert, und ihre Anliegen werden ernst genommen.
6. Die Partizipation ist inhaltlich und methodisch altersgerecht.
7. Die Entscheidungsspielräume und -befugnisse sind klar; es werden keine falschen Erwartungen geweckt.
8. Die gemeinsam gefällten Entscheide sind für alle verbindlich.
9. Es gibt genug zeitliche, räumliche, personelle und finanzielle Reserven, um die Kinderanliegen umsetzen zu können, auch wenn sie überraschend sind.
10. Die Partizipationsprozesse werden von dafür qualifizierten Personen begleitet.
11. Das ausgeführte Projekt hält Möglichkeiten für spätere Veränderungen offen.
12. Das ausgeführte Projekt wird von einem partizipativen Betriebskonzept begleitet.

Fallstricke in partizipativen Prozessen

Es gibt häufig einige Schwierigkeiten und Fehler, die bei Beteiligungsprozessen auftauchen können. Diese Fallen zu kennen und die Abläufe so zu planen, dass sie dem Vorhaben nicht in die Quere kommen, lohnt sich:

1. Es werden falsche Erwartungen geweckt.
2. Die Beteiligung ist nicht wirklich ergebnisoffen.
3. Die gestellten Entscheidungsfragen sind zu komplex.
4. Die Rahmenbedingungen sind unklar.
5. Der Prozess wird ohne Fachwissen durchgeführt.
6. Die Inhalte der Beteiligung betreffen zu große Räume.
7. Die Inhalte der Beteiligung betreffen zu große Zeiträume.
8. Der Beteiligungsprozess dauert zu lange.

Partizipation im Bestand

Partizipation ist auch nach Fertigstellung einer Anlage sehr sinnvoll. Zum einen kann es in der Nutzung und Pflege zu Konflikten kommen, die sich mit einem Mitwirkungsverfahren aller Beteiligten am besten lösen lassen. Zum anderen verändern sich Lebensgewohnheiten und Ansprüche. Eine neu erstellte Wohnsiedlung zum Beispiel dient in den ersten Jahren nach dem Bezug meist Familien mit jüngeren Kindern. Doch diese wachsen auf und entwickeln dann andere Interessen; der Sandkasten verwaist, aber eine selbst gebaute Pumptrack wäre toll!

Regelmäßige Gesprächsrunden

Auch im normalen Betrieb einer Wohnsiedlung, eines Spielplatzes oder einer Schulanlage lohnen sich Gesprächsrunden zwischen Kindern und verantwortlichen Erwachsenen, in denen die Anliegen von allen besprochen und für Probleme Lösungen gesucht werden. Solche Runden können auch dazu dienen, Erwachsene wieder neu für Kinderanliegen zu sensibilisieren. Wichtig ist immer, dass die Kinder ernst genommen werden, dass alle Beteiligten zu Wort kommen und dass die Ergebnisse von Beschlüssen festgehalten und an alle kommuniziert werden.

Aneignungsmöglichkeiten offenhalten

Eine gute Strategie, Partizipation und Selbstwirksamkeit der Kinder dauerhaft möglich zu machen, ist die Planung von Aneignungszonen oder -flächen. Das sind Räume, deren Veränderung von vornherein eingeplant wird, sodass Kinder ihre eigenen Vorhaben und Projekte umsetzen können. Das können Rasenflächen sein, die bei Bedarf umgestochen und umgenutzt werden, oder Brachen, die von neu zuziehenden Kindern in Beschlag genommen und nach eigenem Gutdünken genutzt werden können. Es bietet sich an, an solchen Stellen einfache Infrastruktureinrichtungen wie einen Elektro- oder Wasseranschluss vorzusehen, der das Nutzungsspektrum erheblich erweitern kann. Sinnvoll ist auch eine klar erkennbare Abgrenzung in Form einer Hecke, eines Zauns oder eines Belagswechsels, der signalisiert, dass hier eine besondere Zone abgegrenzt wird. In der Hausordnung oder einem anderen Reglement werden die Zweckbestimmung der Fläche und die erforderlichen Regeln für ihre Nutzung festgehalten. Was dann auf so einer Fläche tatsächlich gebaut und gepflanzt wird, kann in einer partizipativen Planung mit allen Interessierten geklärt werden.

Anwendungsbeispiele für Partizipation

Die Beteiligung von Kindern kann zu ganz verschiedenen Zeitpunkten im Planungs- und Ausführungsprozess geschehen; sinnvoll sind möglichst frühe Beteiligungen, weil dort die Spielräume noch größer sind. Nachfolgend werden einige Praxisbeispiele für partizipative Prozesse mit Kindern beschrieben.

Gemeinsam einen Stadtteil entwerfen

Stadtplanung und Städtebau sind kein Kinderspiel. Oder doch? In unterschiedlichen Schulversuchen haben sich schon zehn- und elfjährige Kinder[41] mit planerischen Fragen beschäftigt. So haben sie zum Beispiel mittels eines Spielteppichs und Holzstücken einen Stadtteil konzipiert und sich darüber verständigt, was ein Stadtteil braucht und welche Nutzungen wo am besten zu platzieren seien. So wurde unter anderem entschieden, dass das Altersheim nicht am ruhigen Stadtpark liegen solle, sondern im Stadtzentrum, weil die alten Menschen gern dem Leben dort zuschauen. In einem Verfahren in Berlin haben Kinder und Erwachsene auf dem Plan eines bestehenden Wohnumfelds am Kottbusser Tor erwünschte Nutzungen aufgeklebt und so auf einfachste Weise ihre Wünsche an die Stadtentwicklung eingebracht.[42]

Gemeinsam die Hausordnung bestimmen

Kinder und Erwachsene einer Siedlung einigen sich gemeinsam mit den Unterhaltsverantwortlichen, wie der Freiraum genutzt werden soll und wer für welche Unterhaltsarbeiten zuständig ist. Bei einer gemeinsamen Begehung und einem Gespräch mit allen wird festgelegt, was wo geschehen kann und was wo unerwünscht oder sogar verboten ist. Dabei kann gleichzeitig für die Sicht der Kinder und für die Sicht der Unterhaltsverantwortlichen um Verständnis geworben werden. Als Ergebnis der Verhandlungen werden eine Hausordnung und die Pflichtenhefte für die Unterhaltsverantwortlichen formuliert. Solche gemeinschaftlich erarbeiteten Regelungen ruhen auf einer viel breiteren Akzeptanzbasis als von außen verordnete.

Gemeinsam ein Problem lösen

Eine einfache und leistungsfähige Form der Partizipation ist die Lösung eines kleineren oder größeren Problems. Alle Interessierten und Betroffenen treffen sich und diskutieren das Problem und mögliche Lösungsansätze. Das kann zum Beispiel die Unordnung vor den Hauseingängen sein. Die Lösung kann in einer Änderung der Hausordnung bestehen oder im Bau eines Regals für Tretroller, Skateboards, Spielsachen und Gummistiefel oder in der Erweiterung der Abstellplätze für Fahrräder und Kinderwagen.

Zonen für Veränderung

Jedes Wohnumfeld und jeder institutionelle Freiraum sollte Zonen für Veränderung und Aneignung aufweisen. Dafür können alle Interessierten Ideen zusammentragen und gemeinsam bestimmen, welche davon ausgeführt werden sollen. Dies könnte zum Beispiel ein Hühnerhaus mit Auslauf, ein Nutzgarten oder ein Bauspielplatz sein. Solche Zonen passen sich in ihrer Nutzung und Ausgestaltung den verändernden Bedürfnissen an und bleiben nachhaltig wandelbar und interessant.

Leitlinien für eine gelingende Partizipation

- In der Planung Zeit und Geld für Partizipation einplanen
- Fachleute für Partizipation einbeziehen

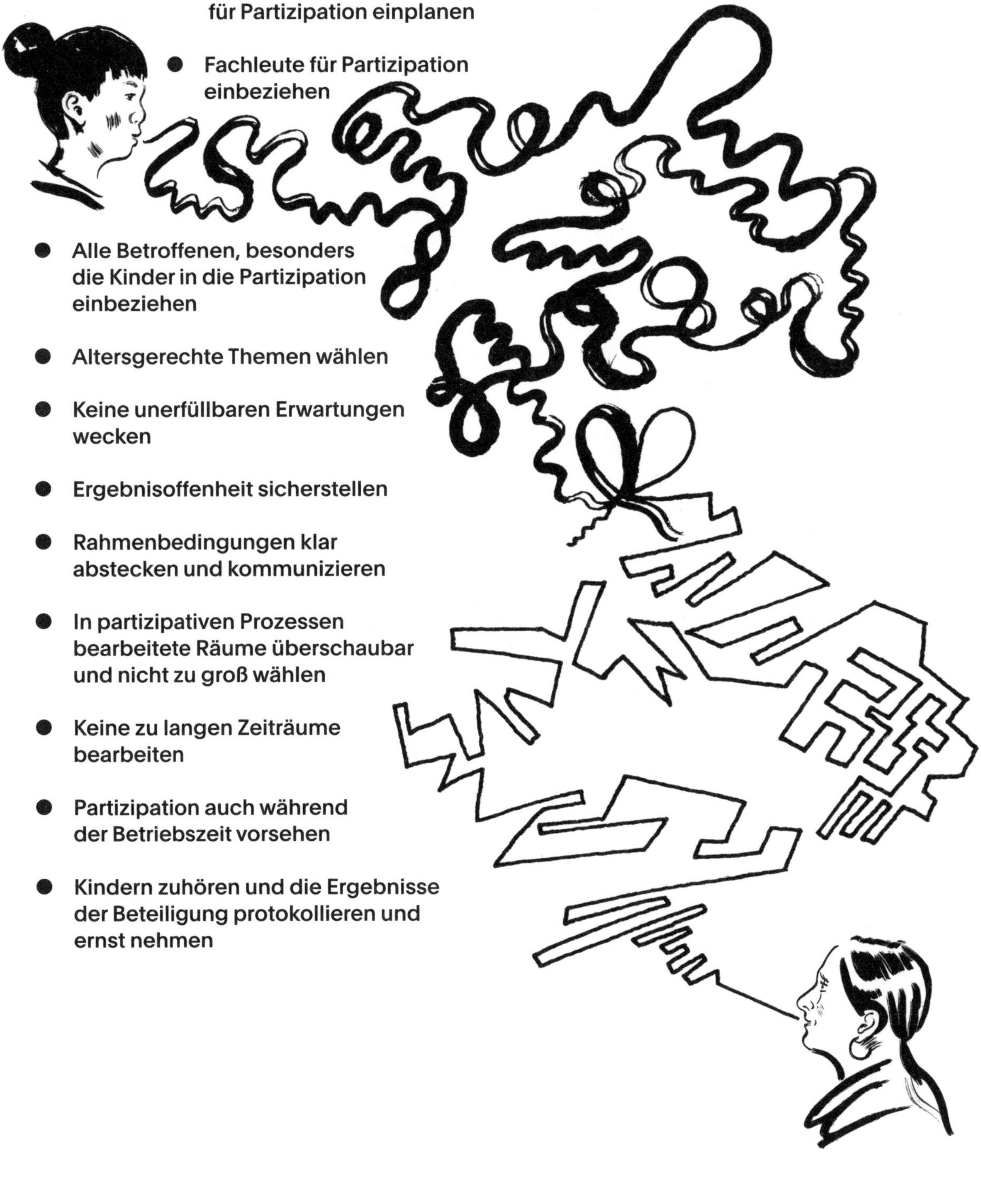

- Alle Betroffenen, besonders die Kinder in die Partizipation einbeziehen
- Altersgerechte Themen wählen
- Keine unerfüllbaren Erwartungen wecken
- Ergebnisoffenheit sicherstellen
- Rahmenbedingungen klar abstecken und kommunizieren
- In partizipativen Prozessen bearbeitete Räume überschaubar und nicht zu groß wählen
- Keine zu langen Zeiträume bearbeiten
- Partizipation auch während der Betriebszeit vorsehen
- Kindern zuhören und die Ergebnisse der Beteiligung protokollieren und ernst nehmen

Empfehlungen zu Methoden der Partizipation

Kinder haben das Recht, bei allen Entscheidungen, die sie betreffen, mitzuwirken. Für alle Altersstufen gibt es geeignete Methoden der Partizipation. Die Ergebnisse sind oft überraschend und für die Planung bereichernd.

Formen der Partizipation

Direkt: Kinder nehmen selbst teil

Indirekt: Fachleute oder ältere Kinder vertreten jüngere Kinder

Form 1: Kinder reden mit

Form 2: Kinder reden mit und entscheiden mit

Form 3: Kinder reden mit, entscheiden mit und wirken mit

Direkte Partizipation

Direkte Partizipation ist immer vorzuziehen, außer bei sehr jungen Kindern

Die betroffenen Kinder nehmen, wenn immer möglich selbst an der Partizipation teil

Themen, Fragen und Entscheidungen sind altersgerecht und für die Kinder gut verständlich

Indirekte Partizipation

Generell sinnvoll bei komplexen Fragen

Sinnvoll bei lange dauernden Planungen

Sinnvoll, wenn die betroffenen Kinder noch sehr jung sind

Sinnvoll, wenn Fachleute als Stellvertretung der Kinder erforderlich sind

Mitreden

Einfache, direkte und hilfreiche Form der Beteiligung

Kinder frei oder anhand von Fragebogen befragen und ihre Aussagen protokollieren

Begehungen mit Kindern machen und protokollieren

Mitreden und mitentscheiden

Kindern die Rahmenbedingungen klarmachen

Keine falschen Erwartungen wecken

Kindern kindgerechte und verständliche Entscheidungsfragen stellen

Komplexe Probleme in Teilbereiche oder Etappen aufteilen

Form des Entscheids klären: Einstimmigkeit, Mehrheitsentscheid, Vetorecht etc.

Schon das Entscheidungsverfahren mit den Kindern abstimmen

Mitreden, mitentscheiden und mitwirken

Umfassende Form der Partizipation

Kinder erfahren ihre Selbstwirksamkeit

Kinder nicht überfordern

Methode: Beobachtung und Gespräch

Leistungsfähige, einfache Formen der Partizipation

Bedürfnisse von Kindern an ihrem Verhalten eruieren

Kinder im Gespräch Bedürfnisse und Kritik äußern lassen

Ergebnisse protokollieren und im Planungsprozess verwenden

Methode: Befragung

Nach erwünschten Atmosphären oder Tätigkeiten fragen

Nicht nach erwünschten Geräten oder Ausstattungen fragen

Nach positiven und negativen Erfahrungen fragen

Kinder den Bestand beschreiben und bewerten lassen

Offene Kommentare ermöglichen

Methode: Workshop

Sprachliche und nichtsprachliche Mittel nutzen

Verschiedene Methoden parallel nutzen

Auf Stärken und Schwächen der teilnehmenden Kinder Rücksicht nehmen

Direkt vor Ort Workshops durchführen, um nah an der Realität zu sein

Partizipation mit Kindern unter vier Jahren

Zwischen direkter und indirekter Partizipation entscheiden

Sicherstellen, dass die Kinder verstehen, worum es geht

Generell altersgemäße Mittel einsetzen: Beobachtung, Befragung, Workshop

Einfache Begehungen im Bestand mit Gesprächen durchführen

Bei Neuplanungen andere Anlagen begehen und kommentieren lassen

Kinder gezielt nach ihren Eindrücken, Vorlieben und Abneigungen fragen

Möglichst Fachpersonen für diese Altersgruppe als Stellvertretende anfragen

Partizipation mit Kindern im Alter von vier bis sieben Jahren

Mosaikmethode (Anwendung verschiedener Methoden parallel) nutzen

Verbale und nonverbale Ausdrucksmittel wie Zeichnung oder Modell nutzen

Empfehlenswert ist auch die Arbeit mit Bildern, die die Kinder kommentieren

Partizipation mit Kindern im Alter von sieben bis 14 Jahren

Entwicklungsphase mit starken Gestaltungs- und Mitwirkungsinteressen

Den Kindern möglichst viel Selbstwirksamkeit ermöglichen

Entscheidungsfindung in Gruppen ist wichtiger Lerninhalt in dieser Altersgruppe

Partizipation mit Jugendlichen

Jugendliche wie junge Erwachsene behandeln

Zu komplexe Fragen in verständliche Teile zerlegen

Form der Partizipation mit den Jugendlichen zusammen festlegen

Jugendliche können auch gut in Ausführungsprozesse integriert werden

Jugendliche können in indirekten Partizipationen jüngere Kinder vertreten

Partizipation im Bestand

Gemeinsame Lösung von Problemen und Erarbeiten von Änderungen

Regelmäßige Gesprächsrunden zwischen allen Beteiligten, v.a. immer mit den Kindern

Veränderbare und aneigenbare Orte oder Zonen schaffen

Beteiligungsprozesse in Haus- und Gartenordnungen festlegen

Stadt- und Freiraumplanung

In der Stadt- und Freiraumplanung bieten sich die größten Einflussmöglichkeiten auf die künftige Qualität von Freiräumen. Hier werden die Weichen gestellt, ob Kinder sichere, zugängliche und anregende Räume finden, die sie sich selber erschließen und aneignen können. Deshalb ist es unabdingbar, die gesamte Planung auf Kinderanliegen hin auszurichten. Im Rahmen dieses Buches kann das große Thema Stadt- und Freiraumplanung nur kursorisch beleuchtet werden. Für eine vertiefte Beschäftigung eignen sich die in der Fußnote aufgeführten Publikationen.[43]

Politischer Wille

Die erste Bedingung für eine gelingende kinderfreundliche Planung ist der politische Wille. Die Zivilgesellschaft selbst, besonders aber Planungsverantwortliche und Mitglieder von Behörden, müssen sich über das Ziel einer kindergerechten Entwicklung einig sein. Der Konsens muss mittels übergeordneter Planungsinstrumente wie Richtplänen, Bau- und Zonenordnungen bzw. Bebauungsplänen, Sondernutzungsvorschriften und Ähnlichem gesichert werden. Eine UNICEF-Zertifizierung als «kinderfreundliche Gemeinde bzw. Kommune» kann hilfreich sein, Akzeptanz für Kinderanliegen zu fördern. Eine systematische Darstellung der Akteurslandschaft mit Checklisten, Handlungsanweisungen und Fallbeispielen ist der Leitfaden «Planung und Gestaltung von kinderfreundlichen Lebensräumen» von UNICEF Schweiz und Liechtenstein in Zusammenarbeit mit der Paul Schiller Stiftung.[44]

Spielraum ist überall!

Spielraum ist überall![45] Kinder halten sich nicht an die Vorstellungen Erwachsener, wo und wie gespielt werden soll. Sie erobern sich jeden zugänglichen Raum und nutzen ihn für ihre Zwecke. Deshalb sollte eine Siedlung insgesamt als großer Spielraum gesehen werden: Straßen sind nicht nur Fahrbahnen, sondern auch Übungsplätze für Kickboards und Rollschuhe, Fahrräder und Gokarts. Bäche und Teiche sind nicht nur Gewässerräume oder Naturschutzzonen, sondern auch Forschungslabore für Kinder, wo sie Fließverhalten oder Froschmetamorphosen studieren. Der Schulweg ist nicht nur eine Wegstrecke, die zurückzulegen ist, sondern ein Ort für Begegnungen und Erfahrungen. «Trotz hoher Verdichtungsgrade in Städten gibt es sie dennoch: die versteckten Ecken, Baulücken, Zwischenräume und Siedlungsränder, mitten in den Städten mit Baumhäusern, Erdhöhlen und Parcoursstrecken für das BMX-Fahren. Die ungeordneten ‹wilden› Freiräume, mit Sukzessionsgrün bewachsen, üben für Kinder und Jugendliche eine große Faszination aus und werden intensiv von ihnen genutzt.»[46] So beschreibt das deutsche Bundesministerium für Verkehr, Bau und Stadtentwicklung die Möglichkeiten der Stadt. Dieser Fokus auf Kinderanliegen im urbanen Umfeld soll in den folgenden Abschnitten illustriert werden.

Freiraum-versorgung

Auch wenn die Siedlung als Ganzes als Freiraum verstanden wird, müssen Freiflächen frühzeitig planerisch gesichert werden. Flächen für Nah- und Nächsterholung schaffen die Grundlage für Spielräume und grüne Vernetzungskorridore. Öffentliche Freiflächen sichern zudem den Zugang für alle. Kindergerechte Freiräume können sowohl besondere Spielplätze sein als auch andere Freiflächentypen, wie zum Beispiel Parks, die sicher sind und sich für Spiele eignen. Die empfehlenswerten Größen richten sich nach der örtlichen Situation der Siedlung und der Dichte ihrer Nutzung. Außer den angemessenen Größen sind vor allem die Distanzen der öffentlichen Freiräume von den Wohnbereichen von Bedeutung. Sie sollten in der Regel 250 Meter nicht übersteigen. Das ist die Distanz, die Kinder zwischen fünf und zehn Jahren selbstständig bewältigen. Die Freiräume müssen groß genug sein, dass sie ihren Zweck erfüllen. Richtwerte für die Freiflächenversorgung gehen in Deutschland und in der Schweiz von minimal sechs bis sieben Quadratmeter/Einwohner:in für die wohnungsnahe Versorgung aus.[47] In die Berechnung dürfen nur tatsächlich erreichbare Flächen einfließen. Nachstehend einige Richtwerte[48] für die Freiraumversorgung. Es ist zu beachten, dass es sich um Minimalangaben handelt.

Spiel- und Sportflächen	
Bis 2500 Einwohner:innen	5 m²/E
2500 bis 10 000 Einwohner:innen	3,5 m²/E
Über 10 000 Einwohner:innen	2,5 m²/E

Mindestgrößen von Spielflächen[49]	
Wohnungsnah	
bei offener Bauweise	500 m²
bei geschlosener Bauweise	5000 m²
Siedlungsnah	10 000 m²

Spielflächen	
Für Kinder bis 6 Jahre	
Minimalfläche	30 m²
brutto	0,75 m²/E
netto	0,5 m²
Kinder 6–12 Jahre	
Minimalfläche	500 m²
brutto	0,75 m²/E
netto	0,5 m²
Für Jugendliche ab 12 Jahren	
Minimalfläche	800 m²

Institutionelle Freiräume	
Schulhof	5 m²/Schüler:in
Kindergarten und -tagestätte	10 m²/Kind

Spielraumvernetzung

Von zentraler Bedeutung ist die Vernetzung aller für Kinder interessanten Orte mit sicheren Wegen. Heute werden Kinder wegen der gefährlichen Straßen oft von einem Ort zum anderen gefahren.[50] Wohn-, Schul- und Spielorte sind zu Inseln geworden, die nur mithilfe von Erwachsenen erreicht oder verlassen werden können. Sichere Fuß- und Fahrradnetze überwinden diese «Verinselung» und ermöglichen Kindern ein selbstbestimmtes Erkunden ihrer Lebenswelt. Eine gute Vernetzung erlaubt es, statt vereinzelter kleiner Spielplätze größere, interessantere und thematisch unterschiedliche Spielplätze vorzusehen. Es kann auf spezielle Alters- oder Interessengruppen zugeschnittene Spielorte geben, welche die Kinder nach Lust und Laune besuchen können. Auch andere Naherholungsräume wie Siedlungsränder, Parks, Wälder oder Gewässer müssen mit den Spielräumen vernetzt werden. Bei neu zu planenden Wohngebieten ist es daher unbedingt empfehlenswert, von den Grundeigentümern statt eines Spielplatzes auf der Parzelle entsprechend zweckgebundene finanzielle Mittel einzufordern und diese in einem Fonds zu sammeln. Damit können gemeinsame größere Spielbereiche und ein sicheres Wegenetz angelegt werden.[51] Selbstverständlich müssen auch die Wohnsiedlungen, Kindertagesstätten, Schulen, Gemeinschaftszentren und andere für Kinder wichtige Einrichtungen möglichst vollständig in dieses Vernetzungssystem eingebunden werden. Weitere Angaben zur Planung von sicheren Fuß- und Fahrradnetzen finden sich im Kapitel «Verkehrsplanung».

Hohe bauliche Dichte und Multifunktionalität

Die zunehmende bauliche Dichte führt dazu, dass der Nutzungsdruck auf alle Freiflächen größer wird. Die Flächen, die eigens für Kinderspiele ausgeschieden werden können, schrumpfen und werden übernutzt. Die Kinder müssen in andere Bereiche ausweichen können. Diesen Defiziten kann planerisch mit verschiedenen Instrumenten entgegengewirkt werden. Dazu gehören Multifunktionalität, temporäre Nutzungen und Spielbrachen.

Multifunktionalität

Kinder erkunden in Streifzügen ihre gesamte Umwelt, je älter sie werden, desto weiträumiger und unabhängiger. Sie entdecken Orte und eignen sie sich als Spielraum an. Aus einer Brachfläche wird zum Beispiel ein regelloser Raum für alle erdenklichen Beschäftigungen. Straßen werden zu Rennstrecken für Skates und Fahrräder, und ein leerer Parkplatz wird zum Fußballfeld. Deshalb sollten alle Räume und Flächen auch als multifunktional bespielbar betrachtet werden. Dafür muss für Sicherheit gesorgt werden, was meist heißt, die Vorherrschaft des Automobilverkehrs zu brechen. Das Beispiel der «Superblocks» im dichten Stadtteil «Eixample»[52] von Barcelona zeigt eindrücklich, dass diese Forderung weniger utopisch ist, als es scheint. Hier wurden aus einem großen Teil der Straßen Begegnungsräume, die nur noch im Schritttempo befahren werden dürfen. Wenn der motorisierte Verkehr auf das notwendige Minimum beschränkt wird, können fast alle für Kinder sicher erreichbaren Zonen und Orte zu Spiel- und Aufenthaltsräumen werden. Um Flächen als Spielorte zu aktivieren, sind meist auch rechtliche und organisatorische Regelungen erforderlich, die beispielsweise als Nutzungszuweisungen in Richtplänen oder als Servitute im Grundbuch verankert werden können.

Spielbrachen

Nutzungen überlagern

Nutzungsüberlagerungen sind ein effizientes Mittel, die Spiel- und Streifräume von Kindern nicht nur erheblich zu vergrößern, sondern auch, um ihnen anregende und vielfältige Lebensräume zur Verfügung zu stellen. Ein Paradebeispiel sind verkehrsberuhigte Straßen.[53] Hier dient die gleiche Fläche sowohl als Erschließungsraum für den Fahrverkehr als auch als multifunktionaler Spielraum. Auch Flächen, die primär der ökologischen Vernetzung und Frischluftzufuhr dienen, wie beispielsweise Grünzüge, werden ohne großen Aufwand zum naturnahen Entdeckungsraum und zur sicheren Wegeverbindung im Streifraum der Kinder. Eine Kleingartenanlage kann zum Versteckspiel anregen, wenn sie öffentlich zugänglich und durchwegt ist.[54] Ein repräsentatives Wasserspiel auf dem Stadtplatz wird im Sommer zum Planschbereich, wenn der Platz von Verkehr freigehalten wird. Es ist nicht immer klar, welche planerischen oder rechtlichen Regelungen zielführend sind. Je früher im Planungsprozess Nutzungsüberlagerungen und Multifunktionalität thematisiert werden, desto eher finden sich Lösungen.

Temporäre Nutzungsüberlagerungen

Nutzungsüberlagerungen können auch temporär sein. Eine Asphaltfläche, die im Winter einer Eisbahn Platz bietet, kann im Sommer mit ein paar mobilen Geräten zum Skatepark werden. Der Pausenplatz des Schulhauses wird außerhalb der Schulzeiten ein multifunktionaler Tummelplatz. Die ökologisch wertvolle Magerwiese wird nach dem Schnitt für ein paar Wochen zum Sportrasen, und die Brache, auf der erst in drei Jahren gebaut wird, wird ohne großen Aufwand zum Bauspielplatz oder zum Pumptrack.

Veränderbare Flächen wie Brachen sind in einer dicht bebauten oder neu entworfenen Siedlung selten. Sie sind oft nur kurzfristig verfügbar und bezüglich Größe und Verortung vom Zufall abhängig. Für Kinder sind sie überaus wertvoll. Deshalb sollten bei Neuplanungen dauerhafte Spielbrachen vorgesehen werden: Flächen, die ständig zur Verfügung stehen und immer wieder neu und anders für Spiele und Kinderprojekte angeeignet und genutzt werden können. Sie können sich veränderten Bedürfnissen anpassen und stehen für spontane Aneignung zur Verfügung. Spielbrachen können auch anstelle von konventionellen Spielplätzen vorgesehen werden, denn erfahrungsgemäß ist deren Nutzen oft von kurzer Dauer und eng beschränkt. Wenig oder ungenutzte Spielplätze können von ihrer Ausstattung befreit, bepflanzt und als wilde Spielräume den Kindern überlassen werden. Je nach Größe und Lage kann eine Betreuung und Moderation sinnvoll sein, zum Beispiel in Zusammenarbeit mit einem Gemeinschaftszentrum, einer Schule oder einem Kindergarten. Planerisch lassen sich solche Spielbrachen als «Spielplatz» sichern oder als «Fläche für öffentliche Bauten und Einrichtungen» etc. Mehr zum Thema Brachen findet sich im Kapitel «Typen von Spielräumen».

Mäßige bauliche Dichte

Eine hohe bauliche Dichte führt in der Regel zu einer erheblichen Verschlechterung der Freiraumqualitäten für Kinder. Auf den Außenräumen liegt ein zu hoher Nutzungsdruck für Erschließung, Anlieferung, Entsorgung usw., sodass für Spiele kaum noch Platz bleibt. Wo immer möglich, sollte deshalb die Dichte von Wohnsiedlungen für Familien mit Kindern moderat bleiben. Welche Geschossflächenzahlen oder Ausnutzungsziffern noch als verträglich gelten können, ist sehr von der näheren Umgebung und dem dortigen Spielangebot abhängig. Für kindergerechte Siedlungen ist eine Ausnutzungsziffer (Schweiz) bzw. Geschossflächenzahl (Deutschland und Österreich) von mehr als 1.0 sehr kritisch zu prüfen.[55] Höhere Dichten sind dort gut möglich, wo das entsprechende Wohngebiet direkt an einen sicher erreichbaren, großzügigen und für Kinder geeigneten Freiraum angrenzt, also etwa an einen Stadtpark, einen Grünzug oder den Siedlungsrand. Unter 0.6 AZ bzw. GFZ sollte die bauliche Dichte nicht fallen, weil sonst die Anzahl von Kindern im Wohngebiet so stark fällt, dass sie zu wenige und zu wenig diverse Kontakte finden, typischerweise in Einfamilienhausgebieten.

Öffentliche Plätze und Parks

Weil bei hohen Dichten auf den Privatgrundstücken erfahrungsgemäß keine brauchbaren Freiräume für Kinder entstehen, müssen große und sichere öffentliche Plätze und Parkanlagen vorgesehen werden. Sie müssen Teil eines durchgehenden Fuß- und Fahrradnetzes und damit für Kinder sicher erreichbar sein. Verkehrsfreie Plätze bieten eine Vielzahl von Spielmöglichkeiten, selbst wenn sie keinerlei Ausstattung aufweisen, vor allem für Fahr- und Bewegungsspiele. Schattenbäume, Bänke und Trinkbrunnen erhöhen ihre Aufenthaltsqualität. Öffentliche Parks bieten Raum für größere Anlagen und Einrichtungen, die auf den begrenzten privaten Spielflächen nicht möglich sind. Sie werden professionell unterhalten, weisen meist eine gute Sozialkontrolle auf und sind für Kinder aus allen Schichten und Altersstufen zugänglich. Schon eine große, ebene Rasenfläche ist ein Spielangebot. Besondere Spieleinrichtungen, Naturerlebnisräume oder Sportangebote erhöhen die Attraktivität. Parks tragen auch zur Hitzeminderung bei, bieten Naturbegegnung und Bewegungsmöglichkeiten.

Straßenräume

Leitlinien für die Planung kindergerechter Freiräume

Schon in der Planungsphase einer Siedlung müssen Straßen als multifunktionale Flächen konzipiert werden. Straßen waren jahrhundertelang Spielräume, weil der Verkehr nur in Ausnahmefällen eine ernste Bedrohung darstellte. Dieses Potenzial lässt sich durchaus reaktivieren. Straßen in Wohngebieten sollten generell verkehrsberuhigt mit maximal Tempo 20 ausgebildet werden. So werden sie ohne weiteres Zutun zu einigermaßen sicheren Spielräumen. Wo die Reduktion der Geschwindigkeit nicht möglich oder nicht erwünscht ist, müssen Straßenprofile so breit angelegt werden, dass sie außer der Fahrbahn auch breite Gehwege und eine räumliche oder sogar bauliche Abgrenzung dazwischen erlauben. Mit dieser einfachen Maßnahme auf der Ebene der Dimensionierung von Straßenräumen lässt sich nicht nur Spielraum, sondern auch Sicherheit in einem übergeordneten Wegenetz herstellen. Mehr zur Ausbildung von kinderfreundlichen Straßentypen und -profilen im Kapitel «Verkehrsplanung».

- **Politische Voraussetzungen für Kindergerechtigkeit schaffen**
- **Gesamte Siedlung als potenziellen Spielraum konzipieren**
- **Für Kinderspiel nicht nur Spielplätze vorsehen**
- **Genug Freiflächen planerisch sichern**
- **Alle sicheren Freiflächen für Kinder nutzbar machen**
- **Motorisierten Verkehr eingrenzen und abbremsen**
- **Sichere Fuß- und Fahrradnetze anlegen**
- **Spielräume vernetzen**
- **Spielbrachen einplanen**
- **Nutzungsüberlagerungen für Kinderspiele ermöglichen**
- **Von motorisiertem Verkehr freie Wohnsiedlungen vorsehen**
- **Bauliche Dichten für Wohngebiete zwischen 0.6 und 1.0 AFZ bzw. GFZ**
- **Bei höheren baulichen Dichten Stadtparks und -plätze vorsehen**

Maßnahmen für eine kindergerechte Planung

Entscheidungen in der Stadt- und Freiraumplanung haben die stärksten Auswirkungen für die Qualität von Spielräumen. Die Sicherung von Flächen und ihre sichere Vernetzung haben oberste Priorität.

Politischer Wille

Alle Akteure involvieren

Ziel kindergerechter Freiräume planerisch sichern

Auf allen Planungsebenen Kinderanliegen hoch gewichten

Zertifizierung als kinderfreundliche Gemeinde bzw. Kommune

Spielraum ist überall

Gesamten Siedlungsraum als Spielraum betrachten und für Kinder sicher machen

Gesamten Siedlungsraum für Kinder sicher machen

Alle Flächen auf ihre Nutzbarkeit für Kinder hin überprüfen

Freiraumversorgung

Freiflächenversorgung sichern, Minimaler Richtwert: 6 bis 7 m^2/Einwohner:in

Hindernisse bei der Erreichbarkeit von Freiflächen für Kinder berücksichtigen

Streifraum-Radius von Fünf- bis Zehnjährigen: ca. 250 m

Spielraumvernetzung

Alle für Kinder nutzbaren Orte mit sicheren Fußwegenetzen verbinden

Verinselung der Spielorte aufheben

Fußwegenetze auch an Grünräume, Siedlungsränder und Naherholungsorte anschließen

Finanzielle Beiträge von Bauträgern für gemeinschaftliche Spielräume

Hohe bauliche Dichte und Multifunktionalität

Hohen Nutzungsdruck auf Freiflächen durch hohe bauliche Dichte beachten

Ausweichmöglichkeiten für Kinder schaffen

Flächen multifunktional planen, z. B. verkehrsberuhigte Straßen

Kindernutzungen auf möglichst allen Flächen zulassen

Stadtplätze bespielbar machen

Temporäre Nutzungsüberlagerungen zulassen

Institutionelle Freiräume temporär für Kindernutzungen öffnen

Spielbrachen

Permanente Brachen als Orte für Veränderung planen

Brachen anstelle konventioneller Spielplätze planen

Ungenutzte Spielplätze abbauen und als Brachen betreiben

Besonders sinnvoll in Kombination mit Gemeinschaftszentren oder Schulen

Planerisch als Spielplatz oder Fläche für öffentliche Einrichtungen sichern

Mäßige bauliche Dichte

Zu hohe bauliche Dichten schaden Freiraumqualitäten

Bauliche Dichte in Wohnsiedlungen für Kinder zw. 0.6 und 1.0 AZ bzw. GFZ halten

Hohe bauliche Dichten nur bei Wohnsiedlungen nahe großer, sicherer Freiräume

Öffentliche Plätze und Parks

Öffentliche Anlagen können Defizite der privaten Freiräume auffangen

Öffentliche Anlagen sind Begegnungsräume für alle

Öffentliche Anlagen als Teile des sicheren Fuß- und Fahrradnetzes planen

Verkehrsfreie Plätze sind attraktiv für Fahr- und Bewegungsspiele

Parks mindern die Hitze, bieten vielseitige Spielmöglichkeiten

Parks bieten Naturbegegnung und Bewegungsmöglichkeiten

Straßenräume

Straßen von Anfang an als multifunktionale Räume planen

Straßen in Wohngebieten verkehrsberuhigt mit max. Tempo 20

Hauptstraßen mit breiten Fahrrad- und Gehwegen planen

Räumliche oder bauliche Abgrenzung zu schnell befahrenen Straßen

Städtebau und Architektur

Für die Kinderfreundlichkeit von Freiräumen fallen wichtige Entscheidungen schon im Städtebau. Er muss grundsätzlich von den Außenräumen her entwickelt werden. Eine mäßige bauliche Dichte und die Beschränkung auf maximal drei Geschosse für Familienwohnungen sind sinnvolle Maßnahmen. Mit architektonischen Mitteln können Kindern der Kontakt zum Außenraum und der eigenständige Zugang dazu erleichtert werden, zum Beispiel durch Haustüren, die sie selbstständig öffnen können, oder durch Fenster und Balkone mit Sicht- und Rufkontakt zu den Freiräumen.

Dimensionierungen und bauliche Gliederung

Kinder erfahren Ausmaße von Bauten und Räumen anders als Erwachsene; zu große Dimensionen wirken auf sie einschüchternd. Riesige, leere Flächen lösen Angst aus, zu oft repetierte Baukörper schüchtern ein und stiften Verwirrung. Kinder brauchen leicht erfassbare und übersichtliche Räume und Bauten sowie gestalterische Elemente, die Orientierung und Identifikation erleichtern. Große bauliche Komplexe und weite Freiräume müssen daher unbedingt rhythmisiert und in überschaubare Einheiten unterteilt werden. Dabei können die Dimensionen eines Hauseingangs mit je zwei Wohnungen pro Etage als Orientierung für eine solche leicht fassbare Einheit betrachtet werden. Selbstverständlich können diese Einheiten addiert und kombiniert werden, aber sie müssen für die Kinder individuell klar voneinander unterscheidbar sein.

Alle Abmessungen müssen sich am menschlichen Maßstab orientieren. Genauere Angaben zu Freiraumelementen finden sich im Kapitel «Landschaftsarchitektur». Für Kinder wichtig ist auch die Orientierung im Raum; die Baukörper sollten das durch unterschiedliche Gestaltung und leicht wiedererkennbare Elemente berücksichtigen. Viele gleiche Hauseingänge sind verwirrend. Individuell zugeordnete Farben, Formen, Bilder oder andere unterschiedliche Gestaltungsmerkmale können dagegen Kindern die Orientierung erleichtern.

Kleinklima

Mikroklimatisch günstige Außenräume verlängern die Spielzeit im Freien. Die Stellung der Baukörper sollte zu einem ausgeglichenen Kleinklima in den Freiräumen beitragen. Freiräume für Kinder sollten windgeschützt sein, an sonnigen Situationen liegen und zu einem guten Teil mit Laubbäumen beschattet sein. Freiflächen auf der Nordseite von Gebäuden sind außer im Hochsommer zu kalt und zu feucht. Bauten sollen keine Kaltluftströme unterbrechen. Hohe und dicht beieinanderstehende Bauten können zu starken Windströmen und Düseneffekten auf Bodenebene führen, was die Nutzbarkeit der Freiräume stark einschränkt. Dichte Strauchpflanzungen oder Wände und Dächer können hier für Windschutz sorgen. Gedeckte Außenbereiche, zum Beispiel Hausdurchgänge, Vordächer und Unterstände, Pavillons und Ähnliches, sind generell sehr sinnvoll. Sie bieten Rückzugsmöglichkeiten bei schlechtem Wetter und erhöhen so die Aufenthaltsdauer im Freien deutlich. Spielräume im Freien müssen auch vor anderen Immissionen wie Staub, Lärm und Abgasen geschützt werden; am einfachsten geschieht dies schon durch die Stellung der Baukörper.

Freiräume

Ein kinderfreundlicher Städtebau lebt von seinen Freiräumen. Wo nichts ist, ist des Raumes Brauchbarkeit.[56] Großzügige, sinnvoll angeordnete und reich strukturierte Freiräume in unmittelbarer Nähe der Wohnungen sind die Basis für einen kinderfreundlichen Siedlungsbau. Die Aufmerksamkeit auf diese Räume lenken, ihnen gute Dimensionen geben und sie sinnvoll anordnen ist die Grundlage für alle weiteren Maßnahmen. Von guten Freiräumen profitieren zudem nicht nur Kinder, sondern Menschen aller Altersstufen und Gruppenzugehörigkeiten.

Geschützte Innenbereiche

Kindergerechte Freiräume sollten im geschützten Innenbereich einer Wohnanlage oder einer Schule, abgewandt von den äußeren Straßen und Zufahrten, angelegt werden, es sei denn, dass diese konsequent als Begegnungszonen ausgebildet sind. Solche innen liegenden Freiräume müssen gut besonnt sein. Bei größeren Anlagen ist es sinnvoll, die Freiräume zu gliedern, unterschiedlich zu gestalten und mittels sicherer Wegeverbindungen miteinander zu vernetzen. Wo es nicht möglich ist, die Freiräume primär im sicheren Innern der Bebauung anzulegen, sind die außen liegenden Freiräume mittels physischer Abgrenzungen zu allen Gefahrenquellen hin abzusichern.

Geschossigkeit und bauliche Dichte

Wohnungen, in denen Kinder leben, sollten in Gebäuden nur im Erdgeschoss, dem ersten und zweiten Obergeschoss liegen, um nicht zu lange Wege zu erzeugen. Kinder brauchen ein Gefühl von Vertrautheit und Sicherheit; dazu gehören unabdingbar die Wohnung und ihre leichte Erreichbarkeit.

Maximal drei Geschosse

«Gebäude mit vier und mehr Geschossen können nicht als kindgerecht bezeichnet werden, weil die Distanz zwischen dem Eingangsbereich sowie dem näheren Wohnumfeld und den Wohnungen in den oberen Geschossen zu groß ist. Sie entsprechen daher nicht dem Bedürfnis vor allem kleinerer Kinder nach Sicherheit und räumlicher Vertrautheit, da der unmittelbare Kontakt zur Wohnung und somit zu den Bezugspersonen nicht mehr vorhanden ist. Der spontane Rückzug in die Wohnung wird unmöglich. Dementsprechend spielen kleinere Kinder, die in Wohnungen in oberen Geschossen wohnen, häufiger in der Wohnung, weil ihre Eltern sie, bedingt durch die Entfernung und die dadurch fehlende Beaufsichtigungsmöglichkeit, oft nicht mehr im Wohnumfeld spielen lassen. Dies führt zu einer Verringerung der Häufigkeit und Intensität sozialer Kontakte und zu einer starken Einschränkung der autonomen Handlungsmöglichkeiten von Kindern», erklärt der Stadtplaner Klaus Busch.[57]

Dichte zwischen 0,6 und 1,0 AFZ / GFZ

Auch aus städtebaulicher Sicht sind maximal dreigeschossige Wohngebäude vorzuziehen, um den menschlichen Maßstab nicht zu verlieren. Wo das nicht möglich ist, müssen Wohngebäude mit mehr als drei Etagen einen Lift aufweisen, bei dem die Bedienungsfelder tief genug liegen, dass Kinder sie ohne Hilfsmittel erreichen können. Die bauliche Dichte von Wohnanlagen sollte zwischen 0,6 und 1,0 GFZ (Geschossflächenzahl) / AZ (Ausnützungsziffer) liegen. In weniger dichten Anlagen leben meist zu wenige Kinder, dichtere haben meist zu wenig Freiräume und zu hohe Geschossigkeiten. Mehr zur baulichen Dichte im Kapitel «Stadt- und Freiraumplanung».

Autofreie Wohnsiedlungen

Ideal sind autofreie Siedlungen. Im Interesse der Kinder sollten Wohnsiedlungen von motorisiertem Individualverkehr freigehalten werden. Die Autos müssen dafür am Siedlungsrand oder in unterirdischen Garagen mit peripheren Zufahrten abgestellt werden. Die Wege zu den Wohnungseingängen dürfen einzig für Umzüge, Krankentransporte und Unterhaltsarbeiten befahren werden. Mit dieser einfachen Maßnahme werden die befestigten Flächen innerhalb einer Siedlung allesamt zu sicheren und attraktiven Spielflächen. Wo regelmäßig befahrene Straßen innerhalb einer Wohnsiedlung unumgänglich sind, sollen sie als verkehrsberuhigte Zonen mit max. Tempo 20 km/h ausgebildet werden (vgl. Kapitel «Verkehrsplanung»).

Erdgeschoss oder Hochparterre

Je näher eine Familienwohnung am Freiraum liegt, desto besser. Erdgeschosswohnungen sind für Familien mit Kindern ideal. Wenn möglich, sollten sie als Hochparterre-Wohnungen mit Balkon und Gartenzugang ausgebildet werden. So lassen sich Konflikte zwischen der Nutzung der gemeinschaftlichen Freiräume und der Nutzung der privaten Außenräume der Wohnungen leichter vermeiden. Treppenabgänge von den Hochparterre-Wohnungen zu den gemeinschaftlichen Außenräumen sind für die Kinder aber sinnvoll, weil sie so umstandslos aus der Wohnung ins Freie gelangen. Wo die Wohnungen ebenerdig sind, sollten mittels Mäuerchen, Sträuchern oder anderer raumbildender Maßnahmen private Vorzonen vor den Außensitzplätzen für eine Abgrenzung sorgen, die von den Kindern als klare Grenze erkannt werden kann. Dies hilft, Nutzungskonflikte zu vermeiden.

Vernetzen und Abgrenzen

Die Freiräume einer Wohnsiedlung sollten nicht nur untereinander verbunden, sondern auch mit denen angrenzender Quartiere oder weiterer potenzieller Spielräume vernetzt sein. So werden Begegnungen und soziale Mischung zwischen Kindern unterschiedlicher Siedlungsteile ermöglicht. Den eigenen Streifraum sicher und unbeaufsichtigt kontinuierlich zu erweitern, trägt maßgeblich zu einer gesunden kindlichen Entwicklung bei. Alle Vernetzungen und Verbindungen müssen sicher und Gefahren für die Kinder klar sichtbar und verstehbar sein. Wo reale Gefahren mit einem großen Schadenspotenzial bestehen, müssen deren Quellen durch bauliche Maßnahmen ausgegrenzt werden. Dazu gehören immer schnell befahrene Straßen, aber auch Bahntrassen, Absturzstellen oder gefährliche Gewässer. Das Prinzip dabei sollte sein: Nicht Kinder einsperren, sondern Gefahren aussperren!

Sicht- und Rufkontakt zum Freiraum

Familienwohnungen sollten einen direkten Sicht- und Rufkontakt zu den Spielräumen jüngerer Kinder haben. Im besten Fall liegen sie nur im Erd- und den ersten beiden Obergeschossen. Bei höheren Bauten sollten die untersten drei Geschosse Familienwohnungen vorbehalten sein. Wo Wohnungen auf zwei Seiten eines Baukörpers orientiert werden, sollten die Familienwohnungen immer in Richtung der Spielräume angeordnet werden. Sicht- und Rufkontakt ist vor allem von Küchen, Wohnräumen und Balkonen aus erwünscht. Im Idealfall sind auch die Kinderzimmer auf die Spielflächen ausgerichtet. Die Kontrollmöglichkeit vermittelt Eltern und Betreuungspersonen ein Gefühl von Sicherheit, und sie lassen die Kinder eher unbegleitet im Freien spielen. Die jüngeren Kinder müssen jederzeit eigenständig Kontakt zu den Bezugspersonen in der Wohnung aufnehmen können, um sich sicher zu fühlen. Französische Balkone und raumhohe Fenster ermöglichen Kindern, Sicht- und Rufkontakt zu Spielkameraden im Freiraum aufzunehmen. Balkonbrüstungen sollten mindestens teilweise durchsichtig sein, damit Kinder einen freien Blick auf das Geschehen draußen haben, ohne die Brüstungen besteigen zu müssen. Dabei dürfen die Öffnungen das Besteigen der Brüstung nicht ermöglichen.

Zugang ins Freie

Für die Nutzung der Außenräume sind ungehinderte Zugänge ins Freie für alle Kinder unabdingbar. Auch junge Kinder müssen jederzeit selbstständig zwischen Wohnung und Außenraum wechseln können. Alle Wege von der Wohnung bis in die Spielräume müssen daher auf Kindergerechtigkeit und -sicherheit hin konzipiert werden. Wohnungstüren sollten leicht zu öffnen sein. Im Treppenhaus ist ein auf ca. 60 Zentimeter Höhe angebrachter zweiter Handlauf für Kinder ideal. Liftschalter müssen außen und innen auf erreichbarer Höhe für Kinder angebracht sein. Der Zugang aus dem Hausflur zum Spielraum sollte immer direkt erfolgen. Da die Haustür oft auf der Nordseite eines Gebäudes angeordnet ist, müssen Kinder erst um das Haus oder sogar einen ganzen Block herumgehen. Besser ist es, wenn ein Flur oder Durchgang im Erdgeschoss das Treppenhaus direkt mit den Spielräumen verbindet.

Türschließung

Kinder müssen Wohnungs- und Haustüren selbst öffnen und schließen können. Die meisten modernen Haustüren sind aus klimatischen und sicherheitstechnischen Gründen dafür zu schwer. Sie müssen einen motorisierten Öffnungsmechanismus haben oder sich automatisch öffnen. Da Haustüren meist dauernd verschlossen sein müssen, brauchen Kinder eigene Schlüssel. Diese gehen leicht verloren. Badges, die bei Verlust unbrauchbar geschaltet werden können, sind eine sinnvolle Alternative.[58] Die Schließmechanismen müssen für die Kinder leicht zu bedienen sein. Gegensprechanlagen, Klingeln und Liftknöpfe müssen tief genug angebracht sein, auch für junge Kinder. Ein dreijähriges Kind hat ungefähr eine Reichweite nach oben von 100 Zentimetern und eine nach vorne von 40 Zentimetern.[59] Wo Gegensprech- oder Klingelanlagen nicht durchgehend so tief angebracht sind oder sein können, helfen besteigbare Stufen, Bänke oder Tritte den Kindern, daran heranzureichen. Solche Elemente sind in Eingangssituationen auch willkommene Abstellflächen und Sitzgelegenheiten. Wohnungs- und Haustüren dürfen keine Schnappschlösser aufweisen, mit denen sich die Kinder aussperren können.

Hauseingänge

Gedeckte Außenräume

Hauseingänge sind ein wichtiger Aufenthalts- und Begegnungsort für Erwachsene und Kinder. Sie sollten dementsprechend großzügig dimensioniert werden, überdacht sein und einfache Sitzgelegenheiten aufweisen. So werden sie zu informellen Begegnungsorten und können auch bei Regen vorübergehend zum Aufenthaltsort werden. Für Kinderwagen, Kickboards, Kinderfahrräder und andere Spielgeräte, die nicht in die Wohnung mitgenommen werden, ist genug Abstellplatz vorzusehen, damit sie nicht im Weg stehen. Ideal sind direkt seitlich vom Eingang angeordnete und gedeckte Abstellbereiche, in denen es auch möglich ist, Fahrräder oder andere Geräte anzuschließen. Wichtig sind auch Schmutzschleusen und -teppiche an Eingängen, sodass Kinder ihre Schuhe und Stiefel reinigen können und den Schmutz aus der Matschgrube nicht in den Hausflur tragen.

Für die Nutzbarkeit von Außenräumen sind witterungsgeschützte Orte von großer Bedeutung. Wenn sie geräumig genug sind, erlauben sie Spiel und Aufenthalt im Freien auch bei Wind und Niederschlägen. Das können große Vordächer, offene Verbindungsbauten, Loggien, Unterstände, Regendächer, Pavillons und Ähnliches sein. Solche Orte laden auch ältere Kinder ein, sich dort mit Freunden zu verabreden und «abzuhängen». Spielgeräte, Sitzgelegenheiten, Beleuchtung und Elektroanschlüsse erhöhen die Nutzbarkeit zusätzlich.

Leitlinien für Städtebau und Architektur, die Kindern zugute kommen

- Städtebau von den Freiräumen her denken
- Großzügige zusammenhängende Freiräume schaffen
- Bebauung und Freiräume kleinteilig strukturieren
- Orientierung und Identifikation ermöglichen
- Bauliche Dichte zwischen 0.6 und 1.0 GFZ / AFZ
- Für Familienwohnungen maximal drei Geschosse vorsehen
- Hochparterre-Wohnungen vorsehen
- Sichtbezug zwischen Wohnungen und Spielräumen schaffen
- Spielräume im Inneren der Siedlung anlegen
- Für ausgeglichenes Mikroklima sorgen
- Bauliche Abgrenzungen zu Gefahren und Lärm schaffen
- Motorisierten Verkehr außerhalb der Wohngebiete halten
- Selbstständige Bedienung von Türen und Liften durch kleine Kinder
- Möglichst direkter Zugang aus dem Treppenhaus zu den Spielräumen

Maßnahmen in Städtebau und Architektur für kindergerechte Freiräume

Ein kindergerechter Städtebau muss aus den Freiräumen entwickelt werden. Eine mäßige bauliche Dichte, Orientierung und Identität sind wichtige Qualitäten. Geeignete architektonische Maßnahmen helfen, dass Kinder ihre Freiräume selbstständig erreichen können.

Dimensionierung und bauliche Gliederung

Keine zu großen und einschüchternden Abmessungen

Freiräume und Bauten müssen leicht erfassbar und überschaubar sein

Große Anlagen müssen kleinteilig gegliedert und in erfassbare Einheiten unterteilt werden

Repetitive Elemente für Kinder mit Farben und Formen unterscheidbar machen

Kleinklima

Stellung und Größe der Baukörper müssen ein günstiges Kleinklima unterstützen

Spielräume müssen an sonnigen Lagen mit Schattenbäumen liegen

Keine Spielräume im tiefen Gebäudeschatten

Gebäude dürfen Kaltluftströme nicht unterbrechen

Gebäude sollen keine Düseneffekte der vorherrschenden Windrichtung erzeugen

Stellung der Baukörper zur Minderung von Immissionen wie Lärm und Staub nutzen

Freiräume

Großzügige und reich strukturierte Freiräume vorsehen

Freiräume vorzugsweise im Innenbereich von Siedlungen und Schulen

Auch Freiräume im Innenbereich müssen gut besonnt sein

Im Randbereich der Wohnanlagen liegende Freiräume sicher gegen Gefahren abgrenzen

Geschossigkeit

Wohnungen, in denen Kinder leben, nur bis zum 2. Obergeschoss

Auch aus städtebaulicher Sicht sind maximal drei Geschosse vorzuziehen

Für gute Sicht- und Rufkontakte zwischen Wohnung und Freiräumen sorgen

Bei mehr als drei Etagen Lifte planen, die von Kindern bedient werden können

Autofreie Wohnsiedlungen

Wohnsiedlungen von motorisiertem Verkehr freihalten und Motorfahrzeuge im Außenbereich «abfangen»

Tiefgaragenzufahrten im Randbereich von Siedlungen anordnen

Inneres Erschließungssystem nur für Unterhalts- und Rettungsfahrzeuge sowie Anlieferung und Umzüge öffnen

Erschließungsstraßen in Wohnsiedlungen mit maximalem Tempo 20 befahren lassen

Erdgeschoss oder Hochparterre

Je näher eine Familienwohnung am Freiraum liegt, desto besser

Erdgeschosswohnungen für Familien ideal

Wenn möglich, statt Erdgeschosswohnungen nur Hochparterre-Wohnungen, diese mit Gartenzugang

Außenräume von ebenerdigen Wohnungen gegen Freiraum klar abgrenzen

Vernetzen und Abgrenzen

Freiräume des Wohnumfelds mit anderen (Wohnen, Schulen, Freizeit) vernetzen

Begegnung von Kindern aus unterschiedlichen Verhältnissen fördern

Alle Vernetzungen und Verbindungen sicher ausgestalten

Gefahren bannen und für Kinder sichtbar machen

Prinzip: Gefahren aussperren, nicht Kinder einsperren

Sicht- und Rufkontakt zum Freiraum

Familienwohnungen mit Sicht- und Rufkontakt zu Spielräumen jüngerer Kinder

Kontakt vor allem von Ess- und Wohnzimmern sowie von Balkonen und Terrassen

Kinder fühlen sich sicherer, wenn sie Kontakt zur Wohnung halten können

Eltern lassen jüngere Kinder eher in Freiräume, die sie überblicken können

Französische Balkone und raumhohe Fenster erlauben Sichtkontakt nach außen

Balkonbrüstungen sollten für jüngere Kinder mind. teilweise durchsichtig sein

Bei zweibündigen Grundrissen Familienwohnungen auf der Seite der Spielräume

Zugang ins Freie

Freier, selbstständiger Zugang ins Freie für alle Kinder unabdingbar

Auch sehr junge Kinder müssen allein hinaus- und hineingelangen

Alle Wege zwischen innen und außen sicher und hindernisfrei anlegen

Handläufe für Kinder auf 60 cm Höhe anbringen

Treppenhaus soll direkten Ausgang zu den Spielräumen aufweisen

Türschließung

Kinder müssen Wohnungs- und Haustüren selbst öffnen und schließen können

Öffnung von zu schweren Haustüren mit Motoren unterstützen

Automatische Türöffner, wo erforderlich

Statt Schlüssel für die Kinder Badges (bei Verlust leicht ersetzbar)

Gegensprechanlagen, Klingeln und Liftknöpfe müssen tief genug angebracht sein

Wo diese Anlagen zu hoch liegen, für die Kinder Tritte, Bänke oder Stufen anbringen

Keine Schnappschlösser an Wohnungs- und Haustüren, wo Kinder verkehren

Hauseingänge

Hauseingänge sind wichtige Begegnungsorte von Jung und Alt

Großzügige Dimensionen, Überdachungen und Sitzgelegenheiten vorsehen

Abstellplätze oder -regale für Spielsachen, Kinderwagen, Fahrräder, Skates etc. einplanen

Schmutzschleusen für verdreckte Schuhe und Kleider einplanen

Gedeckte Außenräume

Witterungsgeschützte Bereiche für die ganzjährige Nutzung von Freiräumen

Vordächer, Pavillons, Arkaden, Durchgänge, Loggien, Regendächer etc.

Gedeckte Außenräume sind Orte zum «Abhängen» für Kinder und Jugendliche

Spielgeräte, Sitzgelegenheiten, Beleuchtung und Elektroanschlüsse vorsehen

Stadtumbau

Mit gezielten Eingriffen können auch bestehende Gemeinden und Städte kinderfreundlicher werden. Die deutliche Verlangsamung und Drosselung des motorisierten Verkehrs und die Betrachtung eines ganzen Stadtteils als potenzieller Spielraum sind die wirksamsten Methoden. Das Mittel der Spielleitplanung fördert Potenziale zutage; ein sicheres Wegenetz verbindet sie miteinander. Mehrfachnutzungen und die Aktivierung möglichst aller Flächen – auch temporär – helfen, den Bedürfnissen von Kindern besser gerecht zu werden.

Stadt als Lebensraum von Kindern

Vor hundert Jahren lebten etwa sieben Prozent der Menschen in Städten. Heute sind es über fünfzig Prozent;[60] dazu gehören auch die Kinder. Städte können für sie höchst anregende, lebenswerte und sichere Orte sein. Meist sind sie aber nicht für Kinder gemacht. «Ob es unseren Städteplanern zusagt oder nicht, die Mitglieder der menschlichen Gesellschaft müssen immer erst die Kindheit durchmachen, bevor sie erwachsen werden“[61], so schrieb Colin Ward in seinem Buch «Das Kind in der Stadt» schon 1978. Der Gedanke einer kindergerechten Stadt ist also nicht neu. Bis zum Aufkommen des motorisierten Verkehrs waren die Straßen und Gassen in den Städten die beliebtesten Freiräume, wo Kinder sich treffen und frei bewegen konnten. Heute sind die Straßen zum gefährlichsten Ort für Kinder geworden.

Indirekte Vorteile von Kindergerechtigkeit

Eine Stadt oder Gemeinde, die sich Kindergerechtigkeit zum Ziel setzt, kann konkret davon profitieren. Sie kann sich zum Beispiel der Initiative der UNICEF anschließen und das Label «Kinderfreundliche Kommune» bzw. «Kinderfreundliche Gemeinde»[62] erwerben und dies für ihre Standortwerbung nutzen. Eine kindergerechte Stadt oder Gemeinde hat einen höheren Wohnwert, der für Zuzug oder weniger Wegzug sorgen kann. Weitere indirekte Vorteile einer kinderfreundlichen Umgestaltung können ein Absinken der Unfallzahlen im Straßenverkehr sein, die Senkung der Lärmbelastung durch Verkehrsberuhigung oder eine ökologische Aufwertung, wo Bäume gepflanzt und Böden entsiegelt werden. Insgesamt trägt Kindergerechtigkeit sicher zum positiven Image eines Wohnortes bei.

Orientierung am Bestand und an den Möglichkeiten

Größe und Struktur des Bearbeitungsgebietes

Für eine kleine Gemeinde lässt sich ein Konzept für einen kindergerechten Stadtumbau über das gesamte Gemeindegebiet entwickeln. Meist sind hier die räumlichen Verhältnisse so überschaubar, dass es sinnvoll ist, die gesamte Gemeinde auf einmal zu bearbeiten. Zudem sind der Siedlungsrand und mit ihm weite Freiräume schnell erreichbar. Für mittelgroße Gemeinden und Städte muss der Bearbeitungsraum eingegrenzt werden. Er muss klein genug sein, damit er zu bewältigen ist, und sich an den vorhandenen räumlichen Strukturen orientieren. Dies können zum Beispiel Areale sein, die von Zäsuren wie Flüssen, Bahntrassen oder stark befahrenen Straßen begrenzt sind. Auch funktionale und soziale Zusammenhänge müssen berücksichtigt werden. Zum Beispiel kann das Einzugsgebiet einer Schule oder eines Stadtteilzentrums als Referenz dienen. Ein Quartier mit einer eigenen Identität oder einer historisch gewachsenen Stadtstruktur kann eine sinnvolle Einheit sein. Wichtig ist, dass der gewählte Bearbeitungsraum eine sinnvolle funktionale und räumliche Einheit bildet und nicht zu groß ist.

Zeitraum für Planung und Umsetzung

Auch der Zeitraum, für den geplant wird, muss eine sinnvolle Dimension haben. Keinesfalls darf er zu groß sein. Äußere Umstände, Ansprüche, Lebensformen und Gewohnheiten verändern sich schnell. Themen werden innert kürzester Zeit brisant, die zuvor kaum jemand wichtig fand. Neue Bedürfnisse tauchen auf und aktuelle veralten. Wenn eine Planung und die ihr zugrunde liegenden Befragungen und Erhebungen zu lange dauern, ist das Erwünschte schon überholt, bevor es realisiert wird. Zudem wachsen Kinder schnell aus ihren aktuellen Bedürfnissen heraus. Wenn sie sich an einer Partizipation beteiligt haben, muss die Umsetzung innerhalb von etwa ein bis zwei Jahren passiert sein. Daher sollten größere Vorhaben etappiert werden und in wiederholten Planungs- und Ausführungsschritten umgesetzt werden. Zu berücksichtigen sind auch die personellen Kapazitäten einer Gemeinde und die finanziellen Mittel. Vorhaben müssen in sinnvollen Zeiträumen budgetiert und genehmigt werden können.

Politischer Wille

Stadtumbau-Projekte sind stark vom politischen Willen abhängig. Der mehrheitliche Wunsch, tatsächlich etwas für Kindergerechtigkeit erreichen zu wollen, ist unabdingbar. Wichtig ist die frühzeitige Abklärung, bei wem ein Vorhaben Unterstützung finden und wo ihm Gegnerschaft erwachsen könnte. Wo bisherige Gewohnheiten und Privilegien infrage gestellt werden müssen, um Raum für Kinder und ihre Bedürfnisse zu schaffen, sind Auseinandersetzungen die Regel. Nur wenn der politische Wille für Veränderungen vorhanden ist, werden ausreichende personelle und finanzielle Mittel zur Verfügung stehen.

Kleines Bearbeitungsgebiet, große Bearbeitungstiefe

Sehr wichtig ist, dass eine große Bearbeitungstiefe und -präzision erreicht werden. Nur so können sinnvolle Veränderungen für Kinder entstehen. Ein kleines Vorhaben, das in die Tiefe geht und tatsächliche Veränderungen vor Ort bewirkt, ist besser als ein zu großes, das in der Planung stecken bleibt oder an zu vielen Problemen scheitert. Ein überdimensioniertes Bearbeitungsgebiet führt zu Oberflächlichkeit oder wird zur «Planungsleiche». Zu weiträumige Vorhaben sind zudem für die meisten Kommunen personell und finanziell nicht zu bewältigen. Im Zweifelsfall sollte immer ein kleineres Gebiet gewählt werden. Als Anfang eines Veränderungsprozesses kann es als Pilotprojekt gelten, das sich bei gutem Erfolg kopieren und erweitern lässt. Dagegen wirken zu große und daher gescheiterte Vorhaben abschreckend.

Stadtstrukturen berücksichtigen

Städte sind historisch gewachsen und weisen meist sehr unterschiedliche städtebauliche Strukturen auf, die für Kinderfreundlichkeit mehr oder weniger gute Veränderungsmöglichkeiten bieten. Bearbeitungsräume sollten mit Rücksicht darauf definiert und ihre individuellen Chancen genutzt werden. Oft hilft schon die Veränderung des Verkehrskonzepts. Eine Altstadt beispielsweise weist meist keine große Kinderfreundlichkeit auf. Wenn in ihrem Zentrum aber eine Fußgängerzone eingerichtet wird, ändert sich das schlagartig. Die Stadterweiterungen des späten 19. Jahrhunderts mit ihren Blockrändern und spärlichen Grünräumen können zum kindergerechteren Stadtteil werden, indem zum Beispiel jede zweite Straße zur Begegnungszone gemacht wird. Zwischen diesen werden sichere Übergänge geschaffen und Gefahrenstellen im Fußwegenetz behoben. So werden sie für Kinder zum interessanten Streifraum. Es gibt Stadtstrukturen, die kindergerecht aussehen, wie beispielsweise stark durchgrünte Wohnsiedlungen der Nachkriegsmoderne, die es aber oft nicht sind. Sie bieten zwar weite Freiräume, diese sind aber meist langweilig, anregungslos und viel zu simpel strukturiert. Einfamilienhausgebiete sehen zwar grün und attraktiv aus, sind aber wegen ihrer geringen Einwohnerdichte und fehlender öffentlicher Freiräume für Kinder selten interessant. Deshalb muss jede städtebauliche Struktur individuell auf ihre Probleme und Potenziale hin untersucht und bewertet werden. Individuell angepasste Lösungsansätze können dann zu mehr Kindergerechtigkeit führen.

Bestandsanalyse

Bestandsanalyse mithilfe von Kindern

Die Beteiligung der Kinder bei der Bestandsanalyse ist sehr wichtig. Sie selbst wissen am besten, wo sie sich gern aufhalten, was ihnen gefällt, was nicht und wo sich etwas verändern muss. So könnte ein Einstieg darin bestehen, sie auf dem Stadtplan «tolle» und «schlimme» Orte einzeichnen zu lassen und sie nach ihren Lieblingsorten und Stellen, die sie nicht mögen oder meiden, zu befragen, ebenso nach Wünschen und Anliegen. Auch Begehungen mit Kindern und Gespräche mit ihnen zu den verschiedenen Orten sind aufschlussreich.[63] Die erhobenen Probleme und Potenziale müssen in Plänen dokumentiert werden. Diese bilden die Basis der weiteren Planungsschritte und das Grundlagenmaterial für weitere Darstellungen, wie zum Beispiel ein Kinderstadtplan. Ein wichtiger Aspekt bei den Erhebungen sind die Streifradien der Kinder und die Erreichbarkeit ihrer Ziele. Die Bestandsbewertung muss möglichst vollständig sein und darf keine bestimmte Altersgruppe bevorzugen. Die Kinder werden mit ihrer Einschätzung oft nicht mit den Erwachsenen übereinstimmen, wie zum Beispiel bei Reizthemen wie dem motorisierten Individualverkehr oder der pingeligen Ordnung. Bei anderen Themen wie Sauberkeit, Hitze- oder Lärmminderung dürften sich alle einig sein. Ein anschauliches Beispiel, wie aus der Perspektive von Kindern ein Bestand betrachtet werden kann, ist die Basler Studie «Auf Augenhöhe 1.2 m».[64]

Bestandsbewertung durch interdisziplinäres Team

Nicht nur die Kinder, auch alle anderen Betroffenen müssen beteiligt werden. Interdisziplinäre Teams helfen, um zu möglichst ganzheitlichen und vollständigen Einschätzungen zu kommen. Darin sollten mindestens Fachpersonen aus der Soziologie, der Stadt- und Verkehrsplanung sowie der Architektur und Landschaftsarchitektur vertreten sein; auch Eltern und Erziehungsberechtigte sowie Fachleute aus Psychologie, Pädagogik und Politik gehören dazu. Wichtig ist zudem, dass für die Analyse und für die weiteren Projektschritte die fachliche Auseinandersetzung zwischen den verschiedenen Zuständigkeitsbereichen der Behörden koordiniert und abgestimmt wird.[65]

Objektiv und subjektiv

Objektivität ist bei vielen Themen sehr hilfreich. Nutzungsintensitäten und -arten sollten über Messungen und Beobachtungen erhoben werden. Sie bilden verlässliche Datengrundlagen, um subjektive Wahrnehmungen zu objektivieren. Besonders wichtig ist dies beim Verkehr, wo Zählungen und Messungen verlässliche Angaben über Tempo und Frequenzen ergeben. Außer den objektiv vorgefundenen Tatsachen sind aber auch Werthaltungen und subjektive Kriterien für das jeweilige Problembewusstsein relevant. Für die Arbeit an einer kindergerechteren Stadt sind daher sowohl objektive Einschätzungen von Fachleuten als auch die Kinder und die Erwachsenen mit ihren subjektiven Einschätzungen und Bedürfnissen von Bedeutung.

Gutes in Wert setzen, dokumentieren und vernetzen

In jedem Stadtquartier gibt es vorhandene Elemente, die von den Kindern geschätzt und geliebt werden und die gut funktionieren. Das kann Erwartbares wie ein Spielplatz sein oder etwas Unerwartetes, Unwichtiges, Kleines und Unscheinbares. Diese Elemente sollten dokumentiert und geschützt werden, damit sie bei weiteren Planungen als Vorzüge erkannt und respektiert werden. Sie sollten aber auch Eingang finden in Kinderstadtpläne und in andere Medien, wo Kinder – oder Erwachsene – nach attraktiven Orten oder Aktivitätsangeboten suchen.[66] Vorteilhafte Elemente können auch in Wert gesetzt werden, indem sie aufgewertet und betont werden. An einem beliebten Ort zum «Abhängen» kann zum Beispiel ein Schattenbaum gepflanzt und ein Trinkbrunnen eingerichtet, an einem Treffpunkt der Gehsteig verbreitert und eine Sitzgelegenheit installiert werden.

Spielleitplanung

Wenn im Bearbeitungsperimeter Probleme und Potenziale bekannt sind, sollte mit einer Spielleitplanung[67] oder einem anderen geeigneten Planungsinstrument ein Maßnahmenkatalog formuliert werden. Dieser muss den räumlichen, finanziellen und personellen Möglichkeiten Rechnung tragen und auf die unterschiedlichen Altersgruppen und Bedürfnisse der Kinder ausgerichtet sein. Dabei sind Bewegungs-, Gestaltungs- und soziales Spiel zu berücksichtigen. Bestehende Städte und Gemeinden haben oft in einem dieser drei Themenbereiche die größten Defizite; häufig sind das fehlende Gestaltungsmöglichkeiten und fehlende Flächen für Bewegungsspiele. Generelle Ziele einer Spielleitplanung sollten die Beseitigung von Gefahren, die Vernetzung von Spielorten und die Aktivierung von unter- oder ungenutzten Spielflächen sein.

Flächenpotenziale und -defizite erkennen

Flächenpotenziale erkennen, aufzeigen und nutzen

Viele Flächen in einer bestehenden Stadt haben das Potenzial, für Kinder aufgewertet zu werden. Je nach Lage, Größe und Eigentümerschaft eignen sie sich für bestimmte Nutzungen. Alle Potenzialflächen müssen erfasst werden, also beispielsweise auch die Freiflächen institutioneller Einrichtungen oder privater Wohnanlagen, Parks und Grünzüge, Brachflächen, Abstandsgrün usw. Manche Fläche eignet sich vielleicht nur als Vernetzungskorridor zwischen anderen Nutzungen, sie erfüllt damit aber eine wichtige Funktion als Teil eines sicheren Wegenetzes. Andere Flächen sind vielleicht nur temporär verfügbar, können aber in dieser Zeit für Spiel und Spaß sehr wertvoll sein, zum Beispiel der Parkplatz einer Verwaltung, der am Samstag zum Kinderflohmarkt wird oder abends zum Übungsplatz für Skater. Aus einer sorgfältigen Erhebung der Potenziale werden viele Möglichkeiten hervorgehen, wie zum Beispiel in der Stadt Griesheim[68], in der über 100 Orte gefunden wurden, die sich für Interventionen eigneten. So kann eine «bespielbare Stadt» entstehen. Das Potenzial einer Fläche kann ein direkter Nutzen für die Kinder sein, wie zum Beispiel ein neuer Spielplatz. Es kann aber auch ein indirekter Nutzen entstehen, wie etwa die ökologische Aufwertung einer Böschung. Der neue Lebensraum für Pflanzen und Tiere zieht die Aufmerksamkeit von Kindern auf sich und lädt zum Beobachten ein. Abstandsflächen können mit Bäumen bepflanzt werden und so zur Hitzeminderung in der Stadt beitragen. Versiegelte Flächen, die aufgebrochen werden, um Wasser zu speichern, werden zur Spielfläche für Boccia und Murmeln oder dienen zum Graben und Zeichnen im Sand. Kinder entlocken noch den unscheinbarsten Flächen einen Spielwert. Bei allen Veränderungen sollte man daher immer einen möglichen Nutzen für Kinder im Auge haben.

Flächendefizite identifizieren

Die Freiraumversorgung bestehender Städte ist oft defizitär, insbesondere für Kinder. Das Freiflächendefizit kann jedoch rechnerisch präzis erhoben und damit für die politische und planerische Argumentation wichtig werden. Die Richtwerte für die Freiflächenversorgung liegen in Deutschland und in der Schweiz bei sechs bis sieben Quadratmetern pro Einwohner für die wohnungsnahe Versorgung.[69] Der Richtwert für Spielplätze in Berlin ist beispielsweise rund ein Quadratmeter pro Einwohner innerhalb des Einzugsgebietes.[70] Zu berücksichtigen ist die konkrete Erreichbarkeit von Freiflächen für die Kinder und die allfällige Barrierewirkung von Gewässern, Baublöcken, stark befahrenen Straßen oder anderen Zäsuren. Rechnerisch kann die Versorgung ausreichend sein, faktisch ist sie aber oft defizitär, weil die Freiflächen nicht erreichbar sind. Ziel muss es sein, dass alle Kinder selbstständig und sicher genügende und unterschiedliche Freiflächen erreichen können.

Flächen aktivieren

Flächen aktivieren: Regeln ändern

Ein großes Potenzial haben Flächen, die für Kinderspiel geeignet wären, aber unzugänglich sind. Das sind zum Beispiel Freiräume von Kindergärten und Schulen, die nur während des Schulbetriebs nutzbar sind, oder private Freiflächen von Wohnsiedlungen, die nur für die Bewohnerschaft zugänglich sind. Dazu gehören auch Straßen, die nur dem Fahrverkehr gewidmet sind, aber leicht zu Begegnungszonen werden könnten. Solche Flächen lassen sich durch einfache Änderungen der Regeln für Kinder nutzbar machen. Meist sind dafür nur kleine oder gar keine baulichen Anpassungen notwendig. Entsprechend gering ist der finanzielle Aufwand. Schwierig kann die Umstellung auf der sozialen oder politischen Ebene sein, weil sich Interessengruppen wie Autofahrer benachteiligt fühlen.

Flächen aktivieren: zeitlich begrenzt nutzen

Flächen nur für bestimmte Zeitfenster für Kinder nutzbar zu machen, ist eine weitere billige Möglichkeit, das Flächendefizit eines Stadtteils zu mindern. So können die Parkplätze von Einkaufszentren oder Verwaltungsbauten abends und am Wochenende für Spiele freigegeben werden, ebenso wie Parkplätze von Sportstadien an Tagen ohne Spiele. Auch brachliegende Parzellen können vorübergehend zum Abenteuerspielplatz werden. Dafür müssen vor allem Sicherheits- und Haftungsfragen geklärt werden. Straßenabschnitte können an bestimmten Wochentagen, für besondere Aktionen oder jeweils nachmittags für den Durchgangsverkehr geschlossen werden und so zum Spielraum werden. Wichtig ist aber, dass leicht erkennbare Zeichen, wie zum Beispiel Barrieren für den Verkehr, den Kindern zeigen, wann die Straße ein Spielraum ist und wann nicht. Solche zeitlichen Einschränkungen des motorisierten Individualverkehrs können auch als Test- und Pilotphase für eine weitergehende Sperrung genutzt werden.

Flächen aktivieren: soziale Probleme lösen

Manche Orte wären für Kinder attraktiv, wenn sie nicht von Nutzergruppen okkupiert wären, denen sie ausweichen. Kinder empfinden randständige Personen wie Alkohol- und Drogenkonsumierende als Furcht einflößend und meiden Orte, wo diese sich aufhalten.[71] Sie kritisieren – aufgrund ihrer Erziehung einerseits und ihrer eigenen Erfahrungen andererseits – Alkoholiker und Drogendealer und fürchten sich vor Scherben und Spritzen. Auch «Banden» von älteren Kindern oder jungen Erwachsenen können Räume so stark besetzen, dass sie für Kinder unattraktiv werden. Die Dominanz von geschlechterspezifischen Gruppen kann ebenfalls zu einseitigem Nutzungsverhalten führen, ebenso wie diejenigen von besonderen Interessengruppen, wie zum Beispiel fußballbegeisterte Jungs, die einen Freiraum für sich allein beanspruchen. Wo möglich, sollten solche Probleme auf einer sozialen Ebene gelöst werden, damit Orte einer Stadt, die für jüngere Kinder geeignet wären, auch von ihnen genutzt werden können.

Flächen aktivieren: Doppelnutzungen

Bestimmten Zwecken gewidmete Flächen eignen sich oft auch für die Nutzung durch Kinder. Dies können zum Beispiel Flächen für die ökologische Aufwertung sein. Es hat sich gezeigt, dass die meisten Kinderspiele keine nennenswerten Nachteile für ökologische Ausgleichsflächen haben, sofern sie nicht übernutzt werden. Sogenannte Naturerlebnisräume sind nicht nur ökologisch von hohem Wert, sondern auch exzellente Spielorte.[72] Verkehrsberuhigte Straßen werden sehr schnell von Kindern für ihre Spiele angeeignet, wenn die Frequenzen nicht zu hoch sind und das zulässige Tempo maximal 20 km/h nicht übersteigt. Daher ist die Begegnungszone eines der einfachsten Mittel, aus einer monofunktionalen Fläche eine mehrfach genutzte, für Kinderspiel geeignete zu machen.[73] Auch reines Abstandsgrün kann eine Chance für Doppelnutzungen sein, zum Beispiel als vom Fahrverkehr getrennte Fuß- und Radwegeverbindung. Vor dem Hintergrund der Verdichtung nach innen und der zunehmend höheren Nutzungsdichten im Städtebau werden Mehrfachnutzungen immer wichtiger.

Flächen aktivieren: Erreichbarkeit herstellen

Manche Flächen sind unter- oder ungenutzt, weil sie für Kinder nicht zugänglich sind. Das können zum Beispiel Innenhöfe oder Dachterrassen sein, die mit einfachen baulichen Anpassungen und rechtlichen Neuregelungen zugänglich werden. Stege über Gewässer oder neue Straßenquerungen können Spielräume für Kinder zugänglich machen, die bisher für sie unerreichbar waren. Wo es möglich und sicher ist, kann schon das Öffnen einer Umzäunung oder Mauer für Zugang zu einem bislang ungenutzten Raum sorgen.

Flächen aktivieren: Kindernutzungen integrieren

Flächen wie öffentliche Parks oder Plätze sind oft erstaunlich schlecht für Kinder geeignet. Parks weisen außer einer Rasenfläche für Bewegungsspiele und ein paar Geräten vielfach keine Elemente auf, die Kinder interessieren könnten. Es ist leicht, diese öffentlichen Freiflächen mit Nutzungs- und Spielangeboten anzureichern, die den Park für Kinder interessant machten. Dies kann zum Beispiel ein Wasserelement wie ein Planschbecken sein, ein Tiergehege, ein Strauchlabyrinth oder eine Skateranlage. Auf öffentlichen Plätzen finden sich meist überhaupt keine kindergerechten Elemente. Positive Ausnahmen sind Brunnen und Wasserspiele oder auch Sitzbalken, auf denen man balancieren kann. Das Repertoire an Ausstattungselementen könnte aber weitaus größer sein: etwa eine einfache Kiesinsel unter Bäumen, auf der Kinder Murmeln spielen oder im Sand zeichnen können, oder ein Bodenbelag, der zu Hüpf- und Fahrspielen auffordert. Solche Spielangebote müssen nicht unbedingt nach Spielplatz aussehen; sie können auch der Idee des «unsichtbaren Spielplatzes»[74] folgen. Damit sind Einrichtungen, Ausstattungen, Pflanzen oder Materialien gemeint, denen man ihren Zweck als Spielzeug nicht auf den ersten Blick ansieht, zum Beispiel Rosskastanien, die Bastelmaterial liefern, Stammbüsche, die zu Kletterbäumen werden, oder in die Chaussierung eingestreuter Buntglassplit.

Um- und Rückbau

Rückbau

Oft liegen Flächen brach, weil sie ihrer Gestaltung oder Funktion wegen nicht mehr genutzt werden. Dies sind zum Beispiel Kinderspielplätze, die einst in neuen Wohnsiedlungen angelegt wurden und aus der Zeit gefallen sind. Sie verwaisen mit dem Heranwachsen der Kinder, könnten also abgebrochen oder umgebaut werden, sodass sie für aktuelle Nutzungswünsche verfügbar sind. In bestehenden Siedlungsräumen können ungenutzte Spielplätze durch Rückbau und durch Gewährenlassen zu interessanten Flächen für unterschiedlichste Aktivitäten von Kindergruppen werden.[75] Überdimensionierte Parkplätze können verkleinert und die gewonnenen Flächen für Kinder zugänglich gemacht werden.

Umbauen

Flächen werden manchmal nicht genutzt, weil sie nicht sicher, falsch oder unzureichend ausgestattet, zu heiß, zu laut oder zu windexponiert sind. Es können auch Beläge falsch oder Ausstattungen unzureichend sein. Solche Flächen liegen die längste Zeit brach und können durch korrigierende Umbauten wieder aktiviert werden. Ein häufiges Beispiel sind auch unzureichend beschattete Spielorte: Sie sind zwischen April und September zu heiß und werden gemieden. Ein verbreitetes Beispiel für unzureichend gestaltete oder ausgestattete Orte sind auch konventionelle Spielplätze. Die Ursache für ihre schlechte Akzeptanz sind meist Spielgeräte, die nur wenige Nutzungsarten bieten und kaum Spielwert aufweisen. Oft sind sie nur für sehr junge Kinder vorgesehen; ältere Kinder langweilen sich, und meist fehlen Anreize für Veränderung und Gestaltung. Mit Umbauten und vielfältigeren Spielangeboten lässt sich darauf reagieren. Es kann dann leicht dazu kommen, dass ein Spielort ohne Geräte, aber mit einer Matschgrube und einem Wasseranschluss, deutlich besser und intensiver genutzt wird als vorher.

Fuß- und Fahrverkehr

Dichtes, sicheres und attraktives Fußwegenetz

Bestehende und neu für Kindernutzungen aktivierte Flächen müssen mit einem sicheren und attraktiven Fußwegenetz verbunden werden. So können die Kinder eigenständig bestimmen, welche Orte sie aufsuchen. Dies muss, wo immer möglich, selbstständig geschehen können. Das Netz muss feinmaschig sein, d. h., es muss mindestens alle 100 Meter Fußwegeverbindungen geben. Die Dichte, Funktionalität und Sicherheit des Wegenetzes müssen durchgehend kontrolliert, fehlende Wegabschnitte durch Neuanlage oder Umbau hergestellt werden.

Einfluss des motorisierten Verkehrs auf Kinder

In bestehenden Städten hat der motorisierte Individualverkehr meist den größten negativen Einfluss auf die Lebensqualität von Kindern. Aus Sorge wird ihnen verboten, die Stadt zu erkunden. Der Verkehrsexperte Joachim Scheiner beschreibt: «Eine große Anzahl von Faktoren des Verkehrssystems, mit im Einzelfall sehr kleinteilig-detaillierten Umständen, können Eltern davon abhalten, ihren Kindern die selbstständige Mobilität zu erlauben. Hierzu zählen hohe Kfz-Verkehrsdichte, hohe Geschwindigkeitsniveaus, breite zu überquerende Straßen, Unfallschwerpunkte auf der Strecke und – genereller – vom Kfz-Verkehr verursachter Stress. (...) Umgekehrt wird das Gehen oder Radfahren von Faktoren wie ausreichend breiten Bürgersteigen, Radwegen, Verkehrsberuhigungsmaßnahmen, einer hohen Konnektivität des Netzes oder von Abkürzungen positiv beeinflusst.»[76] Für einen kindergerechten Stadtumbau ist die verträgliche Abwicklung des motorisierten Individualverkehrs daher ein absolutes Kernthema.

Einfluss von Verkehrsberuhigungsmaßnahmen

Eine einfache und wirkungsvolle Methode, für mehr Sicherheit zu sorgen, sind Verkehrsberuhigung und Tempodrosselung. Der Soziologe Peter Höfflin sagt: «Allein schon durch eine konsequentere Verkehrsberuhigung lassen sich die Spielmöglichkeiten von Kindern erheblich verbessern. Die durchschnittliche tägliche Zeit, die Kinder im Alter von 5 bis 7 Jahren mit freiem Draußenspiel verbringen, war in unserer Untersuchung in Gebieten mit ‹Tempo 30-Regelung› doppelt so hoch (66 Minuten) wie in Gebieten ohne Verkehrsberuhigung (32 Minuten).»[77] In einer kindergerechten Stadt sollte es daher generell keine Straßen geben, auf denen mit mehr als 30 km/h gefahren wird.

Veränderbarkeit ermöglichen

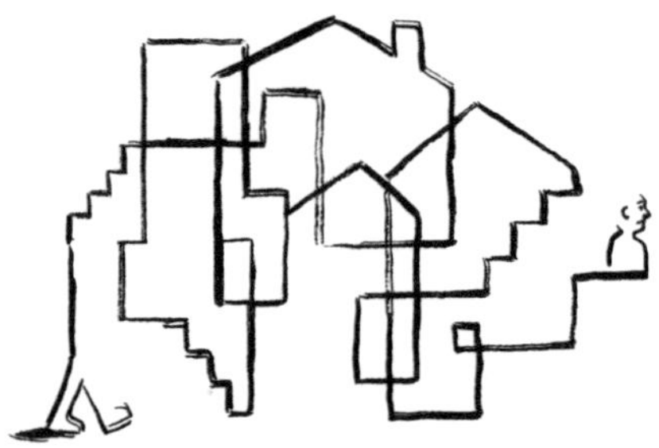

Eine große Schwäche in bestehenden Siedlungen und Gemeinden ist ihre Unveränderlichkeit. Sie sind auf Haltbarkeit ausgerichtet; Veränderung ist nicht vorgesehen.[78] Kinder wollen aber gestalten und so Selbstwirksamkeit erfahren. Daher sollten gezielt Orte und Möglichkeiten gefunden oder neu geschaffen werden, wo Veränderung erwünscht ist. Im Idealfall sind das zum Beispiel Bauspielplätze. Diese müssen allerdings aus Sicherheitsgründen eingezäunt und beaufsichtigt sein. Einfacher sind Brachflächen, wo Veränderung zugelassen und einiges an möglichem Bau- und Gestaltungsmaterial schon vorhanden ist. Kinder werden schnell Verwendung dafür finden. Beliebt sind Graffitiwände für die jungen Kunstschaffenden. Gartenareale für Kinder in Parkanlagen oder Wohnumfelder können ein willkommener Ort für aktive Freizeitgestaltung sein. Gemeinschaftszentren und Jugendeinrichtungen sind ideale Orte, wo im Freiraum solche Angebote für Veränderung und Gestaltung gemacht werden können. Auch zeitlich beschränkte Angebote, zum Beispiel in der Ferienzeit, können gezielt den Gestaltungswillen von Kindern ansprechen. Die seit vierzig Jahren angebotene Ferien-Spielstadt Mini-München[79] und viele weitere solche Initiativen können hier Vorbild sein.

Leitlinien zur Schaffung von Freiräumen im Bestand

- Nicht zu große Bearbeitungsgebiete wählen
- Nicht zu langfristig planen
- Bearbeitungsgebiet auf gewachsene Stadtstruktur abstimmen
- Gesamtes Bearbeitungsgebiet als potenziellen Spielraum sehen
- Bestand präzis und kleinteilig erheben
- Kinder und alle anderen Interessengruppen an der Planung beteiligen
- Interdisziplinäre Projektteams einsetzen
- Tempo reduzieren und Verkehr beruhigen
- Flächenpotenziale erheben und nutzen
- Mehrfachnutzungen für Kinder ermöglichen
- Kinderorte sicher miteinander vernetzen

Empfehlungen zum Stadtumbau für Kinder

Bestehende Städte und Siedlungen haben ein großes Potenzial für kindergerechte Freiräume. Mit einer Spielleitplanung, sicheren Wegenetzen und gezielten Eingriffen auf allen Maßstabsebenen lässt es sich entwickeln.

Struktur und Größe des Eingriffsperimeters

Kleine Gemeinden als Ganzes bearbeiten

In größeren Gemeinden sinnvolle Teilgebiete wählen

Räumliche Strukturen berücksichtigen

Funktionale Zusammenhänge in den Blick nehmen

Soziale Strukturen beachten

Zeitraum für Planung und Umsetzung

Eher kurze Zeiträume für Vorhaben wählen

Kinder sollten innerhalb von ein bis zwei Jahren Resultate sehen

Größere Vorhaben etappieren

Personelle Kapazitäten müssen Vorhaben bewältigen können

Finanzierungs- und Genehmigungszeiträume sind zu beachten

Orientierung an den Rahmenbedingungen

Vorhaben realistisch an den Rahmenbedingungen orientieren

Finanzielle Mittel für Planung, Ausführung und Unterhalt sichern

Personelle Ressourcen in allen beteiligten Fachrichtungen sichern

Absicherung der politischen Unterstützung für das Vorhaben

Klärung von möglichem Widerstand gegen Veränderung

Kleines Bearbeitungsgebiet, große Bearbeitungstiefe

Bearbeitungsgebiet klein genug wählen, dass es bewältigt werden kann

Große Bearbeitungstiefe und -präzision anstreben

Zu große Vorhaben scheitern an zu vielen Problemen

Zu große Vorhaben tendieren zu Oberflächlichkeit

Zu große Vorhaben riskieren, Planungsleichen zu werden

Dimensionen des Vorhabens an verfügbaren Mitteln der Gemeinde orientieren

Kleine, erfolgreiche Vorhaben zu Vorbildern und Pilotprojekten machen

Zu große, gescheiterte Vorhaben schrecken ab

Stadtstruktur berücksichtigen

Bearbeitungsräume auf Stadtstruktur abstimmen

Jeden Stadtteil-Typ individuell betrachten und bearbeiten

Auch vermeintlich ungeeignete Strukturen haben Potenziale

Scheinbar kinderfreundliche Strukturen können wenig kindgerecht sein

Die Änderung des Verkehrskonzepts hilft meist schon viel

Bestandsaufnahme mithilfe von Kindern

Begehungen mit Kindern durchführen und protokollieren

Kinder generell nach Wünschen und Zielen befragen

Bestandsaufnahmen mithilfe von Fachleuten machen

Messungen und Zählungen objektivieren subjektive Eindrücke

Ergebnisse der Bestandsaufnahme in Karten und Protokollen dokumentieren

Gutes in Wert setzen, zeigen und vernetzen

Kinder vor allem nach geschätzten Orten befragen

Attraktive Orte in Kinderstadtplänen verzeichnen

Beliebte Orte schützen, aufwerten, pflegen und sauber halten

Flächenpotenziale erkennen, aufzeigen und nutzen

Institutionelle und private Freiflächen integrieren

Auch kleine und unscheinbare Flächen berücksichtigen

Spielleitplanung

Planungsinstrument Spielleitplanung nutzen

Unterschiedliche Altersgruppen und Bedürfnisse der Kinder berücksichtigen

Verschiedene Spielformen (Gestaltung, Bewegung, soziale Spiele) berücksichtigen

Gefahrenquellen erkennen und beseitigen

Ungenutzte Flächen aktivieren

Kurz-, mittel- und langfristige Maßnahmenkataloge formulieren

Flächen aktivieren

Flächendefizite rechnerisch belegen und als Argument nutzen

Flächen durch Änderung der Nutzungsregelungen aktivieren

Flächen für temporäre Nutzungen aktivieren

Einseitig genutzte Flächen durch soziale Maßnahmen für alle nutzbar machen

Flächen durch Mehrfachnutzungen aufwerten

Unerreichbare Flächen zugänglich machen

Parks und Plätze besser für Kinderinteressen einrichten

Ungenutzte Infrastruktur zurückbauen

Dysfunktionale Flächen durch Umbau nutzbar machen

Verkehr auf zu zu stark von Motorfahrzeugen frequentierten Strassen beruhigen

Verkehrliche Maßnahmen

Sicherheitsbedenken hindern Kinder am Spiel im Freien

Vorherrschaft des motorisierten Verkehrs brechen

Verkehr auf zu stark von Motorfahrzeugen frequentierten Straßen beruhigen

Generell Tempo 30 im Siedlungsgebiet einführen

Möglichst viele Begegnungszonen, Wohnstraßen und Fußgängerzonen einrichten

Durchgehendes, sicheres und engmaschiges Fuß- und Fahrradnetz schaffen

Veränderbarkeit ermöglichen

Veränderung ist wichtiges Mittel zur Erfahrung von Selbstwirksamkeit

Die meisten Städte sind als unveränderbar konzipiert und gebaut

Veränderbare Flächen und Elemente schaffen, zum Beispiel Bauspielplätze

Permanente und vorübergehende Brachen für freies Spiel planen

Graffitiwände anbieten

Gartenareale für Kinder schaffen

Temporäre Aktionen für Veränderung anbieten

Verkehrs-planung

Straßen sind wunderbare Spielräume – wenn sie verkehrsberuhigt, gering belastet und damit sicher sind. Schon ganz junge Kinder lieben es, allerlei Geräte mit Rädern auszuprobieren. Wo es keine anderen befestigten Flächen gibt, tun sie dies auf den Straßen. Hier lernen sie unter anderem Fahrrad fahren oder ihr Skateboard beherrschen, hier spielen sie ihre Ball- und Fangspiele und nutzen die Flächen für Kreidemalereien und Hüpfspiele. Und Straßen gehören für fast alle Kinder zu ihrem täglich genutzten Wegenetz.

Kindergerecht oder verkehrsgerecht?

Der Soziologe Peter Höfflin schreibt: «Die Straße als öffentlicher Ort hat in den letzten zwei bis drei Generationen einen dramatischen Wandel erfahren, in dem sie von einem vielfältigen Begegnungs-, Spiel- und Sozialisationsraum immer mehr zum reinen Verkehrsraum wurde.»[80] Leider lassen sich heute Kindergerechtigkeit und Verkehrsgerechtigkeit meist nicht vereinbaren.[81] Wie im Kapitel «Sicherheit» gezeigt wird, stellt der motorisierte Individualverkehr das größte Risiko für Kinder dar, schwer verletzt oder getötet zu werden. Die Zahl der im Straßenverkehr verunglückten Kinder nimmt zwar seit 1992 ab; trotzdem sind im Jahr 2020 in Deutschland rund 22 500 Kinder verunfallt. Beim häufigen Zielkonflikt zwischen Kinderanliegen und motorisiertem Verkehr müssen klare Entscheidungen für Kinder fallen. Denn Kinder können nicht verkehrsgerecht gemacht werden, aber Straßen und Plätze können kindergerechter werden.

Hinzuziehen einer Fachperson

Die folgenden Hinweise ersetzen nicht das Wissen einer Fachperson der Verkehrsplanung. Sie sollen einzig die Wahrnehmung für Kinder im Straßenverkehr schärfen und dazu anregen, kindergerechte Lösungen zu suchen. Sicherheit und Funktionalität eines Verkehrsraums sind nicht nur von Konzepten im Großen, sondern auch von vielen Details abhängig. Zudem bestehen gerade beim Thema Verkehr sehr viele Richtlinien, Normen und Vorschriften, die sich national und regional unterscheiden und am Projektort präzis befolgt werden müssen. Eine Fachperson wird zuerst die Situation analysieren und bewerten, um dann basierend auf Zielvorstellungen ein Konzept zu entwickeln. Idealerweise werden Kinder als Benutzende bei der Erhebung von Problemen und der Formulierung von Zielen in den Planungsprozess miteinbezogen. Unter Berücksichtigung aller Vorschriften, Richtlinien und Normen wird dann ein Projekt entwickelt und umgesetzt.

Das verkehrsgerechte Kind

Der Verkehr muss kindergerechter organisiert und gesteuert werden, weil das verkehrsgerechte Kind[82] nicht existiert. Erst etwa im Alter von zehn bis zwölf Jahren sind Kinder physiologisch und kognitiv einigermaßen in der Lage, am Straßenverkehr teilzunehmen. Und selbst in diesem Alter haben sie noch lange nicht alle Fertigkeiten entwickelt, um mit der Sicherheit eines umsichtigen Erwachsenen unterwegs zu sein. Ihr selektives Sehen, ihre Koordinations- und Konzentrationsfähigkeit sowie ihre Einschätzung von Bewegung und Entfernung sind noch nicht weit genug entwickelt. So fehlen beispielsweise vielen von ihnen im Alter von zehn Jahren noch immer die körperlichen Voraussetzungen fürs Fahrradfahren.[83] Diese Entwicklungsverzögerung ist typisch für Kinder, die zu wenig Möglichkeiten hatten, sich draußen im freien Spiel zu bewegen und solche Fähigkeiten zu erlernen, weil sie aus Sicherheitsgründen nicht frei draußen spielen durften.

Tempo und Spieldauer

Je höher das Tempo auf einer Straße ist, desto weniger lang spielen Kinder, die dort wohnen, im Freien. Vor allem Kinder zwischen fünf und sieben Jahren profitieren stark von einer Verkehrsberuhigung ihrer Straße. Eine Studie des Soziologen Peter Höfflin in Freiburg im Breisgau zeigt, dass an einer Straße mit Tempo 50 die Zeit, die sie im Freien spielen, durchschnittlich nur 32 Minuten beträgt, an einer mit Tempo 30 sind es 53 Minuten, in einer verkehrsberuhigten Zone mit Tempo 20 sind es 66 Minuten.[84] Auch Kinder zwischen acht und zwölf Jahren verbringen deutlich mehr Zeit im Freien, wenn sie an einer verkehrsberuhigten Straße wohnen.

«Hors-sol-Kinder»

Um sie vor Gefahren zu schützen, werden Kinder oft zur Schule oder zum Spielplatz mit dem Auto gefahren. Wenn sie in einem stark verkehrsbetonten Umfeld aufwachsen, wird ihnen gar verboten, frei draußen zu spielen. Sie wachsen überbehütet und unterfordert auf, und ihre körperliche, geistige und soziale Entwicklung wird verzögert. Im Vergleich mit Kindern, die sich unbeaufsichtigt im Freien bewegen dürfen, verarmt ihr Erfahrungsschatz, und ihr Leben «verinselt». Sie erhalten kaum Kontakt zu Kindern aus einem anderen sozialen Umfeld, und sie sind nicht frei, ihre Freunde selbst zu wählen und mit ihnen zusammen ihr Umfeld zu erkunden. Der Erziehungswissenschaftler Marco Hüttenmoser nennt solche Kinder auch «Hors-sol-Kinder»,[85] weil ihr Leben von Bewegungsmangel und Isolation bestimmt ist.

Kindliche Entwicklung und Verkehr

Körpergröße

Kinder müssen im Verkehr sehen und gesehen werden können. Ein durchschnittliches dreijähriges Kind hat eine Augenhöhe von etwa 90 Zentimetern; mit sechs Jahren liegt sie bei 110 Zentimetern und mit neun Jahren bei 120 Zentimetern. Erst in diesem Alter ist es erstmals in der Lage, über die Motorhaube eines SUVs zu sehen. Damit Kinder im Straßenverkehr sicher sind, müssen sie auch gesehen werden. Sie werden wegen ihrer Körpergröße jedoch zu wenig wahrgenommen und können selber zu wenig überblicken. Für alle Planungen im Verkehr ist es daher von entscheidender Bedeutung, die Situation jeweils aus der Sicht eines Kindes zu betrachten.[86]

Körperliche Entwicklung

Die für den Straßenverkehr wichtigen Fähigkeiten festigen sich erst spät. So ist das Richtungshören erst im Alter von acht bis neun Jahren voll entwickelt. Etwa im gleichen Alter lernen Kinder selektiv zu hören, das heißt ihre Aufmerksamkeit auf bestimmte Geräusche, wie etwa die eines Motors, zu richten. Allerdings nutzen sie diese Fähigkeit oft nicht. Die Verkehrspsychologin Andrea Uhl schreibt: «Bis etwa mit acht Jahren nutzen Kinder ihr Gehör im Verkehr praktisch nicht. Selbst Elfjährige haben noch Probleme zu unterscheiden, woher ein Fahrgeräusch kommt und ob es sich nähert oder entfernt.»[87] Das Gesichtsfeld eines Kindes ist schon sehr früh etwa gleich breit wie bei einem Erwachsenen; das Kind kann allerdings die dort gesehenen Eindrücke deutlich weniger schnell verarbeiten. Für die Situationen im Straßenverkehr heißt dies, dass sein tatsächlich funktionierendes Gesichtsfeld deutlich eingeschränkt ist.

Kognitive Entwicklung

Außer der körperlichen Entwicklung ist vor allem die kognitive Entwicklung eines Kindes für sein Verhalten im Verkehr entscheidend. Wann ein Kind Distanzen richtig abschätzen kann, ist umstritten, Studien geben Werte von sechs bis neun Jahren an. Gleiches gilt für die Einschätzung von Geschwindigkeit und Distanz eines Fahrzeuges. Deshalb haben Kinder große Mühe, im Verkehr eine Lücke auszumachen, die ihnen sicheres Queren erlaubt. Zudem sind sie unsicher und können deshalb verzögert auf die Fahrbahn treten. Sehr wichtig für das Verhalten im Straßenverkehr ist die Aufmerksamkeit. Die selektive und die geteilte Aufmerksamkeit sind erst im Alter von neun bis zehn Jahren zum größten Teil vorhanden. Wichtige Entwicklungsschritte dafür geschehen bis ins Alter von 13 bis 15 Jahren. Das heißt, dass Kinder Mühe haben, gleichzeitig verschiedene Aufgaben zu bewältigen, wie zum Beispiel ein Fahrrad einhändig zu lenken, um ein Handzeichen zu geben, und gleichzeitig auf den Verkehr zu achten.

Aufmerksamkeit und Ablenkung

Bis zum Alter von etwa zehn Jahren haben Kinder Schwierigkeiten, ihre Aufmerksamkeit auf relevante Reize zu richten.[88] Ein großes Problem ist, dass sie sich sehr leicht ablenken lassen. Sie beachten beispielsweise statt des Verkehrs einen Hund oder ihre Freunde oder sonst etwas, was sie mehr interessiert. Auch die Entwicklung der exekutiven Funktionen und der kognitiven Kontrolle dauert bis in die Pubertät hin an. Zielgerichtetes und kontrolliertes Verhalten ist daher für Kinder generell schwierig, vor allem in anspruchsvollen Verkehrssituationen.[89]

Verhalten im Verkehr

Das konkrete Verhalten von Kindern im Verkehr kann zwar unterrichtet werden, aber das Gelernte wird nicht unbedingt angewendet. In einer Studie mit Kindern im Alter von vier bis 14 Jahren wurde nachgewiesen, dass über 50 % die sich nähernden Fahrzeuge nicht aktiv beobachteten und der Rest häufig nur so tat, als ob.[90] In einer anderen Studie mit Fünf- bis Zwölfjährigen wurde beobachtet, dass 42 % der Kinder das erlernte korrekte Verhalten in der Praxis nicht anwenden. Kinder sind zudem impulsiv und ändern deshalb schnell ihr Verhalten, was im Straßenverkehr sehr gefährlich sein kann. Sie überschätzen oft ihre eigene Leistungsfähigkeit und trauen sich Dinge zu, die sie nicht bewältigen können. Im Vorschulalter haben Kinder kaum Kenntnisse von Verkehrszeichen; selbst im Alter von zehn Jahren haben sie oft noch ein sehr unzureichendes Verkehrswissen.[91] Kinder sind mindestens genau so bequem wie und in der Regel ungeduldiger als Erwachsene. Sie überqueren eine Straße gern dort, wo sie gerade wollen, und nicht auf dem Fußgängerstreifen. Wartezeiten an einer Ampelanlage, die 45 bis 60 Sekunden übersteigen, führen dazu, dass Kinder bei Rot über die Straße gehen.

Unfallverursacher

Diese Schwierigkeiten der Kinder mit dem Straßenverkehr zeigen, dass man alles daransetzen muss, für ihre Sicherheit zu sorgen. Denn trotz ihrer meist noch unzureichenden Fähigkeiten sind es oft nicht sie, die einen Unfall verursachen. Der Verkehrsplaner Klaus Zweibrücken schreibt dazu: «Unfälle mit Kindern gehen in den meisten Fällen auf Fehlverhalten der Lenker zurück. Ursachen sind Überschreiten der Höchstgeschwindigkeit, Unaufmerksamkeit am Steuer, Missachten der Vortrittsregelungen und Alkohol am Steuer.»[92]

Kindergerechte Verkehrsplanung

Eine kindergerechte Verkehrsplanung beginnt auf der Ebene der Gemeinde bzw. des Stadtquartiers und endet erst mit der Detaillierung von baulichen Elementen im Straßenraum. Dazwischen gibt es auf allen Ebenen Entscheidungsmöglichkeiten, den Straßenverkehr so anzupassen, dass er Kinder deutlich weniger in ihren Entwicklungsmöglichkeiten behindert. Dabei wird nicht nur das Leben der Kinder sicherer und reicher, sondern das der ganzen Bevölkerung.

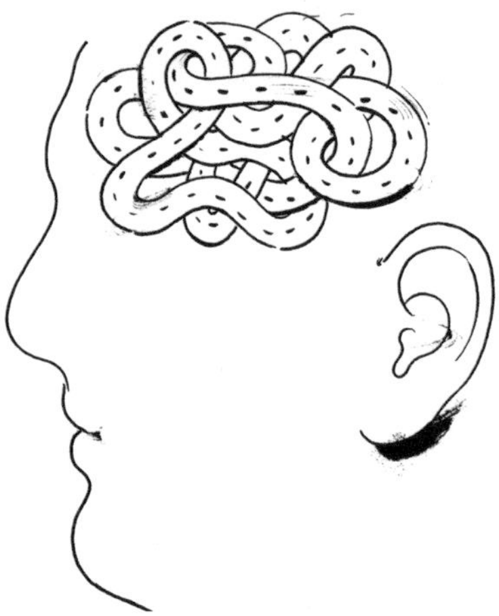

Planung auf Gemeindeebene

Auf der Ebene einer ganzen Gemeinde oder eines ganzen Stadtquartiers ist die Beplanung des gesamten Perimeters sinnvoll und meist auch erforderlich. Die Verkehrsplanung hat in der frühen Phase einer Stadtplanung einen recht großen Einfluss und sollte diesen gezielt für Kindergerechtigkeit geltend machen. Vor allem in kleineren Gemeinden beginnt die Planung eines neuen Quartiers mit der Erschließungsplanung; hier werden die Weichen dafür gestellt, ob das Verkehrsnetz Kinder stark berücksichtigt oder ob es vor allem dem Fahrverkehr dient. Beim Stadtumbau ist die Evaluation von Verkehrsproblemen der erste Schritt zu Verbesserungen, weil der motorisierte Individualverkehr meist das größte Hindernis für die Benutzung der Stadt durch Kinder ist.

Lückenlose Fuß- und Fahrradnetze

Lückenloses Fußgängernetz

Statt primär von der Erschließung für Fahrzeuge auszugehen, sollte ein durchgehendes, sicheres und dichtes Fußwegenetz für eine Gemeinde oder ein Stadtquartier oberstes Ziel sein. So kann im besten Fall eine sichere Verbindung aller für Kinder interessanten oder relevanten Orte erreicht werden – mit dem Ergebnis, dass die Kinder sich viel freier und eigenständiger bewegen. Siedlungsteile werden untereinander verbunden, sodass Kinder unbeaufsichtigt zu ihren Freunden gelangen können. In das Netz sicherer Wege müssen auch die Kindergärten und Schulen, die Gemeinschaftszentren, Spielplätze, Freizeiteinrichtungen und alle anderen Zielorte für Kinder integriert werden. Die Maschenweite des Netzes sollte maximal 100 Meter betragen. Alle Arten von sicheren Wegstrecken können Teil davon sein: reine Fußwege, Spielstraßen und Begegnungszonen und entlang von stark und schnell befahrenen Straßen mindestens 2,5 Meter breite Bürgersteige bzw. Trottoirs. Auch flächige, sichere Freiräume wie Parks, Wohnanlagen oder durchgehend zugängliche institutionelle Freiräume können Teil dieses Netzes sein.[93] In den Maschen des Netzes sind auch Diagonalverbindungen sehr sinnvoll. Auf jeden Fall müssen erwünschte Verbindungen ohne Umwege als sichere Fußwege ausgebildet sein, sonst werden Abkürzungen genommen und auch stark befahrene Straßen wild überquert.

Spielraumvernetzung

Die Spielraumvernetzung[94] ist ein Konzept, das in diesem Zusammenhang steht. Es wurde von der Architektin und Ethnologin Gabriela Muri Koller entwickelt und basiert auf dem Gedanken, sichere Wege zu schaffen, die Kinder unbegleitet und selbstständig nutzen können. Damit wird ein Netz aufgebaut, das verschiedene attraktive Spielorte miteinander verbindet. Die Kinder wählen so selbst, wo sie spielen wollen, und erreichen diese Ziele allein oder mit Freunden. Wichtig ist der Schritt von den Einzelflächen zum System.[95] Mehr zu diesem Konzept findet sich im Kapitel «Stadt- und Freiraumplanung».

Fahrradnetz

Ein Fahrrad und die Erlaubnis, es überall zu benutzen, ist für Heranwachsende ein enormer Zugewinn an Autonomie. Ihr Streifradius wird von wenigen Hundert Metern auf viele Kilometer erweitert; die Welt wird groß. Die Bewegung auf dem Fahrrad fördert zudem die physiologischen und die kognitiven Fähigkeiten stark. Fahrradfahren begünstigt die räumliche Orientierung und sorgt für mehr Bewegung im Alltag. Ein durchgehendes und sicheres Netz von Wegen für das Fahrrad ist für Kinder enorm wichtig, denn zusammen mit dem öffentlichen Nahverkehr ist es für die meisten von ihnen das wichtigste Verkehrsmittel, um kurze und mittlere Distanzen zurückzulegen und selbstständig ihre Ziele zu erreichen. Das Fahrrad macht sie unabhängig und effizient. Wo immer möglich, sollen breite und vom Fuß- und Kfz-Verkehr getrennte Fahrradwege angelegt werden. Wo ein Radweg parallel zu geparkten Autos verläuft, sollte ein Abstand zwischen Radweg und parkenden Autos eingehalten werden, um die Kinder auf den Rädern vor sich öffnenden Autotüren *(dooring)* zu schützen. Mit Pollern zwischen der Straße und Radwegen kann das Halten, Parken und Befahren von Radverkehrsanlagen verhindert werden. Großzügig dimensionierte Abstellflächen für Fahrräder an allen für Kinder wichtigen Orten gehören zu einer funktionierenden Infrastruktur.

Temporegelung

Generell Tempo 30

Tempo 30 kann ein Leben retten. Ein Motorfahrzeug mit 30 km/h kommt nach 15 Metern zum Stillstand. Eines mit 50 km/h hat nach 15 Metern immer noch eine Aufprallgeschwindigkeit von 45 km/h. Ein so getroffenes Kind würde schwer verletzt oder getötet.[96]
Daher sollten Wohnquartiere flächendeckend in Tempo-30-Zonen umgewandelt und auf Hauptstraßen, wo es möglich ist, eine Höchstgeschwindigkeit von 30 km/h eingeführt werden. Die gesenkte Geschwindigkeit und die einheitliche Regelung sorgen für eine deutlich erhöhte Sicherheit und Verständlichkeit für alle Verkehrsteilnehmenden, insbesondere Kinder.[97]

Tempo 30 und Tempo 50

Wenn sich eine flächige Verfügung von Tempo 30 nicht durchsetzen lässt, ist das Modell 30/50 der Schweizer Beratungsstelle für Unfallverhütung eine alternative Möglichkeit: Sie schlägt für jede Gemeinde eine klare Unterscheidung von zwei Geschwindigkeitsregimes vor. In diesem Modell werden Basisnetz und Straßen des ergänzenden Netzes unterschieden. Auf Straßen des Basisnetzes gilt in der Regel Tempo 50. Straßen des ergänzenden Netzes sollen gemeindeweit als Tempo-30-Zone signalisiert werden. Wichtig ist, dass diese beiden Straßennetze gestalterisch klar voneinander unterschieden und signalisiert werden, sodass für Kinder jederzeit sofort klar ist, auf oder an welcher Art von Straße sie sich befinden. Während Straßen mit Tempo 30 für sie relativ sicher sind, bergen Straßen mit Tempo 50 erhebliche Risiken. Die Verkehrsplanerin Sabine Degener schreibt: «Auf verkehrsorientierten Straßen ereignen sich innerorts die meisten Unfälle. Hier sollen Sicherheit und Wohnqualität durch die Gestaltung und Aufwertung des Straßenraums gemäß den entsprechenden [...] Normen erhöht werden. Die Sicherheit wird insbesondere mit Elementen erzielt, die den Langsamverkehr und den motorisierten Individualverkehr wo möglich trennen.»[98] Zudem müssen alle Querungen von Straßen mit Tempo 50 auf Sicherheit überprüft und bei Mängeln umgebaut werden. An wichtigen Querungsstellen sind Zebrastreifen vorzusehen, wenn nicht, seitliche Einengungen der Fahrbahn mit Pollern.[99] Mit Fußgängerampeln kann die Sicherheit weiter erhöht werden, wenn die Wartezeiten für den Fußverkehr gering sind.

20
20

Typen von Straßen

Schnellstraßen

An Straßen mit einer zulässigen Höchstgeschwindigkeit von Tempo 80 oder Tempo 100 müssen baulich von der Fahrbahn getrennte und abgesetzte, breite und befestigte Gehwege angelegt werden. Solche Straßen sind in der Regel nur außerhalb von Siedlungen vorhanden; trotzdem werden die Wege entlang solcher Straßen auch von Kindern und Jugendlichen zu Fuß, auf Fahrrädern oder Boards benutzt. Im Idealfall sind zudem Fahrrad- und Fußweg voneinander getrennt, weil Fahrräder auf solchen Strecken oft mit hohem Tempo unterwegs sind. Fußweg und Fahrradweg sind klar zu signalisieren. Querungen sind gemäß den örtlichen Gegebenheiten und Frequenzen sicher auszugestalten, und die zulässige Höchstgeschwindigkeit ist im Bereich der Querungen zu reduzieren.

Hauptstraßen

Hauptstraßen mit einer zulässigen Höchstgeschwindigkeit von 50 km/h müssen baulich klar von der Fahrbahn abgetrennte und ausreichend dimensionierte Gehsteige für Fußgänger und Kinder auf fahrzeugähnlichen Geräten wie Boards, Rollern und Ähnlichem aufweisen. Im Idealfall ist der Bereich für den motorisierten Fahrverkehr mittels eines Grünstreifens oder einer anderen Zwischenzone vom Bereich des Fuß- und Radverkehrs getrennt. Der Fuß- und Radverkehr sollte auch bei diesen Straßen voneinander getrennt werden. Auf keinen Fall sollten die Bereiche für den Fußverkehr nur mit Markierungen abgegrenzt werden. Dies ist für Kinder zu wenig deutlich, und das Unfallrisiko ist zu groß. Als Trennungen zwischen Fahrbahn und Gehweg können zusätzliche Elemente wie niedrige Hecken oder Poller vorgesehen werden. Auf Mäuerchen, Ketten, Balustraden und Ähnliches sollte verzichtet werden, weil sie für Kinder eine Einladung zum Spielen sein können. Wo immer möglich, sollen auf Hauptstraßen separate und baulich abgesetzte Fahrradwege angelegt werden.

Untergeordnete Straßen

Auf siedlungsorientierten Straßen muss der Durchgangsverkehr unterbunden werden. Das lässt sich unter anderem durch Einbahnregelungen, die Anlage von Sackgassen und Signalisation erreichen. Am besten wird eine Geschwindigkeitsbeschränkung von Tempo 30 als Zone verfügt. Sehr wichtig sind gute Sichtverhältnisse. So kann ein Fahrzeug rechtzeitig abbremsen, und Kinder können die herannahenden Fahrzeuge frühzeitig sehen. Die Übergänge von Straßen mit Tempo 50 und solchen mit Tempo 30 sind gut sichtbar zu signalisieren und wenn möglich baulich zu verdeutlichen. Fahrzeuge müssen gezwungen werden, ihre Geschwindigkeit zu drosseln. Torsituationen, horizontale Versätze, seitliche Verengungen, Aufpflasterungen oder Schwellen sind hierzu geeignet. Auch in den verkehrsberuhigten Straßen selbst können Einengungen, Aufpflasterungen und Poller die Sicherheit erhöhen. Nur Markierungen allein reduzieren das Tempo nicht ausreichend. Auf keinen Fall dürfen sichtbehindernde Elemente wie bepflanzte Baumscheiben, Pflanztröge, geschlossene Barrieren oder Ähnliches verwendet werden, weil Kinder dahinter nicht oder nur schlecht sichtbar sind und sie den Straßenraum aufgrund der Sichteinschränkungen nicht gut überblicken können. Die unbehinderte Sicht aller Verkehrsteilnehmenden aufeinander ist essenziell. «Gute Sicht und gesehen werden sind die Kernpunkte für ein Mehr an Verkehrssicherheit», so die Verkehrsexpertin Sabine Degener.[100]

Sichere Querungen

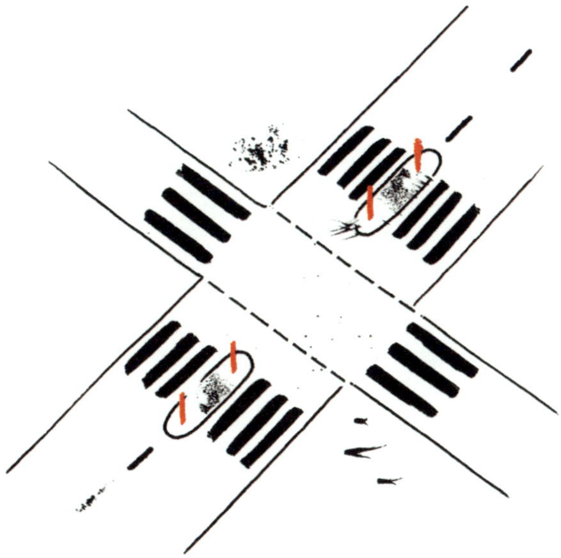

Sichere Querungen von Hauptstraßen

Hauptstraßen können Querungsmöglichkeiten mit und ohne Vortritt für den Fußverkehr aufweisen. Im Hinblick auf Kinder sind Querungen mit Vortritt für den Fußverkehr (Zebrastreifen, Ampeln) vorzuziehen. Sie brauchen, wo immer möglich, eindeutige Situationen. «Kinder können noch weniger Informationen gleichzeitig verarbeiten als Erwachsene. Sie sind deshalb darauf angewiesen, dass Verkehrssituationen möglichst einfach gestaltet sind (z. B. Fußgängerschutzinseln, um jeweils nur eine Fahrbahn überblicken zu müssen)», so die Verkehrsexpertin Sabine Degener.[101] Querungsmöglichkeiten ohne Vortritt stellen für Kinder eine uneindeutige Situation dar und überfordern sie, besonders bei relativ starkem Verkehrsaufkommen mit wenigen oder kleinen Lücken. Die Querungen verkehrsbezogener Straßen müssen mit sicheren Querungsstellen ausgestattet sein.

Über- und Unterführungen

Bei einer sehr intensiv befahrenen Straße kann eine Über- oder Unterführung notwendig sein. Wo immer möglich, sollte aber auf Über- und Unterführungen verzichtet werden, weil sie bei Kindern unbeliebt sind und nicht genutzt werden. Stattdessen versuchen sowohl Kinder als auch Erwachsene, auch mehrspurige und stark befahrene Straßen auf ebener Erde zu queren. Unter- und Überführungen sollten keine langen Umwege erzeugen, sonst werden sie überhaupt nicht genutzt. Wenn sie unumgänglich sind, müssen Unterführungen gerade, breit, hell und durchgängig einsehbar sein. Sie sollten ferner freundlich gestaltet sein und keine Nischen aufweisen. Es dürfen keine Angsträume daraus werden. In der Regel erzeugen Unterführungen weniger Höhendifferenz als Überführungen und sind daher vorzuziehen. Überführungen sollten so effizient wie möglich angelegt werden und durchgängig Absturzsicherungen aufweisen. Wo die Höhenunterschiede mit Treppen überwunden werden, müssen auch hindernisfreie Rampen oder Lifte als Alternative bereitgestellt werden. Rampen sind für Kinder immer auch ein Spielangebot. Daher sollten sie in der Breite und an ihren Auslaufstellen großzügig bemessen und sicher gestaltet sein.

Fußgängerstreifen

Fußgängerstreifen oder Zebrastreifen sind Querungen mit Vortrittsrecht. Sie müssen sich präzis auf der Wunschlinie der Kinder befinden, sonst werden sie nicht genutzt. Wenn Umwege zu einem Fußgängerstreifen erzwungen werden müssen, sind bauliche Maßnahmen erforderlich. Alle Querungsorte müssen gut beleuchtet sein. Lichtsignalsteuerungen müssen innerhalb von 45 bis 60 Sekunden nach Betätigung für die Fußgänger auf Grün schalten, sonst wird das Rot nicht respektiert. Die Querungszeit muss lange genug sein, dass auch ein zögerliches Kind die Fahrbahn sicher queren kann. Und die Druckknöpfe müssen tief genug angebracht sein, dass auch junge Kinder sie gut erreichen können. Es muss genug Aufstellfläche zum Warten vorhanden sein, vor allem wenn sich dort regelmäßig Gruppen aufhalten, wie zum Beispiel auf Schulwegen. An Kreuzungen mit Fußgängerstreifen ist darauf zu achten, dass die Fußgängerstreifen möglichst nahe an der Kreuzung liegen und dass alle vier Arme einen solchen aufweisen. Wo dies nicht der Fall ist, wählen Kinder gern eine Abkürzung oder überqueren einen Arm ohne Fußgängerstreifen, auch ohne Vortrittsrecht. Zudem sollten die Abbiegeradien eng sein, um das Tempo der Fahrzeuge zu bremsen.

Querungen ohne Vortritt an Hauptstraßen

Auf Hauptstraßen sind theoretisch auch Querungen ohne Vortrittsrecht für Fußgänger möglich. Diese Art von Querungsmöglichkeit ist für Kinder aber sehr problematisch. Denn es erfordert, dass sie Geschwindigkeit und Distanz von Fahrzeugen und die Lücken dazwischen realistisch einschätzen, was erst ab etwa zehn oder elf Jahren einigermaßen gelingt. Da die meisten Kinder auch die Verkehrsregeln eher schlecht als recht kennen, ist ihnen meist gar nicht klar, dass sie die Straße zwar queren dürfen, aber kein Vortrittsrecht haben. Querungsstellen sollten daher möglichst baulich mit einer Fußgängerschutzinsel ausgestattet werden. Wichtig ist, dass die Situation sehr übersichtlich ist und die Fahrzeuglenkenden wartende und querende Kinder leicht erkennen können.

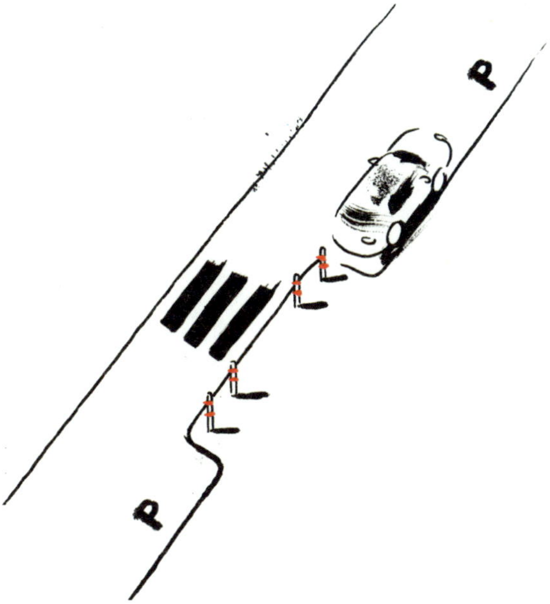

Fußgängerschutzinseln

Wo immer möglich, sollten Fußgängerschutzinseln vorgesehen werden, auf denen die Kinder warten und eine Lücke im Gegenverkehr abwarten können. Diese Fußgängerschutzinseln sollten generell bei allen Straßen mit zwei Fahrrichtungen vorgesehen werden. Bei mehreren Fahrbahnen in einer Richtung sind sie unabdingbar. Sie sollten so breit sein, dass auch Platz für die Aufstellung eines Fahrrads bzw. eines Kinderwagens vorhanden ist. Solche Inseln vereinfachen für ein Kind die komplexe Aufgabe, eine mehrspurige Straße zu queren, erheblich. Für eine bessere Sichtbarkeit für Kinder und Fahrzeuglenkende sollten diese Inseln mit Pollern ausgestattet sein. Geländer, Ketten und Mäuerchen sollten vermieden werden, weil sie zum Spielen reizen.

Vorgezogene Seitenräume

Ohrenartige Ausstülpungen des Gehsteigs in die Fahrbahn, sogenannte «vorgezogene Seitenräume», können dazu dienen, sichere Querungsstellen auszuzeichnen, wenn kein Zebrastreifen angebracht wird. Für Kinder sind das deutliche Hilfen für das Überqueren, weil sie den Verkehr besser beobachten können. Den Fahrzeuglenkenden helfen sie, Kinder frühzeitig zu sehen. Die Verengung der Fahrbahn drosselt das Tempo der Fahrzeuge. Poller verbessern die Sichtbarkeit. Auch bei parallel zum Bürgersteig angeordneten Parkstreifen bieten solche vorgezogenen Seitenräume Kindern mehr Sicherheit. Das gilt bei punktuellen Querungen mit oder ohne Vortritt und besonders auch an Knotenpunkten.[102] Damit kann auch verhindert werden, dass sichtverdeckend an solchen Knoten und Querungen geparkt wird.

Querungsmöglichkeiten längs zur Fahrbahn

Auch Querungsmöglichkeiten längs zur Fahrbahn sind möglich und dort sinnvoll, wo es mehrere und verschiedene Wunschlinien für die Querung sowie niedrige Frequenzen von Fahrzeugen gibt. Wie alle für Kinder uneindeutigen Situationen sollten sie aber eher vermieden werden. Voraussetzung ist auch hier, dass sehr gute Sichtbeziehungen für alle am Verkehr Teilnehmenden bestehen. Es sollte immer mit einer gestalterisch klar ausgebildeten, ausreichend breiten Mittelzone zwischen den Fahrbahnen der beiden Richtungen gearbeitet werden, sodass Kinder dort anhalten und in Ruhe eine Lücke im Verkehr der Gegenfahrbahn abwarten können. Belagswechsel, Poller oder andere, nicht sichtbehindernde Ausstattungen können diese Mittelstreifen zusätzlich betonen und sie so für Kinder leichter verständlich machen.

Verkehrsberuhigte Straßen und Zonen

Tempo-30-Zonen

«Tempo 30 erhöht die Sicherheit und Wohnqualität in Quartieren. Die tiefere Geschwindigkeit führt zu ruhigerem Fahrverhalten, reduziert Abgas- und Lärmemissionen und vermindert den Durchgangsverkehr. Die Anzahl und Schwere von Unfällen nimmt ab, die Wege für Schulkinder sind weniger gefährlich, und die langsameren Verkehrsteilnehmenden fühlen sich sicherer. Und trotzdem verlieren die Fahrzeuglenkenden kaum Zeit.»[103] So beschreibt die Schweizer Beratungsstelle für Unfallverhütung die Vorteile einer Tempo-30-Zone. Der Fußverkehr in Tempo-30-Zonen ist nicht vortrittberechtigt, aber die Straße darf überall gequert werden. Das kann für Kinder verwirrend sein. Sie dürfen sich zwar überall aufhalten und in solchen Zonen auch spielen, aber die Fahrzeuge haben Vortritt. Fußgängerstreifen sollen in Tempo-30-Zonen generell nicht angebracht werden. In Ausnahmesituationen wie vor Schulen und Heimen sind sie möglich. Tempo-30-Zonen sollten einheitliche Gestaltungsmerkmale, im Minimum die wiederholte Markierung «30» auf der Fahrbahn, aufweisen, sodass allen Verkehrsteilnehmenden klar ist, welche Regeln hier gelten.

Verkehrsberuhigte Zonen

Generell müssen Straßen, in denen Kinder spielen können, verkehrsberuhigt sein. In Deutschland, Österreich und der Schweiz tragen sie unterschiedliche Namen, und die jeweiligen Regelungen weichen nur geringfügig voneinander ab. Für alle gilt, dass Fahrzeuge gegenüber Menschen zu Fuß keinen Vortritt haben und mit maximal Tempo 20 unterwegs sein dürfen. Diese Zonen müssen signalisiert sein und sollten gestalterisch sehr klar von Straßen mit anderen Regelungen unterschieden sein. Schwellen, Einengungen, Verschwenkungen, Poller und ähnliche Maßnahmen helfen, das Tempo niedrig zu halten. Sie dürfen jedoch keinesfalls die Sicht behindern. Parkfelder sollten vermieden werden, weil abgestellte Fahrzeuge Sichthindernisse sind, hinter denen Kinder nicht gesehen werden. Besser ist es, Parkfelder vor oder nach einer verkehrsberuhigten Zone anzuordnen. Es ist dafür zu sorgen, dass die Frequenzen nicht zu hoch sind, beispielsweise durch Ausweichverkehr auf diesen Strecken. Sonst haben auch verkehrsberuhigte Bereiche kaum einen Spielwert und sind unsicher. Zusätzliche Regeln wie Sackgasse, Einbahnverkehr oder Zufahrt nur für Anwohner können hilfreich sein. Die für die drei Länder unterschiedlichen Regelungen werden im Folgenden einzeln beschrieben.

Begegnungszone (CH und A)

Die Begegnungszone ist in der Schweiz seit 2002 und in Österreich seit 2013 eine zunehmend beliebte Verkehrsberuhigung nach dem Koexistenzprinzip. Die Verkehrsteilnehmenden sind verpflichtet, aufeinander Rücksicht zu nehmen. Der Fußverkehr hat Vortritt. Die Höchstgeschwindigkeit ist auf 20 km/h beschränkt – in Österreich kann die Behörde auch ausnahmsweise Tempo 30 anordnen. Die gesamte Fläche darf bespielt werden. Im Idealfall gibt es in Begegnungszonen keine Parkfelder. Wenn doch, ist das Abstellen von Kraftfahrzeugen nur auf dafür gekennzeichneten Flächen erlaubt. Diese müssen möglichst so angeordnet werden, dass sie nicht die Sicht behindern. Verkehrslenkende Maßnahmen sollen die Fahrgeschwindigkeit drosseln und dürfen keine Sichthindernisse bilden. Die Zugänge zu Begegnungszonen müssen signalisiert sein und den Wechsel von einem Verkehrsregime zum anderen so klar wie möglich erkennbar machen, beispielsweise durch Einengungen, Belagswechsel, Poller, Schwellen und ähnliche Maßnahmen. Für Kinder sind diese Maßnahmen besonders wichtig, damit sie im Spiel nicht unversehens auf eine Straße mit höherer Geschwindigkeit geraten.

Verkehrsberuhigter Geschäftsbereich (DE)

Der verkehrsberuhigte Geschäftsbereich wird in Deutschland vor allem für intensiv von Fußverkehr frequentierte Innenstadtbereiche mit Einkaufs- und Dienstleistungsschwerpunkten festgelegt. Er gleicht der Begegnungszone in Österreich und der Schweiz und weist fast die gleichen Regeln, wie etwa Tempo 20 als Maximalgeschwindigkeit, auf. Dementsprechend ist er für Kinder auch ähnlich attraktiv.

Verkehrsberuhigter Bereich (DE)

In Deutschland gibt es keine Begegnungszone. Eine ähnliche, aber leicht unterschiedliche Regelung heißt hier «verkehrsberuhigter Bereich». Im Gegensatz zum «verkehrsberuhigten Geschäftsbereich» dürfen die Fahrzeuge maximal in Schrittgeschwindigkeit verkehren und müssen dem Fußverkehr den Vortritt lassen. Der Fußverkehr darf seinerseits den Fahrverkehr nicht unnötig behindern. Nur an dafür bezeichneten Stellen dürfen Fahrzeuge abgestellt werden, außer für Zu- und Abfahren sowie Ein- und Ausladen. Kinderspiel ist überall erlaubt. Die Gestaltung soll nicht einer normalen Straße mit Fahrbahn und Gehweg entsprechen, sondern die Fläche soll durchgehend einheitlich und mit optisch temporeduzierenden Elementen besetzt sein. Sehr sinnvoll ist auch, die Straße nur in einer Fahrtrichtung befahren zu lassen, sie als Sackgasse auszubilden oder nur für die Anwohnerschaft zugänglich zu machen. So bleiben die Frequenzen der Fahrbewegungen tief. Für Kinder ist dieser Typ besser zu bewerten als die Begegnungszone, vor allem weil Fahrzeuge an die Schrittgeschwindigkeit gebunden sind.

Wohnstraße (A)

Die «Wohnstraße» ist eine österreichische Besonderheit.[104] Sie darf nur zum Zu- und Abfahren sowie von Fahrrädern und Dienstfahrzeugen wie Müllabfuhr und Feuerwehr befahren werden. Zudem ist Schrittgeschwindigkeit vorgeschrieben, und es darf nur auf dafür bezeichneten Flächen geparkt werden. Spielen ist erlaubt. Der Fahrzeugverkehr darf aber nicht mutwillig behindert werden. Die Fahrzeuglenkenden dürfen ihrerseits Fußgänger und Fahrradfahrer nicht behindern. Die Zone muss auf der Fahrbahn ausgeschildert sein. Für Kinder in Österreich ist eine Wohnstraße von ähnlichem Wert wie die verkehrsberuhigte Zone in Deutschland, bei beiden wegen der niedrigen Höchstgeschwindigkeit für Fahrzeuge.

Spielstraße (D)

Die Spielstraße ist eine deutsche Besonderheit. Hier ist sämtlichen Fahrzeugen der Zugang verwehrt, und die Straße steht ausdrücklich zum Spielen zur Verfügung. Da auch der Anwohnerschaft im Sinne eines allgemeinen Fahrverbots die Zufahrt verwehrt ist, ist dieser Typ selten. Dort, wo er vorkommt, ist er für Kinder ideal, weil sie ohne jede Vor- oder Rücksicht die Straße für sich nutzen können. Signalisiert wird die Straße mit einem allgemeinen Fahrverbot und einem Ergänzungszeichen für Spielstraße. Es ist auch möglich, Straßen temporär als Spielstraßen auszuzeichnen als sogenannte «Spielstraße auf Zeit», so zum Beispiel nachmittags, wenn die Kinder keinen Unterricht haben.[105]

Fußgängerzone (A, CH und D)

Die Fußgängerzone[106] ist für Kinder ein sehr attraktiver Typ von Straße oder Platz, weil sie sehr viel Sicherheit bietet und für Spiel und Aufenthalt geeignet ist. Die Fußgängerzone ist vor allem dem Fußverkehr vorbehalten, und ihre Gestaltung und Ausstattung orientieren sich an dessen Bedürfnissen. Überall hat der Fußverkehr Vortritt. Fahrzeuge dürfen in der Regel die Zone nicht befahren, mit diesen wenigen Ausnahmen: Einsatz-, Reinigungs- und Entsorgungsfahrzeuge, Lieferwagen und Fahrzeuge der Anwohnerschaft. Manchmal befahren auch Trams oder Busse eine Fußgängerzone. Es können auch zusätzlich Temporestriktionen genannt und ausgeschildert werden, wie z. B. Schrittgeschwindigkeit. Angewendet wird dieses Modell vor allem in Innenstadtbereichen, erstmalig bereits 1927 in Essen. Nach 1950 wurde das Modell oft realisiert und hat sich für Einkaufszonen sehr bewährt.

Leitlinien für eine kindergerechte Verkehrsplanung

- **Eine Fachperson der Verkehrsplanung hinzuziehen**
- **Normen und Vorschriften beachten**
- **Verkehrsplanung an Kindern und ihren Fähigkeiten orientieren**
- **Gefahren mit großem Risiko erkennen und bannen**
- **Generell Tempo 30 im Siedlungsraum**
- **Möglichst oft verkehrsberuhigte Zonen ausweisen**
- **Einfach verständliche Verkehrssituationen schaffen**
- **Sehr gute Sichtverhältnisse schaffen**
- **Sichere und dichte Fuß- und Fahrradnetze schaffen**
- **Siedlungsorientierte Straßen als Lebensräume fur Kinder verstehen**

Hinweise zu Kindern und Verkehr

Der Verkehr schränkt die Freiräume von Kindern sehr stark ein. Temporeduktionen, verkehrsberuhigte Bereiche und weitere Maßnahmen können mit wenig baulichem Aufwand zu großen Verbesserungen führen.

Das verkehrsgerechte Kind

Das verkehrsgerechte Kind gibt es nicht

Erst mit zehn bis zwölf Jahren sind Kinder fähig, am Verkehr teilzunehmen

Einschätzung von Entfernung und Bewegung ist bei Kindern oft unzureichend

Selektives Sehen ist noch schwach entwickelt

Erlernte Verkehrsregeln werden oft ignoriert

Kinder sind impulsiv und im Verkehr unberechenbar

Tempo und Spieldauer

Dauer des Spiels an einer Straße hängt vom zulässigen Fahrtempo ab

Bei Tempo 50: durchschnittlich 32 Minuten

Bei Tempo 30: durchschnittlich 53 Minuten

Bei Tempo 20 in einer Begegnungszone: durchschnittlich 66 Minuten

Vor allem Kinder zwischen fünf und sieben Jahren profitieren von Temporeduktionen

Körpergröße

Kinder müssen im Verkehr sehen und gesehen werden

Augenhöhe eines dreijährigen Kindes: 90 cm

Augenhöhe eines neunjährigen Kindes: 120 cm

Höhe der Motorhaube eines SUVs: 120 cm

Körperliche Entwicklung

Richtungshören erst ab ca. neun Jahren

Selektives Hören (kommt ein Auto?) erst ab ca. neun Jahren möglich

Hören wird auch von älteren Kindern im Verkehr oft nicht genutzt

Selbst Elfjährige können zwischen herannahendem und sich entfernendem Geräusch nicht zuverlässig unterscheiden

Eindrücke aus dem peripheren Gesichtsfeld werden zu langsam verarbeitet

Kognitive Entwicklung

Erst ab ca. neun Jahren gute Einschätzung von Distanzen

Erst ab ca. neun Jahren einigermaßen zuverlässige Einschätzung von Geschwindigkeit

Mit neun Jahren eine Lücke im Verkehr einschätzen ist noch sehr schwierig

Selektive und gesteuerte Aufmerksamkeit erst mit 13 bis 15 Jahren entwickelt

Multitasking wie Fahrradfahren und auf den Verkehr achten ist sehr schwierig

Verhalten im Verkehr

Kinder lassen sich sehr leicht vom Verkehrsgeschehen ablenken

Über 50 % der Kinder beobachten Fahrzeuge beim Queren nicht aktiv

Erlerntes richtiges Verhalten wird in der Praxis sehr oft nicht angewendet

Viele Kinder tun nur so, als ob sie in beide Richtungen schauen, sehen aber nicht wirklich

Kinder sind sehr impulsiv und ändern ihr Verhalten oft unerwartet

Bis zum Alter von zehn Jahren haben Kinder kaum Kenntnisse von Verkehrsregeln

Kinder queren Straßen, wo sie wollen

Wartezeiten an Ampeln von mehr als 45–60 Sekunden sind für Kinder zu lang

Planung auf Gemeindeebene

Sinnvoll ist Verkehrsplanung einer ganzen Gemeinde oder eines ganzen Stadtquartiers

Verkehrsplanung hat sehr frühe Einflussmöglichkeiten bei Neuplanungen

Den motorisierten Individualverkehr in bestehenden Siedlungen zurückdrängen

Lückenloses Fußgängernetz

Lückenloses Fußgängernetz zum Ziel von Neu- und Umplanungen machen

Maschenweite des Fußwegenetzes maximal 100 m

Diagonalen im Fußwegenetz schaffen

Entlang von Hauptstraßen mit breiten Gehsteigen oder Gehwegen

Wegenetz zur Spielraumvernetzung nutzen

Lückenloses Fahrradnetz

Fahrräder bedeuten für Kinder einen erheblichen Autonomiegewinn

Fahrradfahren fördert die physiologische und kognitive Entwicklung

Durchgehende und mindestens 2 m breite Fahrradstreifen anlegen

Zentral gelegene und große Abstellflächen für Fahrräder vorsehen

Innerorts generell Tempo 30

Höhere Sicherheit durch gesenktes Tempo

Leichtere Verständlichkeit für alle Verkehrsteilnehmenden, vor allem Kinder

Anhalteweg bei Tempo 30: 15 m

Tempo 50 und Tempo 30

Lösungsansatz, wenn durchgehend Tempo 30 nicht realisiert werden kann

Hauptstraßen innerorts generell maximal Tempo 50

Siedlungsorientierte Straßen innerorts generell Tempo 30

Klare bauliche und gestalterische Unterscheidung der beiden Typen

Übergänge zwischen den beiden Regimes baulich und mit Signalen deutlich machen

Auf Straßen mit Tempo 50 Fahrverkehr vom Langsamverkehr baulich trennen

Querungen sicher ausgestalten und nach Bedarf mit Ampeln versehen

Schnellstraßen

An Schnellstraßen mit Tempo 80 oder 100 baulich getrennte Gehsteige und Fahrradwege anlegen

Gehsteige mindestens 2,5 m breit und von der Fahrbahn getrennt

Fuß- und Fahrradweg klar signalisieren

Verkehrsbezogene Straßen

Straßen mit Tempo 50 mit einem baulich getrennten Gehweg ausstatten

Minimale Gehwegbreite: 2,5 m, bei großen Fußgängerfrequenzen mindestens 3,5 m

Fahrbahn und Gehweg wenn möglich mit Grünstreifen voneinander abtrennen

Falls erforderlich, niedrige Hecken oder Poller als Abgrenzung

Keine Mäuerchen, Balustraden oder Ketten, weil sie zum Spiel einladen

Gehwege keinesfalls nur mit aufgemalten Markierungen bezeichnen

Wo immer möglich, Fahrradwege anlegen

Siedlungsorientierte Straßen

Durchgangsverkehr unterbinden durch Sackgasse, Einbahn, Signalisierung etc.

Höchstgeschwindigkeit max. 30 km/h

Für gute Sichtverhältnisse sorgen, um rechtzeitiges Abbremsen zu ermöglichen

Schwellen und Einengungen am Anfang einer siedlungsorientierten Straße

Keine sichtbehindernden Elemente wie Pflanztröge, bepflanzte Baumscheiben, Mäuerchen, Barrieren etc. verwenden

Sichere Querungen von verkehrsbezogenen Straßen

Querungen ohne Vortritt sind für Kinder verwirrend und zu vermeiden

Fußgängerschutzinseln bei Straßen, die in beiden Richtungen befahren werden

Bei Straßen mit mehr als einer Fahrspur pro Richtung immer eine Ampelanlage und eine Fußgängerschutzinsel vorsehen

Über- und Unterführungen

Über- und Unterführungen nur dort, wo sie unabdingbar sind

Eher Unter- als Überführungen anlegen, weil sie mit geringerer Höhe auskommen

Unterführungen müssen gerade, breit, hell und komplett einsehbar sein

Rampen können zum Spielelement werden, wenn sie breit und sicher ausgestaltet sind

Fußgängerstreifen

Fußgängerstreifen müssen in der Wunschlinie der Kinder liegen, sonst werden sie nicht genutzt

Umwege zu Fußgängerstreifen müssen baulich erzwungen werden, wenn erforderlich

Genug Platz – auch für Gruppen – im Wartebereich von Fußgängerstreifen vorsehen

Für sehr gute Beleuchtung an Fußgängerstreifen sorgen

Wartezeit auf Grün nach Drücken der Taste maximal 45–60 Sekunden

Querungszeit muss auch für ein zögerliches Kind ausreichend lang sein

Druckknöpfe müssen tief genug angelegt sein, dass auch kleine Kinder sie erreichen

Fußgängerstreifen an in einer Richtung mehrspurigen Straßen immer mit Ampel

Fußgängerstreifen an Kreuzungen immer auf allen vier Armen

Fußgängerstreifen immer möglichst nahe an Kreuzungen

Querungen ohne Vortritt an Hauptstraßen

Sind möglich und häufig, aber im Hinblick auf Kinder zu vermeiden

Für Kinder problematisch, weil uneindeutige Situation

Problematisch, weil Kinder Geschwindigkeit und Entfernungen falsch einschätzen

Nur an sehr gut einsehbaren Stellen vorsehen

Fußgängerschutzinseln

Generell bei Straßen mit Fahrbahnen in beiden Richtungen vorsehen

Bei mehr als einer Fahrbahn pro Richtung unabdingbar

Minimale Breite 1,5 m, besser 2 m, zur Aufstellung von Fahrrädern etc.

Markieren mit Pollern

Keine Balustraden, Ketten oder Mäuerchen, weil sie zum Spiel reizen

Trottoirnasen oder vorgezogene Seitenräume

Vorgezogene Seitenräume oder Trottoirnasen bezeichnen geeignete Querungsstellen

Ermöglichen Kindern, den Verkehr zu beobachten

Ermöglichen Fahrzeuglenkenden, Kinder frühzeitig zu erkennen

Können als Verengung der Fahrbahn den Verkehr abbremsen

Überall anbringen, wo Park- oder Grünstreifen die Fahrbahn begleiten

Gut an Knotenpunkten, wo die Trottoirnasen sichtverdeckendes Parken verhindern

Querungsmöglichkeiten längs zur Fahrbahn

Querungsmöglichkeiten längs zur Fahrbahn sind möglich, aber für Kinder ungünstig

Sinnvoll, wo es verschiedene Wunschlinien, niedrige Frequenzen und niedriges Tempo gibt

Voraussetzung sind sehr gute Sichtbeziehungen für alle Verkehrsteilnehmenden

Aufenthaltszone gestalterisch klar unterscheiden (Belagswechsel, Aufwölbung etc.)

Poller oder andere nicht sichtbehindernde Elemente können die Mittelzone betonen

Tempo-30-Zonen

Erhöhen die Sicherheit der Kinder

Lärm- und Abgasreduktion

Verwirrend, weil Kinder zwar dort spielen dürfen, aber Fahrzeuge Vortritt haben

Nur in Ausnahmefällen Fußgängerstreifen vorsehen (z. B. vor Schulen)

Verkehrsberuhigte Zonen

Generell für die Sicherheit von Kindern erforderlich

In Deutschland, Schweiz und Österreich unterschiedliche Regelungen

Vortritt immer beim Fußverkehr

Spielen erlaubt

Gegenseitige Rücksichtnahme erforderlich, gegenseitige Behinderung verboten

Schrittgeschwindigkeit oder maximal Tempo 20

Klare bauliche und gestalterische Abgrenzung zu anderen Straßen und Zonen

Tempomindernde Maßnahmen wie Poller, Aufpflasterungen und Verschwenkungen

Keine sichtbehindernden Elemente

Keine Parkfelder, weil abgestellte Fahrzeuge sichtbehindernd sind

Parkfelder vor oder nach der verkehrsberuhigten Zone anordnen

Frequenzen von Fahrzeugen dürfen nicht zu hoch sein

Zusätzliche Maßnahmen wie Einbahnverkehr, Sackgasse, Zufahrt nur für Anwohner

Anzeigetafeln für die tatsächlich gefahrene Geschwindigkeit sinnvoll

Begegnungszone (CH und A)

Begegnungszonen gibt es nur in der Schweiz und Österreich

Zunehmend beliebter Typ von *shared space*

Für Kinder sehr attraktive Form von Straße

Fußverkehr hat Vortritt

Gegenseitige Rücksichtnahme verpflichtend

Höchstgeschwindigkeit meist 20 km/h

Gesamte Fläche darf bespielt werden

Einheitliche Flächengestaltung (keine Ausweisung von Fahrbahnen)

Keine Parkfelder in der Begegnungszone

Keine sichtbehindernden Elemente wie Pflanztröge etc.

Aufpflasterungen, Verengungen und Verschwenkungen zur Tempominderung

Übergänge zu anderen Zonen klar baulich ausweisen

Regelmäßige Bodenbeschriftung «20» sehr zu empfehlen

Verkehrsberuhigter Geschäftsbereich

Sonderregelung, die es nur in Deutschland gibt

Vor allem in Innenstädten mit Handel- und Dienstleistungseinrichtungen

Entspricht weitgehend der Begegnungszone

Höchstgeschwindigkeit meist 20 km/h

Für Kinder attraktive Form von städtischem Freiraum

Verkehrsberuhigter Bereich (D)

Für Kinder beste Form der Verkehrsberuhigung

Kinderspiel überall erlaubt

Nicht sehr häufige Regelung, ausschließlich in Deutschland

Höchstgeschwindigkeit: Schrittgeschwindigkeit

Fußverkehr hat Vortritt, darf aber den Fahrverkehr nicht unnötig behindern

Parken nur an ausgewiesenen Stellen

Fläche soll durchgehend einheitlich gestaltet sein

Ergänzende Regelungen wie Einbahnstraße, Sackgasse oder Beschränkung für Anwohnerschaft sind hilfreich zur Senkung der Fahrfrequenzen

Wohnstraße (A)

Österreichische Besonderheit

Für Kinder sehr vorteilhafte Regelung

Höchstgeschwindigkeit: Schrittgeschwindigkeit

Darf nur zum Zu- und Abfahren sowie von Unterhalts- und Rettungsfahrzeugen befahren werden

Darf zum Spielen genutzt werden

Fahrverkehr darf nicht mutwillig behindert werden

Fahrzeuglenkende dürfen Fußverkehr nicht behindern

Parken nur auf dafür ausgewiesenen Flächen erlaubt

Möglichst keine Parkfelder in Wohnstraßen, weil Fahrzeuge die Sicht behindern

Spielstraße (D)

Deutsche Besonderheit, aber selten

Wird fast nur als temporäre Maßnahme eingerichtet

Für Kinder ideal: versiegelte, verkehrsfreie Fläche für alle Straßenspiele

Generelles Fahrverbot, auch kein Zu- und Abfahren für Anwohnerschaft

Fußgängerzone (A, CH, D)

Für Kinder sehr attraktiv, da praktisch frei von Kraftfahrzeugen

In allen drei Ländern ähnlich geregelt

Gestaltung und Ausstattung folgt Bedürfnissen des Fußverkehrs

Fahrzeuge haben nur sehr beschränkt Zugang: Lieferung, Ein- und Ausladen, Unterhalts- und Rettungsfahrzeuge

Häufig zeitlich beschränkte Zufahrt für Anlieferung

Einheitliche und durchgehende Gestaltung der gesamten Fläche

Anwendung vor allem in Innenstadtbereichen mit regem Geschäftsverkehr

Mögliche Nutzung als Kinderspielort oft nicht erkannt und umgesetzt

Landschafts-architektur

Kinder sind eine wichtige Nutzergruppe für Fachleute der Landschaftsarchitektur, denn sie nutzen Außenräume oft viel intensiver als Erwachsene. Die Dimensionierung, Gestaltung, Bepflanzung und Ausstattung von Freiräumen sind entscheidend, ob diese für Kinder sicher, anregend und langfristig anziehend sind. Gute Freiräume locken die Kinder aus dem Haus und ermöglichen Bewegung und vielfältige Begegnungen. So fördern sie nicht nur die physische und psychische Entwicklung, sondern auch das Sozialverhalten.

Klima

Klima und Wetter sind entscheidende Faktoren, wie ein Freiraum genutzt wird. Deshalb müssen Spielräume auf ihre Eignung als Aufenthaltsorte in den vier Jahreszeiten, zu verschiedenen Tageszeiten und bei jedem Wetter hin konzipiert werden. Für den Sommer bedeutet das zunehmend Hitzeminderung, Wasser und Schatten, denn Kinder sind besonders auf Schutz vor Sonne und Hitze angewiesen. Der Winter ist mit Eis und Schnee eine tolle Jahreszeit für Kinder; es lohnt sich, Spielräume mit besonderen Elementen wie Rodelhügeln oder Eisflächen auszustatten. Für Tage mit Regen und Schnee empfiehlt es sich, Schutzdächer vorzusehen. Vor kaltem Wind schützen Wände oder dichte Hecken. Frühling und Herbst dagegen sind klimatisch gemäßigt und faszinieren mit Blüten und Herbstfarben.

Makro- und Mikroklima

Freiräume für Kinder müssen Schutz vor klimatischen Nachteilen bieten. Die Klimaerwärmung ist eine große Herausforderung. Sie kann zu sehr heißen und trockenen Sommern führen, aber auch zu komplett verregneten mit Starkregen und Überschwemmungen. Außenräume dürfen daher nicht nur für extrem heiße Temperaturen angelegt werden, sondern müssen auch Nutzungsmöglichkeiten bei Regen bieten. Trotz der zu erwartenden Hitzesommer dürfen Spielräume nicht in den tiefen Schatten auf der Nordseite von Gebäuden gelegt werden. Sie wären dort im Winterhalbjahr und in regenreichen Sommern viel zu feucht und unattraktiv. Freiräume für Kinder sollten in sonnigen Zonen liegen und zu einem guten Teil Schattenbäume aufweisen. Dies ist auch im Hinblick auf Jahres- und Tageszeiten sinnvoll, weil sich Kinder dann je nach Bedarf den angenehmsten Ort aussuchen können. Für das Mikroklima sind Besonnung, Wind und Niederschläge entscheidend. Spielflächen sollten jederzeit ein gemäßigtes, angenehmes Umfeld bieten, sodass die Kinder in angemessener Bekleidung auch über Stunden spielen können.

Schatten

Gegen übermäßige Sonneneinstrahlung können gebaute Elemente wie Schattendächer oder Pergolen eingesetzt werden. Temporäre Elemente wie Schirme und Sonnensegel sorgen kurzfristig für Schatten. Gebaute Elemente haben den Nachteil, dass sie auch im Winter und in den kalten Übergangsmonaten die Sonne abhalten. Am besten für die Beschattung geeignet sind laubabwerfende Gehölze. Sie sind leistungsfähige «Klimaanlagen» im Freien. Im Winterhalbjahr lassen sie die Sonne durch, im Sommerhalbjahr bieten sie Schatten. Die warme Luft strömt durch ein Laubdach nach oben ab, im Gegensatz zu Schirmen und Dächern, wo sie sich staut. Das verdunstende Wasser von Laubgehölzen kühlt zusätzlich. Je nach Verwendungszweck kann ein Laubdach leichtkronig und durchlässig sein wie bei einer Birke oder schwer und schattenwerfend wie bei einer Rosskastanie. Ideal sind Laubbäume, die sich früh belauben und auch früh das Laub wieder abwerfen. Auch mit Wildem Wein oder anderen Kletterpflanzen berankte Konstruktionen wie Pergolen haben den gleichen Effekt. Sie können zum Beispiel auf unterbauten Flächen, wo Baumpflanzungen nicht möglich sind, einen willkommenen Ersatz bieten.

Wasser

Wasser ist ein leistungsfähiges Kühlelement. In offenen Böden verdunstet es und kühlt die Umgebung; daher sollten in einem Spielraum möglichst alle Flächen, die nicht für Fahr- und Rollspiele gebraucht werden, unversiegelt bleiben. Flache Teiche und Becken dienen der Abkühlung durch Verdunstung; darin können sich Kinder auch direkt und wirksam abkühlen. Zudem gehören für Kinder leicht erreichbare Trinkbrunnen zu jedem Freiraum, sodass sie sich mit Flüssigkeit versorgen können.

Niederschläge

Bei Niederschlägen sind Schutzdächer, Kleinbauten, Vordächer, vorstehende Bauteile, Durchgänge und Arkaden beliebte Allwetterspielorte. Diese Möglichkeiten sollten in Spielräumen gezielt eingesetzt werden. Beispiele für solche Orte sind die Durchgänge in den Blockrandbebauungen des 19. Jahrhunderts oder die Wandelgänge in den Schulanlagen der 1950er-Jahre. In Freiräumen sind Schutzdächer oder offene Pavillons auch bei Erwachsenen für witterungsunabhängige Feste sehr beliebt.

Wind

Die Bedeutung von Winden für die Aufenthaltsqualität von Freiräumen wird unterschätzt. Vor allem in der Übergangszeit und im Winter können sie deren Nutzung verunmöglichen. Starke und vor allem kalte Winde sollten mit Wänden oder hohen und dichten, immergrünen Pflanzungen gebremst werden. Im Sommerhalbjahr dagegen sorgen Winde für die erwünschte Abkühlung. Kaltluftströme dürfen nicht mit Bauten, Mauern oder dichten Pflanzungen unterbrochen werden. Jeder Spielraum braucht sowohl windgeschützte Zonen als auch windexponierte Stellen. Und im Herbst braucht es eine möglichst große, offene Fläche, wo der Wind die Drachen in die Höhe tragen kann.

Ort

Potenziale nutzen

Die Potenziale eines Ortes verleihen ihm eine eigene Identität und Atmosphäre und sollten genutzt werden. Vielleicht findet sich bereits ein Hain aus Bäumen und Sträuchern, der zum magischen Ort für Rückzug und Verstecken werden kann, oder eine feuchte Senke, die sich leicht in einen Matschbereich verwandeln lässt. Eine bewegte Topografie ist schon von selbst ein Spielangebot. Ortsprägende Themen, wie zum Beispiel die Geschichte, können zur Inspiration für eine gestalterische Idee werden. Individuell aus dem Ort entwickelte Themen führen zu unverwechselbaren Gestaltungen oder Nutzungsideen.

Probleme beheben

Die bestehenden Probleme eines Ortes müssen aber auch gelöst werden. Dazu kann zum Beispiel seine ungenügende Zugänglichkeit gehören. Oder es bestehen versteckte Gefahren wie Absturzsituationen oder zu tiefe Gewässer. Gefahrenstellen, die zu schweren Verletzungen führen können, müssen abgezäunt werden. Auch Immissionen wie Lärm oder Staub sollten abgeschwächt werden. Zu viel Lärm schädigt Kinder und Erwachsene, doch Lärmschutzmaßnahmen können aus einem ungeeigneten Ort einen guten, abgeschirmten Spielplatz machen.

Bestand bewerten und nutzen

Es empfiehlt sich, bei der Bestandserhebung und Analyse den Ort aus Kindersicht zu bewerten und daran Kinder zu beteiligen. In der Regel sind die von Auftraggeberseite vorgeschlagenen Orte für Spiel und Spaß geeignet, und Schwächen können behoben werden. Je weniger ein Ort korrigiert werden muss, desto mehr Zeit und Geld steht für die Entwicklung von kindergerechten Angeboten zur Verfügung. Elemente des Bestandes wie Geländemodellierung, Bodenqualität, Gehölze, Gewässer oder vorhandene bauliche Elemente lassen sich als Spielangebote nutzbar machen und können so dem Ort einen einzigartigen und unverwechselbaren Charakter verleihen. Wenn sich ein als Spielraum vorgeschlagener Ort grundsätzlich nicht dafür eignet, müssen die Planungsverantwortlichen jedoch entschieden auf die Wahl eines anderen Ortes drängen. Es gibt Fehler und Nachteile von Orten, die einfach nicht korrigierbar sind. Das kann zum Beispiel die falsche Lage oder eine fehlende Dimension sein. Solche gravierenden Mängel werden sich langfristig immer rächen.

Topografie und Boden

Topografie

In einem Spielraum braucht es ebene Flächen für Mannschafts- und Bewegungsspiele. Versiegelt oder mit Rasen bepflanzt, bieten sie Raum zum Toben und Rennen. Beliebte Gruppenspiele wie Fußball können ohne weitere Einrichtungen darauf stattfinden. Wo die Topografie nur abschüssig ist, sollte daher mindestens in einem Teilbereich eine ebene Fläche geschaffen werden. Erhebungen und Senken bieten allein schon durch ihr Vorhandensein einen hohen Spielwert. Hügel und Böschungen eignen sich nicht nur als Rodelhänge im Winter und als Abfahrtsstrecken für Fahrräder im Sommer, sondern auch als natürliche Aufstiege für Rutschen oder Seilbahnen. Hügel können erobert werden, in Senken kann man Wasser stauen. Wo die Topografie sehr flach ist, sollte daher Aushubmaterial zu einem oder mehreren Hügeln aufgeschüttet werden. Geländemodellierung ist ein sehr preiswertes Mittel, für einen hohen Spielwert zu sorgen.

Boden

Die Qualität des vorgefundenen Bodens bietet im Idealfall schon einen großen Spielwert. Dies kann ein aus Ton, Sand und Kiesen zusammengesetzter Lehmboden sein, der – offen gelassen – ein ideales Spielmaterial ist. Stark tonhaltige Böden werden zwar leicht zu durchnässten Matschzonen, lassen sich dafür aber ohne Weiteres plastisch formen. Sehr sandige Böden trocknen nach Regenfällen schnell ab und können leichte Stürze auffangen. Wenn sie auch Tonanteile enthalten, sind sie von Natur aus das ideale Material für Sandburgen. Große und kleine Steine eignen sich die Kinder von selbst als vielfältiges Material an. Daher lohnt es sich, den Boden eines künftigen Spielraums als vorhandenes Spielmaterial zu betrachten, seine Qualitäten zu nutzen und allfällige Nachteile auszugleichen. Mit Zuschlagstoffen kann ein Boden korrigiert werden und so ein vielfältiger Spielwert entstehen. Stark wasserdurchlässige Sand- oder Kiesböden werden mit Lehm zum Wasser-Matsch-Bereich, in dem eine Pfütze auch einmal länger stehen bleibt. Mit Sand- und Kies wird aus einem fast wasserundurchlässigen Tonboden ein genügend durchlässiger Spielbereich.

Gehölze

Gehölzbestand und neue Gehölze

Vorhandene Bäume und Sträucher sind von großem Wert für einen künftigen Spielraum. Sie sind gut eingewurzelt und kommen deshalb mit der Belastung durch kindliche Benutzung besser zurecht als Neupflanzungen. Sie tragen größere Gewichte und schlagen nach einer Beschädigung schnell wieder aus. Aus diesen Gründen sollten, wo immer möglich, bestehende Gehölze in die Gestaltung integriert werden. Größere Gehölze mit starken Ästen eignen sich zum Klettern oder für ein Baumhaus. Laubabwerfende Gehölze wirken klimaregulierend. Strauchgruppen werden zu Verstecken und liefern Material für Bastelarbeiten. Viele Gehölze bieten Samen und Früchte, die zum Spielen oder auch zum Verzehr reizen. Wo Gehölze fehlen oder in zu kleinen Anzahlen oder Größen vorhanden sind, sind neue, standortgerechte Gehölze zu ergänzen. Die Artenwahl sollte sich an den Spielmöglichkeiten der Kinder orientieren. Ausführlichere Hinweise dazu finden sich im Kapitel «Pflanzen».

Wasser

Wasseranschluss

Ein Wasseranschluss gehört zu jedem kinderfreundlichen Freiraum, zur Versorgung zum einen mit Trinkwasser und zum anderen mit Spielmaterial. Die Zapfstellen sollten nie mit normalen Wasserhähnen ausgerüstet werden, weil diese oft offen gelassen werden. Besser sind Pumpen oder Druckknöpfe, die Wasser nur fließen lassen, wenn sie betätigt werden. Trinkstellen an öffentlichen Brunnen sind für Kinder sehr oft zu hoch angebracht. Sprossen oder Stufen an solchen Brunnen ermöglichen es auch kleinen Kindern, sich selbst mit Wasser zu versorgen.

Wasser zum Spielen

Wasser ist als Spielelement für kinderfreundliche Freiräume unabdingbar. Die einfachste Form, Wasser zu integrieren, ist es, Regenwasser zu nutzen. Man kann es in offenen Rinnen statt in geschlossenen Rohren fließen lassen und in Rückhaltebecken aufhalten. Die vor Ort gültigen Vorschriften für maximale Wassertiefen sind immer einzuhalten. Man kann mit Wasser Zisternen füllen, aus denen es die Kinder für ihre Spiele emporpumpen. Wasserspeier statt Fallrohre machen es sichtbar, und in Senken von Belägen bleibt es als Pfütze stehen. Ohne weiteres Zutun wird es für Stunden zu Spielen aller Art einladen, im Sommer zum Planschen, im Winter als Eisfeld. Vor allem junge Kinder lieben solche Pfützen, um darin zu stampfen und zu spritzen.

Hygieneanforderungen an Wasser

Je nach Verwendungszweck muss Wasser bestimmten hygienischen Vorgaben entsprechen. Wenn das Wasser getrunken werden kann, muss es Trinkwasserqualität haben, etwa als Wasser, das aus einem Wasserhahn austritt. Ideal ist Quellwasser, das aber wohl nur selten zur Verfügung steht. Wenn Wasser in Zisternen gesammelt wird, müssen diese groß genug, dunkel und zugänglich sein, und das Wasser darf sich darin nicht erhitzen. Die Austrittstelle muss so gestaltet sein, dass Trinken nicht ohne Weiteres möglich ist, zum Beispiel seitlich aus einer Wandöffnung, aus einer Öffnung im Bodenbelag, aus einem Rohr oberhalb der Reichweite oder aus einem Quellstein. Der Hinweis «kein Trinkwasser» wird Kinder in der Regel nicht daran hindern, trotzdem davon zu trinken, auch wenn er aus rechtlichen Gründen angebracht werden muss.

Stehendes Wasser

Senken und Regenrückhaltebecken werden bei Starkregenereignissen zu Planschbecken und Teichen; ihr Profil muss dementsprechend mit sehr flachen Ufern oder mindestens meterbreiten Stufen ausgebildet werden (vgl. Kapitel «Sicherheit»). Flache Planschbecken oder Teiche sind generell eine Bereicherung für jeden Freiraum; Kinder lieben sie. Auch hier sind die einschlägigen Sicherheitsvorschriften einzuhalten. In der Schweiz ist die maximal zulässige Wasserhöhe mit 20 Zentimetern relativ niedrig, in Deutschland wird sie mit 40 Zentimetern angegeben. Verbindlich sind immer die vor Ort gültigen Vorschriften.

Bäche und Teiche

Vorhandene Gewässer wie Bäche oder Teiche sind eine sehr wertvolle Spielgelegenheit. Sichergestellt werden muss, dass sie gut nutzbar und sicher sind. So kann ein schmaler Bach an einer Stelle verbreitert und vertieft werden, sodass ein neuer Spielanreiz entsteht. Alle Risiken für Ertrinken müssen ausgeschaltet werden. Steile Ränder eines Teiches müssen abgeflacht oder abgestuft, zu tiefe Gewässer abgezäunt werden. Fließgewässer mit zu starker Strömung dürfen nicht in Spielbereiche integriert werden. Generell sind Eingriffe in Gewässer mit vielen Vorschriften verbunden, die in den verschiedenen Ländern recht unterschiedlich gehandhabt werden und unbedingt zu befolgen sind. Wasser darf nie eine ernsthafte Gefahr darstellen. Weitere Hinweise hierzu finden sich im Kapitel «Sicherheit».

Grenzen

Grenzen sind für jeden Freiraum essenziell. Dies klingt nach Einsperren und Ausgrenzen und ist teilweise auch so gemeint. Denn Kinder brauchen Grenzen, die sie schützen. Gefahren müssen ausgegrenzt oder eingesperrt werden, sodass der Spielraum sicher ist. Aber auch Grenzen anderer Art können für das Zusammenleben sinnvoll sein. Und Grenzen können helfen, einen Spielraum erkennbar zu machen, und so zu seiner Identität beitragen.

Gefahren aussperren

Spielende Kinder vergessen alles um sich herum. Sie müssen davor geschützt werden, sich in Gefahr zu bringen. Daher sind klare physische Grenzen zu allen Risikobereichen unabdingbar: schnell befahrene Straßen, Tram- und Bahntrassen, Absturzstellen und gefährliche Gewässer sind die häufigsten. Es sollen also nicht die Kinder eingesperrt, sondern die Gefahren ausgesperrt werden. Ein Spielraum kann durchaus auf der einen Seite offen sein und zum Beispiel in einen verkehrsberuhigten Stadtplatz oder einen Park übergehen und auf einer anderen Seite mittels eines Ballfangzauns von einem Bahngelände abgetrennt werden. Gebaute Grenzen sollten nur so hoch und dicht sein, wie es die zu bannende Gefahr erfordert. Hecken allein eignen sich nicht, um Gefahren auszugrenzen, weil Kinder sie als Spielorte mitnutzen. Dagegen können Hecken die unerwünschte Sicht auf Zäune oder Mauern gut verdecken.

Grenzen als gestalterisches Element

Das Thema Begrenzung eignet sich auch für gestalterische Ansätze. Eine Mauer kann zum raumhaltigen Spielelement werden, in das Höhlen, Sitznischen, Klettergriffe, Bänke oder Vordächer integriert sind. Sie kann mit ihrer Gestalt die Fantasie anregen oder den Übergang in die Zauberwelt des Spielortes bezeichnen. Sie kann wesentlich zur Identität des ganzen Spielraums beitragen. Eine geschnittene Hecke kann hoch und niedrig sein, dick und dünn und so eine räumliche Vielfalt von Versteckorten, «Spielhäusern» oder Zauberorten werden. Sie kann aus Gehölzen mit essbaren Früchten bestehen oder im Herbst zur bunten lebenden Wand werden. Frei wachsende Hecken aus Haseln und Liguster können nicht nur ein Grundstück bergend umschließen, sondern auch jahrzehntelang Bastelmaterial für Pfeil und Bogen, Hütten und Flöße liefern.

Grenzen von Zonen

Oft sind Grenzen auch dort sinnvoll, wo Bereiche voneinander unterscheidbar sein sollen. Das kann eine Zone privater Gärten von Erdgeschosswohnungen sein, die durch eine Sitzmauer, ein Pflanzbeet, eine Hecke oder Ähnliches vom öffentlichen Teil des Wohnumfeldes abgegrenzt wird. Wichtig ist, dass die Kinder die Grenze gut erkennen können. Reine Belagswechsel sind dafür wenig geeignet, weil sie zu wenig wahrgenommen werden. Klare Grenzen können im Zusammenleben Konflikte vermeiden. Markierungen oder Grenzen sind deshalb auch geeignet, pädagogische Zwecke zu erfüllen. Sie können zum Beispiel klar als Grenze des Bereichs benannt werden, bis zu dem die Kinder sich frei bewegen dürfen. Oder sie können Bereiche für unterschiedliche Altersgruppen bezeichnen. Auch Baumreihen, Sitzmäuerchen oder andere gut erkennbare Elemente eignen sich als «Grenzsteine».

Zonierung

Freiräume sollten durchgehend als Spielräume angesehen und entsprechend konzipiert werden: Überall ist Spielraum! Mit einer geschickten Zonierung können besondere Bereiche für Kinder oder Gruppen von Kindern ausgewiesen werden. Mittels Zonierung lassen sich Konflikte vermeiden, indem Bereiche markiert werden, wo Kinder wild und unkontrolliert spielen können. Eine gute Zonierung kann helfen, dass sehr junge Kinder eigene Bereiche haben, wo sie in engem Kontakt mit den Bezugspersonen sicher spielen, wo sie aber auch Kontakt zu älteren Kindern suchen können. Eigene Zonen erlauben es auch Jugendlichen und Erwachsenen, angenehme und gut funktionierende Freiräume zu haben, an denen Kinder zwar teilhaben, diese aber nicht mit ihren Bedürfnissen völlig dominieren dürfen. Trotz der Zonierung können und sollen Freiräume für Kinder auch Begegnungsorte werden für alle. Oft halten sich ältere Menschen gern in der Nähe auf, weil sie den Betrieb dort schätzen. Jüngere und ältere Kinder sollten sich begegnen, damit sie voneinander lernen und füreinander sorgen können.

Wilde Bereiche

Die Zonierung sollte immer auch wilde Bereiche bieten, die Kinder ohne Einflussnahme von Erwachsenen verändern und gestalten dürfen. Diese Bereiche sollten in peripheren Lagen angeordnet oder hinter Sichtschutzelementen wie Hecken oder Wänden verborgen sein, damit sich niemand über die «Unordnung» aufregt. Solche wilden Zonen können auch mit einem bunten Lattenzaun, Fähnchen oder Ähnlichem als wildes Reich der Kinder markiert sein.

Gepflegt und gemeinschaftlich

Außer den wilden Zonen braucht es gepflegtere gemeinschaftliche Orte, wo die Kinder allen anderen Nutzergruppen der Anlage begegnen und sich mit ihnen austauschen. Diese gemeinschaftlich genutzten Zonen sind viel stärker Regeln unterworfen und meistens intensiver gepflegt. Sie sollten zentral angeordnet werden, vorzugsweise dort, wo viele Nutzergruppen entlangkommen und sich begegnen. Im Wohnumfeld wären dies zum Beispiel die Hauszugänge, in einem öffentlichen Park die wichtigen Zugangssituationen. Durch eine gute Abgrenzung von gepflegten und ungepflegten Bereichen lassen sich von vornherein Konflikte vermeiden.

Öffentlich und privat

Zonierungen eignen sich auch sehr gut, um private Bereiche im Freiraum, wie zum Beispiel Sitzplätze vor Erdgeschosswohnungen oder Gartenparzellen, von halbprivaten und öffentlichen Bereichen zu unterscheiden. Kinder lernen schnell, wo sie sich frei bewegen dürfen und wo sie in einen privaten Raum eindringen, wenn diese Zonen gestalterisch klar unterschieden sind. Auch in öffentlichen Freiräumen lassen sich durch Zonierungen halbprivate Bereiche ausscheiden, wie zum Beispiel Rückzugsorte für ruhebedürftige Kinder oder Zonen zum «Abhängen» von älteren Kindern und Jugendlichen.

Laut und leise

Zonierungen können auch dazu dienen, laute, aktive und intensiv genutzte Zonen für Bewegungsspiele und wildes Toben auszugrenzen. Diese sind, wenn möglich, in einiger Distanz zu lärmempfindlichen Nutzungen wie Wohnungen oder Heimen anzuordnen. Stärker strukturierte und bepflanzte Zonen, die sich nicht für wilde Bewegungsspiele eignen, können vor lärmempfindlichen Einrichtungen für Ruhe sorgen. Raumbildende Elemente wie Gehölze oder Mäuerchen können solche Zonierungen markieren, indem sie laute und leise Flächen voneinander abgrenzen.

Für Große und Kleine

Sinnvoll sind auch Zonierungen, die den unterschiedlichen Bedürfnissen jüngerer und älterer Kinder gerecht werden. Für Kinder im Vorschulalter sind kleine und stärker strukturierte Räume sinnvoll, die ihnen Sicherheit und Geborgenheit vermitteln. Jüngere Kinder brauchen zwar auch Platz für Bewegungs- und Veränderungsspiele, sie sollten sich aber immer vor den wilderen Spielen und Aktivitäten der älteren Kinder in ihre eigenen Bereiche zurückziehen können. Sie brauchen zudem ständigen Sicht- und Rufkontakt zu ihren Betreuungspersonen. Mit zunehmendem Alter ändert sich das. Ältere Kinder wollen nicht mehr beaufsichtigt werden. Sie wollen sich mit Spielkameraden freier, wilder und in größeren Gruppen beschäftigen und brauchen dafür geeignete eigene Zonen mit geräumigen freien Flächen für Ball- und Gruppenspiele.

Struktur und Raumbildung

Nichts ist langweiliger als ein Freiraum, in dem man sich einmal um die eigene Achse dreht und alles gesehen hat. Kinderfreundliche Freiräume müssen reich strukturiert sein, damit sie unterschiedlichste Spielformen erlauben, anregend oder sogar herausfordernd sind. Vielfältige atmosphärische und räumliche Qualitäten erlauben Begegnung, Ruhe und Rückzug. Kinder brauchen räumliche Vertrautheit. Sie müssen sich leicht orientieren und zurechtfinden können und sich so den Raum aneignen. Dabei sollen sie selbstständig und sicher alle gewünschten Orte erreichen können, ohne sich verloren zu fühlen.[107] Das bedeutet etwa, dass riesige offene Flächen oder komplett mit Gehölzen bewachsene Flächen ungeeignet sind. Ein gutes Kriterium eines anregend strukturierten Spielraums ist seine Eignung für Versteckspiele. Eine reich gegliederte Topografie und Bepflanzung, Kleinbauten, Mauern und Wände tragen dazu bei. Strukturell und räumlich anregende Situationen geben Anlass für Rollen- und Versteckspiele. Als Gegenpol sind offene, von allen Elementen freie Flächen notwendig, die vielen Nutzungen dienen.

Freigeräumte Freiräume

Die meisten Ball- und Bewegungsspiele brauchen nichts als eine einigermaßen ebene Fläche ohne Hindernisse. Diese sollte groß sein, aber nicht überdimensioniert. Für Fußballspiele reicht schon eine Fläche von ca. 20 × 30 Metern; das entspricht etwa den Turnierfeldern für die G-Jugend im Fußball, also für Kinder unter sieben Jahren. Auch kleinere Flächen, die von Gehölzen, Ausstattungsgegenständen und zerschneidenden Wegen frei sind, haben schon einen Spielwert. Freie Flächen eignen sich auch für Aneignung und temporäre Einrichtungen wie Festzelte, Kinderflohmärkte und Ähnliches. Am vielfältigsten aneigenbar sind ebene Rasenflächen. An solche völlig offenen Bereiche grenzen idealerweise beschattete und intimere Bereiche an, wo sich Zuschauer eines Spiels aufhalten oder vom Spiel erschöpfte Kinder sich zurückziehen können.

Rückzugsräume

Die psychischen und physischen Bedürfnisse von Kindern sind unterschiedlich, und sie ändern sich mit dem Alter und mit dem Spielverhalten. Deshalb braucht es neben den offenen Freiflächen auch geschützte und bergende Bereiche. Räumlich gefasste, beschattete und intimere Räume eignen sich generell für Rückzug und ruhigere Spiele. Dies kann mit Gehölzen, aber auch mit Kleinbauten wie Pergolen und Unterständen erreicht werden. Ihrer Nutzung entsprechend, können sie kleiner dimensioniert sein. Sinnvoll ist es, mehrere solcher Rückzugsräume vorzusehen, die dann von verschiedenen Kindern oder Gruppen besetzt werden können. Oft bilden sich bei Kindern im Grundschulalter Mädchen- und Jungengruppen, die unterschiedliche Räume aufsuchen. Rückzugsräume sollten Sitzgelegenheiten, Hängematten, Korbschaukeln und Ähnliches enthalten. Ein Wind- und Witterungsschutz macht sie auch bei schlechtem Wetter nutzbar.

Erschließungs-flächen und Beläge

Erschließungsflächen sollen Spielflächen sein. Sie müssen ein sicheres Netz bilden, das alle Spielbereiche miteinander verbindet, das an die übergeordneten Netze anknüpft und das alle Wunschverbindungen ermöglicht. Die Flächen sollen hindernisfrei sein und bei jeder Jahreszeit und Witterung gut funktionieren. Sie sollten möglichst unterhaltsarm und robust und so groß dimensioniert sein, dass sie außer den spielenden Kindern auch allen anderen Nutzergruppen dienlich sind.

Flächen für Ball- und Bewegungsspiele

Die nachstehenden Angaben für alle Ball- und Bewegungsspiele beziehen sich auf professionelle Maße und dienen nur der Orientierung. In Spielbereichen können diese Maße abweichen.

Kleinspielfeld für Schulen[114] (Richtmaß)	22 × 44 m
Fußballfelder (normale Größen für Kinder)[115]	
C Jugend, ab 13 Jahre	68 × 105 m
D Jugend, 10–13 Jahre	50 × 70 m
E Jugend, 8–10 Jahre	35 × 55 m
F Jugend, 7–8 Jahre	35 × 40 m
G Jugend, unter 7 Jahre	32 × 35 m
Gruppenspiele auf Hartbelag	
Volleyball	9 × 18 m
Basketball	15 × 28 m
Handball	20 × 40 m
Rollhockey	20 × 40 m

Harte Beläge

In jedem Freiraum sollten harte und weiche Flächen vorhanden sein. Hartflächen dienen vorwiegend Spielen mit Fahrgeräten. Hier lernen kleine Kinder Rollschuh- und Fahrradfahren, üben mit ihren Skateboards und probieren alles aus, was fährt oder rollt. Sie nutzen aber Hartflächen auch für Gruppenspiele wie Fußball, unter anderem, wenn die Rasenflächen dafür zu nass sind oder fehlen. Beliebt sind Asphalt- und Betonflächen auch für Kreidemalereien. Meist reichen die für die Erschließung ohnehin erforderlichen Hartflächen. Wichtig ist, dass sie nur dem Langsamverkehr dienen oder nur für motorisierte Verkehrsmittel mit sehr geringem Tempo befahrbar sind. Solche multifunktionalen Erschließungs- und Spielflächen müssen groß genug sein, dass für die Kinderspiele genügend Platz vorhanden ist und keine Konflikte mit anderen Nutzungen erzeugt werden.

Weiche Beläge

Weiche Beläge wie Rasen und Wiesen eignen sich vor allem für Bewegungsspiele wie Fangen, Rennen, Fußball, Raufen und Ähnliches. Sie eignen sich auch als Untergrund für niedrige Spielgeräte zum Balancieren oder Klettern wie Holzbalken oder Slacklines. Weiche Beläge sind hervorragend geeignet als Untergründe für Zelte und Hütten. In weiche Böden kann man Zweige stecken, die zum Fußballtor werden oder zu Zeltstangen für ein Tipi. Beim Unterbau solcher weicher Spielbeläge ist für eine gute Drainage zu sorgen, damit sie nach Regengüssen schnell abtrocknen und wieder bespielbar sind. Flächen mit weichen Belägen wie wassergebundene Decken oder Kiesbeläge eignen sich zum Zeichnen, Boccia- oder Murmelspielen, Steinesammeln und vielem mehr.

Offene Böden

Offene Böden, also nicht versiegelte und nicht bewachsene Bereiche, sind für Kinder ähnlich anziehend und nützlich wie Wasser. Egal, ob der Boden sandig, lehmig oder kiesig ist, es finden sich endlose Spielmöglichkeiten: Graben, Schütten, Aufhäufen, Umformen; es entstehen Wassermulden, Murmelbahnen, Käfergefängnisse, Kieshäuser und Steckenstraßen. Was der Sandkasten für die allerjüngsten Kinder leistet, leisten offene Böden für die älteren. Nicht zuletzt eignen sich offene Böden auch zum Säen und Pflanzen, und Insekten lassen sich darauf besonders gut beobachten.

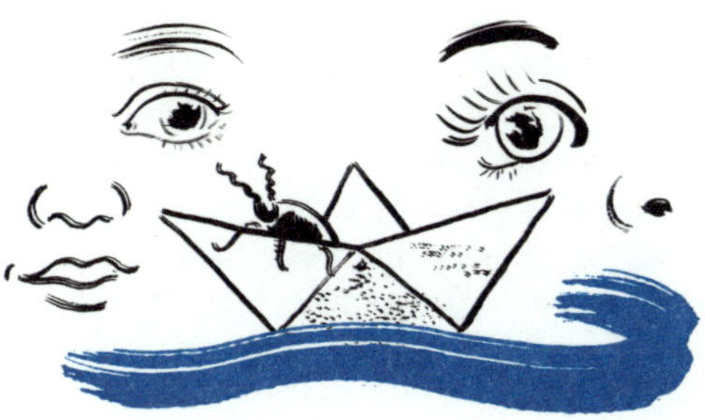

Flächenbedarf für Spielgeräte

Die unten angegebenen Beispiele für Flächenbedarf entsprechen dem Fallschutzbereich. Dieser ist jeweils vom gewählten Produkt abhängig. Fallschutzbereiche dürfen sich nicht überlappen.

Bodentrampolin, 3,5 m breit	5,5 × 5,5 m
Doppelschaukel	5,5 × 6,8 m
Drehbaum	
klein	7,1 × 7,1 m
groß	8,5 × 8,5 m
Drehscheibe	
2 m Durchmesser	8,0 × 8,0 m
2,5 m Durchmesser	8,5 × 8,5 m
Hangrutsche, 2,0 m hoch, 1,0 m breit	4,0 × 7,0 m
Hängematte groß	4,0 × 6,0 m
Kletterturm	9,2 × 7,7 m
Kletterkarussell, 3,8 m hoch	11 × 11 m
Korbschaukel	3,3 × 7,2 m
Rutsche, 3 m lang	6,6 × 3,5 m
Seilpyramide	
6 m hoch	15,0 × 15,0 m
3 m hoch	7,7 × 7,7 m
Sitzkarussell, 1,8 m	5,8 × 5,8 m
Tischtennistisch	5,5 × 6,8 m
Wippe viersitzig	3,3 × 7,0 m

Veränderbarkeit

Eine der wichtigsten Eigenschaften eines kinderfreundlichen Freiraums ist Veränderbarkeit. Kinder wollen gestalten und so ihre Selbstwirksamkeit entdecken und entwickeln. Für die jüngsten wird diesem Bedürfnis meist mit einem Sandkasten entsprochen. Sobald der Reiz daran verflogen ist, wird es für die Gestaltungsinteressen von Kindern schwierig. Konventionelle Geräte-Spielplätze lassen keinerlei Veränderung zu. Wo ältere Kinder ihre Umwelt trotzdem verändern, wird das schnell als Vandalismus taxiert.

Veränderbarkeit auf der sozialen Ebene

Veränderbarkeit muss deshalb durch Regeln abgesichert werden. In Park-, Garten- und Hausordnungen sollte die Beteiligung der Kinder und ihr Recht auf Veränderung verankert werden. Damit wird das konfliktfreie Nebeneinander von kindlichen Veränderungswünschen und anderen Nutzungsinteressen unterstützt. Wichtig ist auch, dass in den Pflichtenheften der Unterhaltsverantwortlichen Arbeiten aufgeführt sind, die als Folge von kindlichen Veränderungsaktivitäten stehen; diese müssen realistisch geschätzt und gerecht entlohnt werden.

Nicht veränderbare Elemente

Es muss klar unterschieden werden, welche Elemente veränderbar sind und welche nicht. Nicht veränderbar sind zum Beispiel alle Sicherheitselemente wie Absperrungen, Absturzsicherungen und Ähnliches. Sie müssen so gestaltet sein, dass sie nicht verändert werden können und man ihnen das auch ansieht. Alle für das Funktionieren eines Freiraums unabdingbaren Elemente wie etwa Wege, Leitungen oder Lampen sollten klar als unveränderlich gestaltet und materialisiert sein. Veränderbare Bereiche sollten dagegen konzeptionell, gestalterisch und materiell als solche ausgewiesen sein. Das kann zum Beispiel mit einem Zaun geschehen, einer Reihe von Steinen, Fähnchen oder ähnlichen Elementen, die den veränderbaren Raum umgeben. Je klarer nicht Veränderbares von Veränderbarem unterschieden ist, desto besser.

Raum für Neues

Nutzungswünsche ändern sich im Lauf der Zeit; es entstehen neue Ideen, für die es Platz braucht. In neu erstellten Wohnanlagen dominieren zuerst oft Familien mit jungen Kindern. Wachsen diese aus dem Spielalter heraus, verwaisen die Außenräume; es bleiben ungenutzte Sandkästen und leere Schaukeln. Oder Modethemen wie «Urban Gardening» tauchen auf und verschwinden wieder. Um solchen Veränderungen entsprechen zu können, sollten Freiräume immer Bereiche für Neues aufweisen. Diese können gestalterisch ausgezeichnet und in der Hausordnung besonders benannt werden, zum Beispiel als «Ideenraum», «Aktionsfläche» oder Ähnliches. Die Aneignung solcher Bereiche stiftet Identifikation und führt oft dazu, dass er nicht nur intensiver genutzt, sondern auch pfleglicher behandelt wird. Angeeignete Räume können Heimatgefühle stiften und Begegnungen aller Art ermöglichen.

Brachen

Jedes Wohnumfeld, jeder Schulbereich und jeder Park sollten Brachen[108] aufweisen, die keinen festen Nutzungen zugeordnet sind, regellose Räume, in denen Kinder tun und lassen können, was sie wollen. Im Gegensatz zu den heute gebräuchlichen, überakkurat gestalteten und mit Geräten bedeckten Spielplätzen braucht es wilde, leere Flächen, auf denen Spielideen aufkeimen können wie ein spontaner Bewuchs. Kieshaufen und Sandlöcher, Schattengehölze und ein Wasseranschluss sind ihre Ausstattung. Regeln werden von den Kindern gemacht, sobald sie gebraucht werden. Erwachsene haben keine andere Rolle, als diese Freiräume zu ermöglichen und dauerhaft zu erhalten. Mehr zum Thema findet sich unter «Brachen» im Kapitel «Typen von Freiräumen».

Flächen für wilde Bereiche

Wilde, naturnahe Flächen, die dem freien Spiel der Kinder überlassen sind, sollten so großzügig wie möglich geplant und bepflanzt werden. Zu kleine Bereiche werden zu stark genutzt, und die Pflanzen gehen ein.

Kleinstrauch	2,5 m²
Kleinbaum	35 m²
Großbaum	200 m²
Heckenstreifen	mindestens 10 m breit
Wildnisbereich	
in einem Wohnumfeld	500 m²
in einem Quartierspielplatz	1000 m²
in einem öffentlichen Park	3000 m²
Naturerfahrungsraum	mindestens 10 000 m² besser 20 000 m²

Sandkästen und Matschbereiche

Sandkästen mit Abdeckplanen dürfen nicht zu groß sein, weil die Planen sonst zu schwer werden. Matschbereiche sollten so groß wie möglich angelegt werden.

Sandkasten (mit Abdeckung)[116]	3 × 3 m bis 5,5 × 5,5 m

Kies und Sandhaufen

Das Billigste kann manchmal das Beste sein. Sand- und Kieshaufen sind eines der ältesten, einfachsten und billigsten Mittel, spielenden Kindern reiche Gestaltungsmöglichkeiten zu bieten.[109] Ein paar Lastwagenladungen Wandkies und Sand, in einem Randbereich einer Anlage aufgeschüttet, genügen, um einen Spielort einzurichten. Am besten eignen sich leicht bindige Kiese und Sande; sie lassen sich besser formen. Ein Wasseranschluss steigert die Attraktivität des Ganzen erheblich. Wenn es gleichzeitig noch Kletterbäume gibt, die Schatten spenden, ist der Spielort fertig, und er lässt sich unendlich verändern.

Matschgruben

Die Matschgrube ist das Gegenstück zum Kies- oder Sandhaufen. Auch hier braucht es leicht bindiges Bodenmaterial und eine Wasserquelle. Am besten eignen sich Einrichtungen zum Wasserbezug, die von den Kindern selbst betätigt werden, das heißt Kurbeln oder Handpumpen. Auch Druckknöpfe sind sinnvoll, aber störungsanfällig. Wichtig ist, dass sich Wasser in Matschgruben nicht höher anstauen kann als maximal zwanzig Zentimeter. Sand- und Matschbereiche sollten gegenüber ihrem Umfeld versenkt sein, sodass loses Material von selbst wieder zurückgelangt. Und sie sollten nicht von festen Belägen, sondern von Rasen- oder Wiesenflächen umgeben sein, sodass Sand und Kies, die herausgetragen werden, einfach in den Bewuchs versinken.

Naturnahe Bereiche

Sandkasten

Im Sandkasten erfahren die jüngsten Kinder ihre Selbstwirksamkeit; hier dürfen sie werken und wirken. Er muss klimatisch günstig liegen, also vor zu viel Wind und vor Sonne geschützt sein. Sonnenschutz ist für junge Kinder unabdingbar. Ideal sind Bäume mit dichten Laubkronen; als Ersatz taugen auch Sonnensegel oder Schirme. Wichtig ist auch eine Abdeckung, die Verunreinigung des Sandes durch Haus- und Wildtiere verhindert. Die dazu verwendeten Planen oder Netze müssen leicht zu bewegen sein, damit sie auch wirklich benutzt werden; daher dürfen sie weder zu groß noch zu schwer sein. Sie sollten sich leicht befestigen und lösen lassen. Zum Sandkasten gehört in naher Sicht- und Rufdistanz ein Aufenthaltsort mit Sitzgelegenheiten für die Begleitpersonen. Wie Matschgruben sollten auch Sandkästen leicht versenkt und von Rasenflächen umgeben sein. Ein Wasseranschluss ist nicht unbedingt notwendig, aber sicher eine Bereicherung. Der Sand muss Spielsand sein, also eine Körnung von 0–2 Millimeter aufweisen und bindige Anteile wie Ton und Schluff enthalten, damit er formbar ist.

Gehölze als Material

Gehölzbänder, Heckenstreifen und kleine Wäldchen aus robusten und austriebstarken Arten eignen sich nicht nur als Versteck- und Rückzugsorte, sondern lassen sich auch von den Kindern als Spielmaterial nutzen, ohne dass sie Schaden nehmen. Haseln und Weiden eignen sich besonders. Sie lassen sich leicht abschneiden und treiben schnell wieder aus. Mit Weidenzweigen, die sie einfach in den Boden stecken, können die Kinder selbst neue Weiden wachsen lassen und als Hütten oder Tunnel formen. Im Kapitel «Pflanzen» finden sich weitere Hinweise dazu.

Naturnahe Bereiche sind für die Kinder ideal, weil sie veränderbar, ungeordnet und wild sind. Ihre wilde Erscheinung wird von Erwachsenen als natürlich wahrgenommen und daher akzeptiert. Kinder können ihrer Fantasie freien Lauf lassen und das ganze «Gestrüpp» nach Lust und Laune umgestalten. Unter dem Vorwand von «Natürlichkeit» lassen sich also Wildheit und unkontrolliertes Spiel in die gezähmte Umwelt der Kinder schmuggeln. Selbstverständlich führt die Verwendung von offenen Böden, Wildpflanzen und einer vielfältigen Topografie auch zu einer deutlichen Verbesserung der Biodiversität. Das nützt den Kindern, weil sie in solchen Lebensräumen viel eher Tieren und Pflanzen begegnen und so eigene Naturerfahrungen machen. Untersuchungen haben gezeigt, dass die Aktivitäten der Kinder in naturnahen Bereichen keine nennenswerten Nachteile für die Biodiversität haben. Im Kapitel «Typen von Freiräumen» finden sich weitere Informationen über «Naturerfahrungsräume» und «Naturspielplätze».

Akzeptanz von wilden Bereichen fördern

Wilde naturnahe Bereiche können mit gestalterischen Elementen ergänzt werden, die ihre doppelte Funktion anzeigen, zum Beispiel mit einer Baumhütte und Nistkästen in bunten Farben. Klare Grenzen machen solche wilden Bereiche zudem ablesbar und zeigen auf, bis wohin Ordnung gehalten wird und wo die «Wildnis» beginnt. Die Signale und die klaren Grenzen machen so das Ganze akzeptabel, indem sie auf die für Erwachsene wichtigen Gewohnheiten von Ordnung, Orientierung und Kontrolle Rücksicht nehmen.[110]

Robustheit

Freiräume für Kinder müssen robust sein. Je robuster, desto freier lassen die Erwachsenen die Kinder spielen. Bauliche Einrichtungen, Geräte und Möbel müssen haltbar und strapazierfähig sein. Dazu gehören witterungsbeständige und reparierbare Materialien und Konstruktionen sowie ein gutes Alterungsverhalten. Materialien, die nicht schäbig werden, sondern Patina ansetzen, sind vorzuziehen, also zum Beispiel Hölzer, die gut altern und regelmäßig vergrauen, statt Kunststoffe, die wegen der UV-Belastung brüchig und schäbig werden. Verschleißteile müssen leicht zu ersetzen sein, Oberflächenbehandlungen langfristig der Bewitterung standhalten.

Pflanzen

Die Pflanzen in einem Freiraum für Kinder müssen viel aushalten. Wüchsigkeit und eine sehr gute Regenerationsfähigkeit sind wichtig. Rasen sollten mit strapazierfähigen Sorten angesät werden. Wiesen können nur in Randbereichen gedeihen, wo sie nicht als Spielflächen benutzt werden,. Gehölze müssen wüchsig und unempfindlich gegen Beschädigung sein. Brüchige Arten sind zu vermeiden. Austriebstarke Sträucher wie Weiden, Liguster oder Haselsträucher überstehen auch intensive Nutzungsphasen. Sie sollten immer in genügend hohen Stückzahlen vorhanden sein. Bei den Stauden eignen sich nur sehr robuste Arten und Sorten. Eine gute Pflege mit genügend Dünger- und Wassergaben fördert die Widerstandskraft der Pflanzen.

Selbstregulierung

Robustheit wird durch die Schaffung von stabilen Systemen unterstützt. Damit sind Elemente gemeint, die «für sich selbst sorgen», das heißt solche, die sich selbst unterhalten und regulieren. Spielgeräte mit Fallschutzkies zum Beispiel sollten in leicht abgesenkten Gruben stehen, sodass der Kies dahin zurückfällt, wo er hingehört. Bei Matschgruben sollte das überschüssige Wasser nicht zu Entwässerungsrinnen hinführen, sondern zu Versickerungsmöglichkeiten. Andernfalls müssen die Rinnen häufig geleert und gesäubert werden. Zwischen Matschgruben und Hauseingängen sollten Rasenflächen liegen, wo der Sand an den Schuhen folgenlos abfallen kann. Laubabwerfende Gehölze sollten vorzugsweise in Vegetationsflächen wie Strauchgruppen stehen, wo das Laub nicht unbedingt entfernt werden muss. Fruchtgehölze sollten über Vegetationsflächen stehen, sodass das Fallobst von selbst «verschwinden» kann. Versiegelte Flächen, die gewischt werden, müssen mit den üblichen Wischfahrzeugen mühelos zu befahren sein.

Form- und Farbgebung

Kinder sind vor allem am Spielwert eines Freiraums interessiert und weniger an seinen Formen und Farben. Trotzdem darf die Form- und Farbgebung ihrer Freiräume nicht vernachlässigt werden. Sie leistet im besten Fall einen wichtigen Beitrag für seine Identität, regt zu Spielen an, weckt die Aufmerksamkeit der Kinder und gibt ihnen ein ansprechendes Spielumfeld.

Orientierung und Identität

Besondere Formen und Farben können Kindern die Orientierung in einem unübersichtlichen oder verwirrenden Raum erleichtern. Eine Reihe immer gleicher Hauseingänge erschwert es, den Heimweg zu finden. Figuren oder Farben, die für jeden Eingang individuell ausgewählt werden, können helfen. In der Kita Weltenbummler in Berlin beispielsweise wird Farbe dazu genutzt, den Kindern ihre Zugehörigkeit zu einer Gruppe klarzumachen. Dies geschieht sowohl im Innenraum durch «Farbinseln» als auch im Außenraum durch Spielhäuser, die für jede Gruppe eine individuelle Farbe aufweisen.[111] Wo Farben eine solche Funktion der Orientierung haben, sollten eher Primärfarben verwendet werden. Die Farbgebung kann auch genutzt werden, um eine bestimmte Zone eines Freiraums klar dem Gebrauch einer Altersgruppe zuzuweisen. Besondere Formen und Farben können in einem Freiraum identitätsstiftend sein. Dies könnten zum Beispiel Märchen- oder Tierfiguren sein oder ein gestalterisches Motto wie etwa eine Ritterburg oder ein Segelschiff.

Bunte Farben

Primärfarben in bunter Kombination werden häufig für Spielanlagen verwendet. Diese Konvention kann genutzt werden, um einen Freiraum oder einen Teil davon klar als Ort für jüngere Kinder zu markieren und gegen andere abzugrenzen. Bunte Farben können einen Freiraum, der im Winter sonst nur grau und braun erscheinen würde, einladender und anregender machen. Farben können Spielanreize bilden, zum Beispiel als Bemalungen auf einem Hartbelag oder als auffällige Markierungen in einem Gehölz, die Neugier wecken.

Beteiligung von Kindern

Die Farbgestaltung kann ein Mittel sein, Kinder direkt in den Bau einer Anlage zu integrieren. Sie können bei der Wahl der Farben mitreden oder sogar selbst malend die erste Farbgebung gestalten. Wände, die immer wieder übermalt werden dürfen, gefallen schon jüngeren Kindern, besonders aber auch Heranwachsenden, die dort ihre Graffitis üben können. Das einfachste Mittel sind Kreiden, mit denen Kinder auf Asphalt und Beton zeichnen und malen.

Bauten

Formen

Auch die Formen sind für den Spielwert eines Freiraums wichtig. Besondere Formen, die zum Beispiel an Höhlen oder Häuser erinnern, können zu entsprechenden Versteck- und Rollenspielen anregen. Auch Tierformen wie Wipptiere, Holzpferde und ähnliche können Spielanreize schaffen. Künstlerisch geformte Spielelemente können über ihre Funktion als Kletter-, Rutsch- und Versteckobjekt hinaus das ästhetische Empfinden von Kindern anregen. Manche Kunstschaffende haben besondere Spielobjekte entworfen, die im besten Fall auch einen guten Spielwert haben, wie zum Beispiel der «Lozziwurm» von Yvan Pestalozzi oder die «Spiral Slide» von Egon Møller-Nielsen. Auch neue Entwürfe wie die Holzplastiken der Firma „moveART“ oder die Stahlobjekte der Firma „zumkukuk“ weisen einen hohen Spielwert auf und sind formal besonders gelungen. Für sehr urbane und repräsentative Orte kann so eine Spielplastik eine Klettermöglichkeit sein, die nicht an einen konventionellen Spielplatz erinnert.

Kleinbauten können einen Freiraum für Kinder erheblich aufwerten. Sie können als auffällige Elemente zum Identitätsträger werden, zum Beispiel ein Haus, ein Turm und Ähnliches. Solche Bauten sollten multifunktional sein, etwa als Kletterelement für Bewegungsspiele dienen, aber auch als Versteck für Gruppenspiele oder als Hülle für soziale Spiele. Zudem können sie ideale Rückzugsorte sein für Kinder, die eine Pause brauchen.

Vorhandene bauliche Elemente

Vorhandene Mauern, Sockel, Platten und Ähnliches lassen sich leicht für Kinderspiele nutzbar machen. Es lohnt sich, sie auf ihren möglichen Spielwert hin zu überprüfen. Vorhandene Mauern können zu Kletterwänden werden, wenn man sie mit Griffen oder Seilen ausstattet und ihren Fuß mit Fallschutzkies sichert. Bestehende Hartbeläge können zum Rollfeld für Skates, Bikes und Boards werden. Auch metallische Bauteile wie zum Beispiel Gitter, Handläufe und Ähnliches können einer neuen Spielverwendung zugeführt werden. Sogar loses Material wie Backsteine oder Holzbalken können im neuen Spielraum als mobiles Material verbleiben. Selbstverständlich müssen solche Elemente zuerst geprüft werden. Sie dürfen keine Giftstoffe abgeben und keine schneidenden oder stechenden Eigenschaften haben, sodass sie nicht zur Ursache von schweren Verletzungen werden.

Spiel- und Baumhäuser

Hütten bauen ist eines der beliebtesten Spiele. Schon aus einfachsten Materialien bauen sich Kinder ihre Tipis, Iglus, Räuberhöhlen und Hexenhäuser. Spiel- und Baumhäuser regen vor allem das Rollenspiel an. Sie verwandeln sich in der Fantasie zu jeder Form von Behausung. Im Idealfall dürfen Kinder sich diese Elemente selbst bauen. Im öffentlichen Raum werden solche Schöpfungen allerdings nur auf besonders dafür angelegten Abenteuer-Spielplätzen entstehen können. Wo selbst bauen nicht möglich ist, haben auch vorgefertigte Behausungen jeglicher Art ihren Wert als Spiel- und Rückzugsorte; der Handel bietet ein großes Sortiment an. Bei Baumhäusern ist besonders auf Sicherheit zu achten, insbesondere auf einen geeigneten Fallschutzbelag und nicht zu große freie Fallhöhen.

Kleinbauten

Regendächer, offene Pavillons und Unterstände aller Art sind für Freiräume eine große Bereicherung. Sie ermöglichen es den Kindern, auch bei Gewittern oder in Schlechtwetterperioden draußen zu sein. Solche Dächer können auch als Tragkonstruktionen für Spielgeräte oder Hängematten dienen. Wo erforderlich, halten Seitenwände kalte Winde ab und schützen den Raum vor Schlagregen. Sitzgelegenheiten sollten darin immer vorhanden sein; Kinder und vor allem Jugendliche schätzen solche Orte zum «Abhängen» und «Chillen». Auffällig gestaltete Kleinbauten können zum zentralen Element eines Freiraums und zu einem beliebten Treffpunkt werden. Sie können so stark zu dessen Identität beitragen.

Pergolen

Ähnlich wie Kleinbauten funktionieren auch Pergolen und andere Schattenkonstruktionen. Sie halten zwar Niederschlägen nicht stand, bieten aber angenehmen Schatten im Sommer und wärmende Sonnenstrahlen im Winter. Vor allem an Orten, wo keine Bäume gepflanzt werden können, können sie deren Funktion übernehmen. Wenn sie mit einem Fallschutzbelag versehen werden, können sie zusätzlich zum Klettergerüst und Spielgerät werden.

Ausstattung

Möbel

Die Ausstattungselemente eines Freiraums tragen viel zu seiner Atmosphäre und Nutzbarkeit bei. Möbel sollten möglichst vielfältig nutzbar sein; die Rückenlehne einer Bank wird zum Balancierbalken, ein Tisch zur Bühne oder zum Dach einer Hütte. Bewegliche Möbel lassen sich beliebig zusammenstellen, als Aufstiegshilfe nutzen oder als Gerüst für ein Zelt. Für bewegliches Spielmaterial sollten Truhen, Schränke oder andere Behälter oder Abstellmöglichkeiten zur Verfügung stehen.

Beleuchtung

Kinderfreundliche Freiräume sollten gut beleuchtet sein, sodass der Aufenthalt auch in der Dämmerung oder am Abend möglich ist. Besonders Sportflächen und solche für Bewegungsspiele sollten gut beleuchtet werden. Kunstlicht ist zudem ein wichtiges Element der Sicherheit, vor allem im Winterhalbjahr, wenn es früh dunkel wird.

Trinkbrunnen

Trinkbrunnen werten Freiräume auf. Sie versorgen die spielenden Kinder mit Trinkwasser und werden auch gern zum Spielen benutzt. Viele Modelle sind allerdings für Kinder nicht geeignet, weil der Wasserstrahl zu hoch angebracht ist. Besser sind Modelle mit Trittstufen, die es auch jungen Kindern erlauben, ans Wasser zu gelangen. Druckknöpfe sorgen für eine beschränkte Dauer des Wasserflusses.

Abfallbehälter

Aus Befragungen ist bekannt, dass Kinder Wert auf Sauberkeit im Freiraum legen. Sie stören sich an Abfällen und Verschmutzung. Deshalb braucht es genügend Abfallbehälter und eine regelmäßige Reinigung der Spielorte. Wo möglich, sollten auch unentgeltliche öffentliche Toiletten zur Verfügung stehen.

Signaletik

Bei Bedarf sollte die Orientierung mittels Signaletik erleichtert werden. Dabei muss auf große Klarheit und Eindeutigkeit geachtet werden. Sehr wichtig sind Markierungen, die auch Kinder verstehen, die noch nicht lesen können, also Symbole oder Bilder.

Bepflanzung

Im Kapitel «Pflanzenverwendung» und im Abschnitt «Strukturierung und Raumbildung» finden sich ausführliche Anregungen, wie Pflanzen einen Freiraum für Kinder aufwerten können. Zusammenfassend sei hier gesagt, dass die Bepflanzung ein zentrales Element für jeden Spielraum sein sollte. Sie muss verschiedenen Ansprüchen dienen: Sie trägt dazu bei, ein angenehmes Kleinklima zu schaffen, sorgt für ein breites Spielangebot und ermöglicht die Begegnung mit der Natur. Duft-, Nutz- und Naschpflanzen machen die Natur sinnlich erfahrbar. Pflanzen eignen sich zudem hervorragend dazu, einen Spielraum zu strukturieren und ihn räumlich interessant zu machen. Pflanzen können Geräte überflüssig machen und dauerhaft für Spielmaterial sorgen. Ihre Blüten und Blattfarben regen zum Gestalten an, ihre Früchte zum Naschen. Die Angst vor Giftpflanzen ist übertrieben.

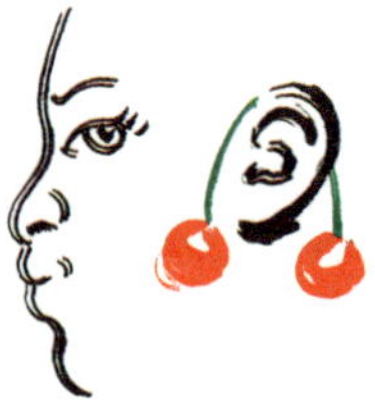

Dimensionierung

Bis zum Alter von drei Jahren sehen Kinder Tische von unten und nicht von oben. Über eine geschlossene Brüstung von 90 Zentimetern sieht ein durchschnittlich großes Kind erstmals mit vier Jahren, gerade mal knapp. Ein auf 130 Zentimeter Höhe angebrachtes Klingelschild erreichen Kinder frühestens mit sechs Jahren. Um für Kinder zu dimensionieren, muss man sich auf ihre Augenhöhe begeben. Die Dimensionierung von Spielelementen ist in der Realität leider eher vom konkreten Flächenangebot, von Vorschriften, Normen und ökonomischen Überlegungen abhängig als von kindlichen Bedürfnissen. Trotzdem sollten sich alle Abmessungen in kindergerechten Freiräumen nach den Kindern, ihrem Spielverhalten und ihren Bedürfnissen richten. Eine gute Planung muss sie sorgfältig erheben und die Abmessungen von Freiflächen dementsprechend vorsehen. Es geht dabei nicht um möglichst große Flächen, denn diese können Kinder auch einschüchtern, sondern um gut angemessene Räume.

Kinder sind das Maß

Bei allen Dimensionierungen sind die physischen und psychischen Bedürfnisse und Möglichkeiten der Kinder zentral. Bei den Höhenmaßen wie Stufen, Greifhöhen und so weiter sind die Körpermaße der Kinder auschlaggebend. So verhindert zum Beispiel die Höhe von minimal 60 Zentimetern bei den untersten Elementen von Klettergerüsten und Kletterbäumen, dass zu junge Kinder sie erklimmen können. Bei den Ausdehnungen in der Fläche richten sich die Abmessungen nach dem Alter der Kinder, den Funktionen ihrer Spiele sowie ihrem Verhalten und ihrer Raumwahrnehmung. Hier geht es in der Regel weniger um präzise Maße, sondern um kluge Bemessungsüberlegungen. Wichtig für Abmessungen sind auch die Streifräume der Kinder. Kinder unter drei Jahren bewegen sich im Radius von rund 50 Metern um die Wohnung, zwischen vier und sechs Jahren haben sie einen Streifraum von etwa 200 Metern, zwischen sieben und zwölf Jahren steigt er auf 500 bis 1000 Meter.

Durchschnittliche Körpermaße von Kindern

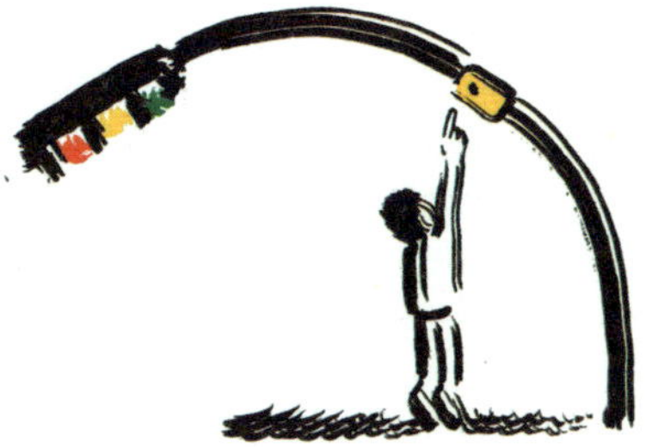

Körpermaße von Kindern

Ein Neugeborenes ist in Europa durchschnittlich 50 Zentimeter groß und wächst in den ersten zwei Jahren so stark, dass es seine Größe fast verdoppelt. Mit zwei Jahren ist ein Kind durchschnittlich etwa 85 Zentimeter groß. Seine Augenhöhe beträgt dann etwa 74 Zentimeter, und es kann mit gestrecktem Arm gut bis in eine Höhe von rund einem Meter reichen. Noch sieht es den Esstisch knapp nicht von oben, sondern noch von unten. Eine normale, geschlossene Brüstung von 90 Zentimetern Höhe versperrt ihm komplett die Sicht. Erst mit etwa vier Jahren sieht es knapp darüber, wenn seine Augenhöhe 91 Zentimeter beträgt. Über die 115 Zentimeter hohe Motorhaube eines durchschnittlichen SUVs sieht es erst mit etwa neun Jahren; bis zum Alter von sechs Jahren ist es komplett dahinter verborgen. Solche Überlegungen müssen im Zentrum stehen, wenn für Kinder geplant wird. Der Kanton Basel-Stadt hat daher seinen Leitfaden zur Förderung einer kinderfreundlichen Stadtentwicklung mit «Auf Augenhöhe 1.2 m» betitelt. Die nebenstehende Tabelle zeigt die durchschnittlichen Körpermaße, Augenhöhen sowie Reichhöhen nach oben und nach vorne von Kindern zwischen null und 16 Jahren.

Durchschnittliche Körpermaße von Kindern

Alter	Körpergröße	Augenhöhe	Reichweite nach oben	Reichweite nach vorne
Geburt	51 cm	45 cm	–	–
1 Jahr	75 cm	64 cm	90 cm	30 cm
2 Jahre	85 cm	74 cm	100 cm	36 cm
3 Jahre	98 cm	83 cm	112 cm	42 cm
4 Jahre	102 cm	91 cm	121 cm	48 cm
5 Jahre	109 cm	96 cm	129 cm	52 cm
6 Jahre	115 cm	103 cm	136 cm	57 cm
7 Jahre	122 cm	108 cm	142 cm	61 cm
8 Jahre	128 cm	111 cm	147 cm	63 cm
9 Jahre	133 cm	115 cm	153 cm	65 cm
10 Jahre	138 cm	119 cm	159 cm	68 cm
11 Jahre	143 cm	124 cm	165 cm	71 cm
12 Jahre	148 cm	128 cm	171 cm	73 cm
13 Jahre	153 cm	133 cm	177 cm	75 cm
14 Jahre	158 cm	137 cm	183 cm	77 cm
15 Jahre	164 cm	142 cm	189 cm	79 cm
16 Jahre	172 cm	146 cm	195 cm	81 cm

Flächenbemessung

Bei der Bemessung von Flächen sollte ein «loose-fit fits all»-Konzept verfolgt werden. Die Angaben von Minimalmaßen in der Literatur sind zwar hilfreich, aber Flächen sollten immer groß genug geplant werden, dass sie verschiedenen Nutzungen genügen. Große Flächen sollten so geformt sein, dass sie nicht angsteinflößend wirken, das heißt, dass sie nicht als Quadrat geplant werden, sondern eher als langes Rechteck. Die Längsausdehnung ist zwar groß, die Querausdehnung bleibt aber überschaubar. Große Gesamtflächen sollten in Teilbereiche gegliedert sein.

Vorgeschriebene Flächengrößen

Viele Flächengrößen sind vorgeschrieben, so zum Beispiel die Minimalgrößen für die Freiraumversorgung eines Quartiers oder die Abmessungen von Fallschutzbereichen bei Spielgeräten. Diese Vorschriften sind Minimalangaben und müssen eingehalten werden. Für Spielbereiche sind sie in der Regel viel zu klein festgesetzt. Der Kanton Luzern beispielsweise fordert bei Überbauungen mit sechs Wohnungen oder mehr pro Wohnung mit drei Zimmern oder mehr je 15 Quadratmeter für Spielplätze und Freizeitanlagen. Das ergibt bei einem Mehrfamilienhaus mit acht Wohnungen 120 Quadratmeter. Für das gleiche Gebäude wären acht Pkw-Stellplätze nötig, die einschließlich Erschließungsgasse eine Fläche von 200 Quadratmetern benötigen würden, also fast 1,7-Mal mehr.

Alters- und bedarfsgerechte Dimensionierung

Wo der Platz vorhanden ist, können Flächen alters- und bedarfsgerecht dimensioniert werden. Jüngere Kinder nutzen schon sehr kleine Flächen. Für sie ist ein einzelner Parkplatz von 3 × 5 Metern ein Fußballplatz. Im Film «Einblicke in die Lebenswelten junger Kinder» des Marie Meierhofer Instituts für das Kind[112] nutzen zwei Kinder die Lücke zwischen zwei Autos, um sich den Ball zuzuspielen, das ist eine Fläche von 15 Quadratmetern. Die Standardabmessung für ein professionelles Fußballfeld ist dagegen über 7000 Quadratmeter groß, nämlich 68 × 105 Meter. In der Spanne dazwischen liegt die sinnvolle Dimensionierung für Kinder. Ein solches Standardfußballfeld wird erst bei Kindern ab 13 Jahre eingesetzt. Für jüngere gibt es Abstufungen bis hin zum kleinsten Feld für die G-Jugend, mit den Abmessungen von 32 × 35 Metern.[113] Im Wohnumfeld reicht sicher auch schon ein Rasen von 10 × 20 Metern für ein kleines Turnier.

Attraktivität durch Dimension

Dimensionen haben etwas mit der Attraktivität eines Spielgerätes oder eines Spielortes zu tun. Eine richtig lange Rutsche macht mehr Freude und bleibt länger interessant als eine mit den üblichen Standard-Maßen von rund zwei Metern Länge. Ein großzügiger Spielplatz, auf dem sich viele Kinder einfinden, wird allein schon dadurch attraktiv. Für Gruppen nutzbare Spielelemente sind interessanter als solche, die nur wenigen Kindern Platz bieten, dementsprechend müssen sie größer dimensioniert werden. Eine Matschgrube mit Wasser, Wandkies und Sand von 5 × 8 Metern ist für eine kleine Gruppe jüngerer Kinder ein Vergnügen; auf einem öffentlichen Spielplatz ist das sicher zu klein. Dort braucht es eher 10 × 35 Meter, um Gruppen von zehn oder zwanzig Kindern Raum zu bieten. Im Handel sind Seilbahnen schon ab fünf Metern Länge erhältlich. Da endet das Vergnügen schnell, ebenso schnell dürfte die Attraktivität enden. Eine Seilbahn mit 30 oder 35 Metern Länge ist dagegen ein toller Spaß und spricht mit ihren Dimensionen auch tatsächlich das Alter der Kinder an, für die sie geeignet ist.

Soziale Aspekte von Dimensionen

Dimensionen entscheiden auch darüber, ob Spiele und Aktivitäten von vielen Kindern möglich sind oder nicht. Gemeinsam mit anderen Kindern zu spielen, auch mit solchen unterschiedlicher Altersstufen oder unterschiedlicher Herkunft, ist für die soziale Entwicklung wichtig. Wo Freiflächen groß genug sind, Gruppenspiele zuzulassen, können sich Kinder treffen und mit genug Platz austoben. Wenn zum Beispiel ein Drehkarussell nicht nur drei Kindern Platz bietet, sondern zehn oder fünfzehn, werden die Kinder das auch in kleinen Gruppen und quer über verschiedene Altersstufen ausprobieren.

Konkrete Maßangaben

Im Tabellenteil finden sich konkrete Maßangaben für Ball- und Bewegungsspiele, für den Flächenbedarf von ausgewählten Spielgeräten sowie Vorschläge für die Größen von Sand-, Matsch- und wilden Spielbereichen.

Leitlinien für eine kindergerechte Landschaftsarchitektur

- Kinder an der Planung und Gestaltung teilhaben lassen
- Für gutes Mikroklima sorgen
- Immissionen wie Lärm und Staub mindern
- Gefahren mit physischen Barrieren bannen
- Freiräume für alle Jahreszeiten und Wetterlagen planen
- Potenziale des Ortes nutzen, Probleme beheben
- Topografie und Bodenmodellierung als Spielangebote verstehen
- Gehölze als Spielgeräte, Raumbildner und Materiallieferanten nutzen
- Wasser als Trink- und Spielgelegenheit integrieren
- Für Robustheit sorgen
- Aneignung und Veränderbarkeit einplanen
- Freiflächen gut zonieren und reich strukturieren
- Kleinbauten, Ausstattung, Farben und Formen für Gestaltung nutzen
- Pflanzen für Naturbezug, Raumbildung und Klimaregulierung nutzen
- Dimensionen an kindlichen Körpermaßen orientieren
- Flächendimensionen am Spielverhalten orientieren

Empfehlungen für kindergerechte Freiräume

Der Aufenthalt im Freien, das selbstbestimmte Spiel und die Bewegung sind unabdingbar für eine gute psychische und physische Entwiclung von Kindern. Die Landschaftsarchitektur kann wesentlich dazu beitragen, dass ihre Freiräume sicher, anregend und attraktiv werden.

Klima

Klimaerwärmung mittels Schatten und offenen Böden abmildern

Nicht nur heiße, sondern auch regenreiche Sommer berücksichtigen

Keine Spielräume im tiefen Gebäudeschatten planen

Spielräume an sonnigen Lagen mit laubabwerfenden Bäumen planen

Dächer, Schirme und Schattenkonstruktionen für Schatten vorsehen

Wasserzapfstelle zur Trinkwasserversorgung und Abkühlung einrichten

Schutz vor Niederschlägen: Vordächer, Arkaden, Durchgänge, Pavillons, Regendächer

Windschutz durch Hecken, Mauern, Gebäude

Kaltluftströme nicht mit Gebäuden oder dichten Gehölzen unterbrechen

Ort

Vorhandenes Potenzial nutzen: Gehölze, bewegte Topografie, historische Elemente etc.

Probleme beheben: Gefahrenstellen, schlechte Zugänglichkeit, Immissionen etc.

Bestand mit Kindern zusammen erheben und bewerten

Grundsätzlich ungeeignete Orte (Lärm, Gefahren etc.) nicht als Spielorte nutzen

Topografie und Boden

Ebene Flächen für Bewegungs- und Gruppenspiele nutzen

Bewegte Topografie als ein Spielangebot für vieles verstehen

Ebenes Terrain mit Hügeln und Senken bereichern

Qualitäten des Bodens nutzen: Wandkies, Sand, Ton

Böden aufwerten: Sandböden durch Ton anreichern, nasse Böden drainieren

Gehölze

Vorhandene Gehölze erhalten: Sie sind widerstandsfähig

Größere Gehölze zum Klettern vorsehen

Strauchgruppen zur Raumgliederung und als Verstecke

Gehölze als Lieferanten von Spielmaterial

Laubabwerfende Gehölze zur Klimaregulation, Gehölze als Schattenspender

Gehölze mit essbaren Früchten und Samen

Arten nach Robustheit und Spielwert wählen

Wasser

Kein kinderfreundlicher Freiraum ohne Wasseranschluss

Wasser zur Trinkwasserversorgung und zum Spielen

Zapfstellen mit Pumpe oder Druckknopf (kein Wasserhahn)

Regenwasser in offenen Rinnen führen, in Senken auffangen

Lokal gültige Sicherheitsvorschriften befolgen

Gültige Hygieneanforderungen einhalten

Flache Vertiefungen in Hartbelägen als Pfützen

Regenwasser in Zisternen speichern und nutzen

Vorhandene Bäche und Teiche auf Sicherheit prüfen

Fließgewässer mit zu starker Strömung abzäunen

Grenzen

Grenzen nutzen, um Kinder zu schützen

Gefahren mit Zäunen oder Mauern ausgrenzen

Mit Grenzen unterschiedliche Zonen markieren

Grenzmarkierungen wie Sitzmäuerchen, Findlinge für «weiche» Grenzen nutzen

Zonierung

Zonierungen helfen, Nutzungsarten zu zeigen

Mittels Zonierung Bereiche für sehr junge Kinder abgrenzen

Rückzugsorte als Zonen für ältere Kinder ausbilden

Gepflegte von wilden Zonen klar unterscheiden

Durch Zonierung abgestufte Öffentlichkeitsgrade schaffen

Struktur und Raumbildung

Kinderfreundliche Freiräume müssen reich strukturiert sein

Klare Raumstruktur sorgt für räumliche Vertrautheit

Strukturen erleichtern Orientierung und Identifikation

Zur Strukturierung Gehölze, Kleinbauten und Topografie nutzen

Keine ganz leeren oder ganz mit Gehölzen bestandenen Flächen

Begegnung, Ruhe und Rückzug durch verschiedene Strukturen ermöglichen

Freie, offene Flächen für Bewegungsspiele

Erschließungsflächen und Beläge

Erschließungsflächen sollen Spielflächen sein

Wege müssen alle Spiel- und Aufenthaltsorte miteinander verknüpfen

Gute Beläge funktionieren bei allen Witterungsverhältnissen und in allen Jahreszeiten

Erschließungsflächen sind unterhaltsarm, robust und groß genug dimensioniert

Hartbeläge eignen sich sehr gut für Spiele mit rollenden Geräten und sind ideal für viele Ballspiele

Hartbeläge eignen sich für Kreidemalereien

Weiche Beläge sind ideal für Bewegungs- und Fangspiele

Weiche Beläge für den Bau von Hütten und Zelten

Wassergebundene Decken sind für Boccia, Murmeln usw. geeignet

Offene Böden für Aneignung

Veränderbarkeit

Sehr wichtige Eigenschaft für kinderfreundliche Freiräume

Aneignung ermöglichen und unterstützen

Klar zwischen veränderbaren und unveränderlichen Bereichen unterscheiden

Regeln für Veränderungen aushandeln

Veränderungsspiele schaffen zusätzlichen Aufwand im Unterhalt, diesen Aufwand entschädigen

Flächen für neue Ideen offen halten und als solche bezeichnen, z. B. «Aktionsraum»

Spielbrachen auch auf Schulgeländen und in Siedlungen einplanen

Kies- und Sandhaufen zum Spielen zur Verfügung stellen

Matschgruben mit Wasseranschluss vorsehen

Solche «Schmutzbereiche» mit Rasen oder Wiesen, nicht mit Hartbelägen einrahmen

Austriebstarke und robuste Gehölze als Materiallieferanten anpflanzen

Wilde, veränderbare Spielbereiche als naturnahe Flächen ausbilden und als Natur- und Spielraum bezeichnen

Robustheit

Kindergerechte Freiräume müssen robust sein

Robustheit schafft Toleranz bei Pflegeverantwortlichen

Witterungsbeständige und reparierbare Materialien einsetzen

Verschleißteile leicht ersetzbar machen

Materialien und Konstruktion auf Haltbarkeit und Strapazierfähigkeit auslegen

Materialien mit gutem Alterungsverhalten (Patina statt Schäbigkeit) auswählen

Pflanzen müssen wüchsig, austriebstark und regenerationsfähig sein

Bei Gehölzen, die Schnittmaterial liefern, größere Stückzahlen wählen

Keine brüchigen Gehölze pflanzen

Strapazierfähige Rasenarten wählen (Sportrasen, Blumenrasen)

Wiesen nur an nicht genutzten, peripheren Bereichen planen

Pflanzen gut düngen und wässern, um Robustheit zu unterstützen

Form- und Farbgebung

Orientierung geben mittels Formen und Farben

Farben oder Formen zur Kennzeichnung von Hauseingängen

Farben zur Kennzeichnung von Altersgruppen oder Zonen

Farben sind vor allem im grauen Winter anregend und einladend

Farben als Spielanreiz nutzen, etwa als Bodenbemalung

Flächen für Malaktivitäten von Kindern und Jugendlichen vorsehen

Formen als Spielanreiz nutzen: Höhlen, Häuser, Spielfiguren, Tiere etc.

Künstlerische Formen als Spielobjekte und als ästhetische Reize verstehen

Bauten

Kleinbauten dienen verschiedenen Spielen und werten Freiräume auf

Kleinbauten können willkommene Rückzugsorte sein

Vorhandene bauliche Elemente prüfen und als Spielanreize nutzen

Spiel- und Baumhäuser für Rollenspiele und Verstecke

Offene Pavillons und Unterstände als Aufenthaltsorte bei Regen und Schnee

Kleinbauten als Tragkonstruktion von Schaukeln und Hängematten nutzen

Kleinbauten immer mit Sitzgelegenheiten ausstatten

Pergolen und berankte Konstruktionen dienen als Schattenspender und Rückzugsräume

Ausstattung

Zeichenhafte Ausstattungselemente stärken die Identität eines Spielortes

Multifunktionale Möbel wählen, zum Klettern, Abhängen etc.

Bewegliche Möbel auswählen

Truhen oder Schränke für mobiles Spielzeug vorsehen

Gute Beleuchtung für Sicherheit und Aufenthaltsqualität

Genügend Abfallbehälter einplanen

Möglichst unentgeltliche Toiletten vorsehen

Wo erforderlich, Signaletik einsetzen, Symbole statt Sprache für junge Kinder einsetzen

Bepflanzung

Pflanzen bereichern und strukturieren Freiräume

Pflanzen sorgen für angenehmes Mikroklima

Pflanzen ermöglichen Naturbezug

Früchte, Nüsse, Stecken, Blätter und Blüten als Spielmaterial

Duft-, Nutz- und Naschpflanzen für sinnliche Erlebnisse

Pflanzen statt Spielgeräte nutzen

Die Angst vor Giftpflanzen ist übertrieben

Dimensionierung

Alle Abmessungen an Kindern orientieren

Flächenmaße richten sich nach Spielverhalten und Platzbedarf

Flächen nicht überdimensionieren (schüchtert ein)

Große Gesamtflächen in kleinere Teilflächen gliedern

Streifräume berücksichtigen: 50 m bei Kleinkindern, ca. 200 m bei 4- bis 6-Jährigen, bis 1000 m bei über 12-Jährigen

Flächengrößen an Altersstufen anpassen

Behördlich vorgeschriebene Flächengrößen sind meist zu klein

Flächengrößen an den tatsächlichen Bedürfnissen orientieren

«Loose-fit fits all», Flächen nicht zu knapp dimensionieren

Dimensionen können Attraktivität erhöhen, z. B. Rutschenlänge, Matschgrubengröße etc.

Dimensionen beeinflussen Nutzbarkeit, z. B. für Gruppen

Spielgeräte

Gute Spielgeräte regen zu verschiedenen Spielen und intensiver körperlicher Aktivität an. In räumlich beengten Situationen bieten sie Bewegungs- und Spielmöglichkeiten, die fehlende Freiflächen teilweise ersetzen. Besonders sinnvoll sind sie dort, wo andere Bewegungsmöglichkeiten aus Platzmangel ganz fehlen. Beschaffung und Aufstellung von Spielgeräten sind kostspielig. Deshalb müssen sie einen hohen Spielwert aufweisen und für Kinder unterschiedlicher Altersgruppen lange und verschiedenartig nutzbar sein.

Sicherheit

Aus Sicherheitsgründen sollten nur zertifizierte Spielgeräte zum Einsatz kommen. So wird sichergestellt, dass die einschlägigen Vorschriften eingehalten sind. Die Werkeigentümer-Haftung bzw. die Verkehrssicherungspflicht zwingen auch die Auftraggeberschaft, Normen und Vorschriften einzuhalten. Die Vorgaben der Herstellerfirmen zu Verankerungen, Sicherheitsabständen, Fallschutz-Belägen und Ähnlichem sind unbedingt zu beachten. Nur bei vorschriftsgemäß eingebauten Geräten ist die Sicherheit gemäß Zertifizierung gewährleistet.

Spielgeräte entwerfen

Spielgeräte nach individuellen Vorstellungen zu entwerfen, ist eine anspruchsvolle Aufgabe. Sie erfordert viel Wissen um Risiken, Vorschriften und Normen. Wenn Zeit und Geld knapp sind, muss die Produktion unbedingt spezialisierten Firmen überlassen werden. Wer trotzdem selbst entwirft, muss sich nicht nur mit konzeptionellen und gestalterischen Fragen beschäftigen, sondern vor allem mit den beiden Themen Spielwert und Sicherheit. Mit Spielwert ist die Nutzbarkeit von Geräten gemeint. Dazu finden sich weiter unten Hinweise. Für die Gewährleistung der Sicherheit sind die einschlägigen Normen[117] und Hinweise[118] wegleitend, insbesondere die EU-Norm SN EN 1176, die über tausend Seiten umfasst. Ihre Forderungen müssen eingehalten sein, wenn Spielgeräte als sicher zertifiziert werden sollen. Die Normen zielen darauf ab, schwere und bleibende Verletzungen sowie Todesfälle auszuschließen, nicht aber darauf, jegliches Risiko von Kindern fernzuhalten.

Fallschutz

Die Art des Fallschutzes ist von der Fallhöhe abhängig. Die lokal gültigen Angaben finden sich in der Fachliteratur; die folgenden Angaben sind allgemeine Orientierungswerte:

Fallschutzbeläge

Material	maximal zulässige Fallhöhe	minimale Einstreutiefe
Asphalt / Beton	60 cm	–
Steinfreier Rasen	100 cm	–
Rundkies	200 cm	30 cm
	300 cm	40 cm
Rinden- und Holzschnitzel	200 cm 300 cm	30 cm 40 cm
Gummibeläge	300 cm	produkt-abhängig

(Norm SN EN 1177)

Bei harten Bodenbelägen wie Asphalt oder Beton darf die Fallhöhe maximal 60 Zentimeter betragen. Für Fallhöhen unter 100 Zentimetern genügt ein steinfreier Rasen, allerdings muss dafür gesorgt werden, dass der Boden bei starker Nutzung nicht zu hart wird. Für höhere Fallhöhen sind generell Fallschutz-Materialien in ausreichenden Schichtstärken vorzusehen. Bei einer Fallhöhe von maximal 200 Zentimetern sind das zum Beispiel 30 Zentimeter Rundkies in einer Körnung von 2–8 Millimetern sowie lockere Rinden- oder Holzschnitzel mit einer Schichtstärke von 30 Zentimetern. Bei 300 Zentimeter Fallhöhe müssen diese Schichten mindestens 40 Zentimeter dick sein. Fallhöhen von mehr als 300 Zentimetern sind unzulässig. Fallschutzkies ist am besten geeignet, weil er sich über die Schutzfunktion hinaus auch als loses Spielmaterial eignet. Fallschutzbereiche mit Kies oder Rindenschnitzeln sollten in vertieften Bereichen liegen, sodass das lose Material dorthin zurückfällt. Rinden- und Holzschnitzelbeläge bieten ebenfalls Anregung als Spielmaterial, verlieren aber durch Verwitterung und Verdichtung schnell ihre Schutzfunktion. Fallschutzbereiche von benachbarten Geräten dürfen sich nicht überschneiden.

Unterhalt

Die Nutzung, aber auch die Bewitterung zieht Spielgeräte und Fallschutzbeläge in Mitleidenschaft. Deshalb müssen sie regelmäßig kontrolliert werden. Beschädigte Geräte müssen repariert oder ersetzt werden. Dafür sind regelmäßige Kontrollgänge notwendig.[119]
Für den Unterhalt sind zwischen drei und fünf Prozent der Anschaffungskosten jährlich zu budgetieren, und die Spielgeräte sollten innerhalb von etwa 15 Jahren abgeschrieben werden, sodass sie ganz oder teilweise ersetzt werden können, wo das erforderlich ist.

Spielwert

Bei der Auswahl der Spielgeräte ist vor allem auf einen hohen Spielwert zu achten. Vorzuziehen sind Geräte, die gemeinschaftlich genutzt werden können: solche, die für verschiedene Altersstufen interessant, und solche, die auf unterschiedliche Weise nutzbar sind. Die Tabelle am Schluss des Kapitels nennt Gerätetypen, die unter diesen Aspekten empfehlenswert sind.

Gemeinschaftlich nutzbare Spielgeräte

Geräte, die von mehreren Kindern zusammen benutzt werden können, erlauben verschiedene Spielformen und soziale Interaktion. So bleiben sie länger interessant. Eine Korbschaukel kann mehreren Kindern zum Schaukeln oder als Rückzugsort zum Tuscheln dienen, eine einfache Schaukel dagegen nicht. Auf einer Partnerschaukel kann ein Kind mitschaukeln, das noch zu klein oder behindert ist und allein nicht schaukeln könnte. Auf einer überbreiten Rutsche lässt sich ein Rutschrennen veranstalten oder quer liegend rutschen und rollen. Auf einem Kletterkarussell können ganze Gruppen von Kindern turnen, spielen und eine Vielfalt von Kunststückchen ausprobieren.

Spielgeräte für verschiedene Altersstufen

Oft sind Spielgeräte auf eine beschränkte Altersgruppe hin konzipiert, überwiegend für Kinder unter sieben Jahren. Besser sind Spielgeräte, die für verschiedene Alterskategorien nutzbar und interessant sind. Drehscheiben sind dafür ein sehr gutes Beispiel. Sie können schon von kleinen Kindern bestiegen und bewegt werden und ziehen mit ihrem Reiz von Bewegung, Gleichgewicht und Vergnügen auch Jugendliche und Erwachsene an. Sie erlauben auch gemeinschaftliche Spiele von älteren und jüngeren Kindern. Bodentrampoline ziehen alle Alterskategorien magisch an; die Freude am Hüpfen und Tollen führt Kinder unterschiedlichen Alters zusammen. In einer Hängematte können Vater und Kind gemeinsam schaukeln und entspannen.

Vielfältig nutzbare Spielgeräte

Spielgeräte, die nur eine einzige Nutzung zulassen, sind zu vermeiden. Sie verlieren schnell jeglichen Reiz. Nutzungsoffene und vielfältig nutzbare Spielgeräte bieten dagegen viel mehr Anreiz, sich neue Spiele auszudenken. So eignet sich zum Beispiel eine große, witterungsbeständige Hängematte aus Seilen zum Schaukeln allein oder in Gruppen. Sie eignet sich aber auch zum Klettern und Turnen, wird zum Dach für eine Hütte oder leicht auch zum Chill-out-Treffpunkt für die Jugendlichen. Eine Balkenschaukel lässt sich von einem einzelnen Kind zum Schaukeln oder Balancieren nutzen, und für eine Gruppe wird sie zum Zirkustrapez oder zum Piratenschiff. Ein Dreh-Kletterkarussell kann zum Besteigen dienen, aber auch zum Drehen, Schleudern und Turnen.

Sportgeräte

Ältere Kinder und Jugendliche treiben gern und oft Sport. Besonders Fußball, aber auch Basket- und Volleyball sind beliebte Gruppenspiele. Dafür sollten die entsprechenden Gerätschaften wie mobile Fußballtore, Basketballkörbe oder Feder- und Volleyballnetze bereitgestellt werden. Wo Ballspielplätze an Gefahrenbereiche angrenzen, müssen Ballfangzäune errichtet werden. Auch Bodentrampoline und Tischtennistische sind beliebt; hier ist auf genügend Bewegungsraum rund um diese Elemente zu achten. Fest verankerte Pfosten können als Befestigungselemente für Slacklines, Hängematten oder Ballnetze dienen. Dies ist besonders dort sinnvoll, wo es noch keine älteren und kräftigen Bäume gibt.

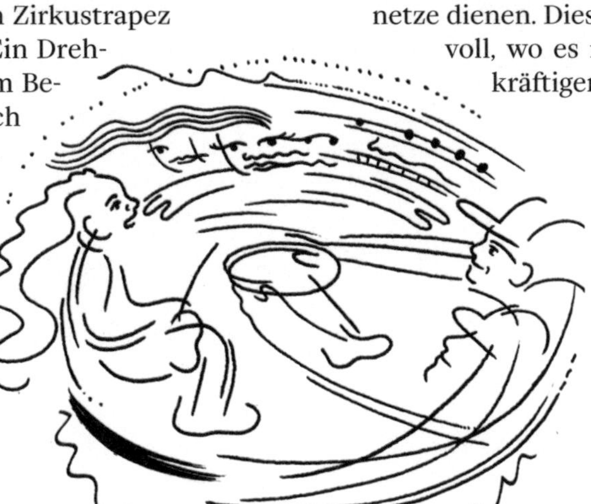

Veränderbare Spielgeräte

Leider sind Spielgeräte aus Sicherheitsgründen meist fix montiert und unveränderbar. Erwünscht wären Elemente, die sich an neue Spielwünsche anpassen können. Am einfachsten geschieht das mit veränderbaren Teilen wie beispielsweise Seilen, die verschieden verknüpft werden können. Sinnvoll sind auch Geräte, die sich mit weiteren Materialien wie Planen, Netzen, Stäben oder Ähnlichem ergänzen lassen. Dafür braucht es Öffnungen und Löcher, die zur Aufhängung dienen. Das Material der Geräte hat Auswirkungen auf die Veränderbarkeit. Stahlelemente lassen sich nur schwer verändern, besser sind leicht bearbeitbare Materialien wie Holz. Die Veränderungen dürfen nicht zu Verstößen gegen die Sicherheitsnormen führen (Besteigbarkeit, Scher- und Quetschstellen etc.). Sie können als kurzfristige Anpassung oder als langfristiger Umbau erfolgen, als Ersatz von Einzelelementen, die langweilig geworden sind, oder auch als weitergehender Umbau. Aus einem Schaukelgerüst könnte eine Hütte zum Verstecken werden, aus einem Kleinkinderkarussell eine Drehscheibe für Jugendliche usw.

Mobile Spielsachen

Wie alles, was veränderbar ist, sind mobile Spielsachen sehr wertvoll. Das können Abschnitte von Holzstämmen, Klötze, Backsteine, Balken, Seile, Kisten, Planen und Ähnliches sein. Manche Herstellerfirmen bieten auch mobile Elemente wie kunstlederbezogene Schaumstoffblöcke oder Blöcke aus Gummigranulat an, die sich vielfältig kombinieren lassen. Harte mobile Elemente dürfen nicht in den Fallschutzbereich von Geräten gelangen. Generell dürfen bewegliche Sachen nicht als Aufstiegshilfen für nicht besteigbare Abschrankungen dienen. Sie sollten groß und stabil genug sein, damit sie auch starker Spielbeanspruchung standhalten, dürfen aber nicht zu massiv und zu schwer sein, um sich bewegen zu lassen oder durch ihr Gewicht jüngere Kinder nicht zu gefährden. Spielfiguren für Schach, Dame oder Mühle sind beliebte Spielsachen, die auch für viele andere Spielsituationen dienen können.

Leitlinien zum Einsatz von Spielgeräten

- **Vor allem Geräte mit hohem Spielwert auswählen**
- **Nur zertifizierte Spielgeräte einsetzen**
- **Geräte nur von Fachfirmen entwerfen und bauen lassen**
- **Vorschriften zum Einbau und Fallschutz genau beachten**
- **Gemeinschaftlich nutzbare Geräte bevorzugen**
- **Geräte für verschiedene Altersstufen auswählen**
- **Geräte mit unterschiedlichen Nutzungsmöglichkeiten einsetzen**
- **Veränderbare Geräte auswählen**
- **Mobiles und loses Spielmaterial einsetzen**
- **Kies und Rindenschnitzel als Fallschutz bevorzugen**
- **Geräte regelmäßig kontrollieren und warten**

Empfehlungen für Auswahl und Einsatz von Spielgeräten

Spielgeräte sollten für mehrere Kinder gleichzeitig nutzbar, für verschiedene Altersstufen geeignet und multifunktional sein. Das ermöglicht, dass sie vielfältig und langfristig genutzt werden.

Sicherheit

Nur zertifizierte Geräte verwenden

Anfertigungen nach Entwurf nur durch fachkundige Firmen

Norm EN 1176 für Spielplätze beachten

Installation gemäß Angaben des Herstellers

Fallschutz

Auf Hartbelägen maximal zulässige Fallhöhe: 0,6 m

Ab 1 m Fallhöhe weiche Beläge erforderlich

Maximal zulässige Fallhöhe: 3 m

Fallschutzbereich gemäß Herstellerangaben einhalten

Kies und Sand vorziehen, weil sie auch Spielmaterial sind

Fallschutzkies: 2–8 mm Rundkies, gewaschen

Fallschutzsand: 0,2–2 mm Körnung, ohne bindige Anteile

Spielsand ist ungeeignet und als Fallschutz unzulässig

Rinden- und Holzschnitzel verwittern und verhärten rasch

Fallschutz mit losem Material in abgesenkten Mulden

Unterhalt

Geräte regelmäßig kontrollieren und warten

Prüfen auf lose Verbindungen, Materialschäden, Vandalismus

Gegenstände aus Fallschutzbereich entfernen

Defekte Geräte ersetzen

3–5 Prozent der Anschaffungskosten jährlich für Unterhalt einplanen

Für Ersatz die Abschreibung auf ca. 15 Jahre kalkulieren

Spielwert

Gemeinschaftlich nutzbare Geräte

Auf unterschiedliche Weise nutzbare Geräte

Von Kindern unterschiedlichen Alters benutzbare Geräte

Anpassbare und veränderbare Geräte

Mobile Spielelemente als Ergänzung

Loses Spielmaterial als Ergänzung

Gemeinschaftlich, altersgemischt und vielfältig nutzbare Geräte

Kletterkarusell

Drehbarer Netz-Kletterturm

Große Hängematte

Korb- und Mehrkindschaukel

Drehscheibe

Kletternetz

Röhrenrutsche

Lozziwurm

Bodentrampolin

Gemeinschaftlich nutzbare Geräte

Balken- und Raupenschaukel

Zweier- und Gruppenschaukeln

Kükelhaus-Schaukel

Wippe

Breite Rutschbahn

Hütten und Häuschen

Drehkarussell

Drehteller

Federwippen für mehrere Kinder

Ringwaage

Wackelwanne

Mastkreuzpendel

Geräte für verschiedene Altersstufen

Rutsche

Kletternetze

Generationenschaukel

Seilbahn

Drehteller

Kletterkarussell

Kletternetze

Röhrenrutschen

Hängematten

Kletterskulpturen

Mobile Spielelemente

Balken, Bretter und Klötze aus Holz

Backsteine, Pflastersteine, Flusskies

Kisten und andere Behälter

Objekte aus Gummigranulat

Spielfiguren für Schach, Dame, Mühle

Truhen oder Schränke zum Verstauen vorsehen

Dürfen nicht in den Fallschutzbereich von Geräten gelangen

Dürfen nicht als Aufstiegshilfen nutzbar sein

Loses Spielmaterial

Steine

Stecken

Seile

Planen und Tücher

Sportgeräte

Mobile oder feste Fußballtore

Tischtennistisch

Volley- und Federballnetz

(Boden-)Trampolin

Pfosten für Slackline, Balancierseile etc.

Veränderbare Spielgeräte

Veränderung durch Umbau wegen veränderter Ansprüche

Veränderung im täglichen Spiel

Seile, Netze, Planen etc. als Ergänzungen von fixen Geräten

Leicht anpassbare Materialien wie Holz wählen

Öffnungen zum Einhängen von Zusatzmaterial vorsehen

Austauschbare Ausstattungselemente

Materialien

Materialien bestimmen den Charakter, die Atmosphäre und den Spielwert eines Freiraums wesentlich mit. Sie sollten gefahrlos, sinnlich anregend, alterungsfähig und wenn möglich veränderbar sein. Die Wahl eines Materials sollte immer zugunsten des größten Spielwerts fallen. Empfehlenswert sind Kombinationen von verschiedenen Materialien, die zusammen für Abwechslung und Anregung sorgen. Veränderbare Materialien wie Holz erlauben es den Kindern, gestaltend einzugreifen.

Nachhaltigkeit

Nachhaltigkeit und Suffizienz

Im Hinblick auf die Zukunft der Kinder, für die wir heute planen und bauen, sind Überlegungen zur Suffizienz und zur Nachhaltigkeit besonders bedeutend. Die erste Frage sollte immer sein: Was braucht es wirklich? Vermeiden von unnötigem Materialverbrauch ist eine sehr wirksame Maßnahme. Sind die geplanten Materialien wirtschaftlich, ökologisch und sozial sinnvoll? Wie hoch sind ihre Lebenszyklus-Kosten und wie sieht die CO_2-Bilanz aus? Wie wirken sich Gewinnung, Verarbeitung, Gebrauch und Entsorgung auf die Umwelt aus? Können wiederverwendete Elemente eingesetzt werden?

Fügung und Oberflächenbehandlung

Ein wichtiges Prinzip bei der Detaillierung ist die Fügung: Sie sollte reversibel sein, die Materialien also gesteckt oder geschraubt werden. Nicht reversible Verbindungen durch Schweißen oder Kleben verhindern oder erschweren die Wiederverwendung und getrennte Entsorgung. Das Gleiche gilt auch für Verbundmaterialien oder solche mit Oberflächenbehandlungen und Anstrichen.

Haltbarkeit und Unterhalt

Unterhaltskosten addieren sich über die Jahre zu großen Summen. Materialien sollten daher den Unterhalt erleichtern und nicht erschweren. Sie müssen eine gute Haltbarkeit aufweisen, schön altern und gut reparierbar sein. Strapazierte Teile sollten leicht austauschbar sein. Je größer eine Fläche ist, desto unterhaltsärmer muss sie sein. Wo beispielsweise große Bodenbeläge gewischt werden müssen, sollten sie wenig strukturiert und pflegeleicht sein. Vermeintlich unterhaltsarme Materialien wie Beläge aus Gummigranulat können zu unerwarteten Pflegeproblemen führen, wenn Kinder entdecken, wie leicht sie sich aufschneiden lassen. Trotzdem dürfen Haltbarkeit und Unterhaltsfragen bei der Materialwahl nicht allein den Ausschlag geben; eine ganzheitliche Betrachtung und die hohe Gewichtung von sinnlichen Qualitäten und Spielwert sollten immer im Vordergrund stehen.

Materialpalette

Für die Gesamterscheinung eines Spielraumes ist die Zusammensetzung der Materialpalette wichtig. Eine reiche, anregende Mischung ist einem eintönigen, von einem einzigen Material dominierten Spektrum vorzuziehen. Eine einheitliche Materialisierung wirkt zwar gestalterisch ruhig und konsequent, ist aber für Kinder zu wenig anregend und zu monoton. Dies zeigen beispielsweise die reinen Betonanlagen, die in den 1960er- und 70er-Jahren oft realisiert wurden, ebenso wie die allein aus Holz bestehenden Anlagen, wie sie heute oft gebaut werden. Die Begegnung mit verschiedenen Materialien in einem Spielraum wirkt sinnlich anregend. Während der Stahl sich schon in der Sonne erwärmt hat, ist der Naturstein noch kühl. Die Holzschnitzel sind kurz nach dem Regen noch feucht, der Kies schon abgetrocknet. Der Betonboden federt nicht, der Gummibelag schon. Verschiedene Materialien im selben Spielraum können sich auch ergänzen, indem sie Defizite ausgleichen. Wenn unter den Spielgeräten Gummibelag gewählt wird, können in einer Matschgrube daneben Sand und Kies als lose Materialien angeboten werden.

Gift- und schadstofffrei

Selbstverständlich müssen alle Materialien einschließlich ihrer Anstriche oder Oberflächenbehandlungen gift- und schadstofffrei sein. Dies ist bei den im Handel befindlichen, für Spielräume vorgesehenen Materialien gegeben. Vorsicht ist bei wiederverwendeten oder zweckentfremdeten Elementen geboten. So waren zum Beispiel ausgediente Eisenbahnschwellen lange ein beliebtes, aber ziemlich giftiges Element auf Spielplätzen. Auch von der Verwendung von Autoreifen und -schläuchen muss abgeraten werden, weil sie Extenderöle, Ruß und Weichmacher enthalten. Bevor nicht ausdrücklich für Kinder gedachte Materialien verwendet werden, muss deren Unbedenklichkeit geprüft werden.

Spielwert

Ein wichtiges Kriterium ist der Spielwert. Ein Fallschutzbelag aus Hartgummi hat keinerlei Spielwert, ein Fallschutzkies dagegen kann zu Munition, Baumaterial, Geld oder Hafer für die imaginierten Pferde werden. In einen Holzträger kann man auch einmal einen Nagel einschlagen oder ein Herz einritzen, in einen Stahlträger nicht. Kreidemalereien funktionieren auf Beton und Asphalt gut, auf Chaussierungen gar nicht. Dafür lässt sich dort leicht ein Loch für die Murmeln graben, in Festbelägen nicht. Selbst wenn der Spielwert gegen Langlebigkeit und Pflegeleichtigkeit abgewogen wird, sollte er den Ausschlag geben.

Sinnlichkeit

Die Materialien sollten die Sinne anregen und die sensorische Entwicklung unterstützen. Die Kinder lernen spielend ihre eigene Wahrnehmung kennen; die physiologische Entwicklung ihrer Sinnesorgane und ihre geistige Entwicklung werden durch eine vielfältige Stimulation unterstützt. Die Haptik wird durch raue und feine Oberflächen sensibilisiert: Waschbeton bietet beim Gehen einen Widerstand. Die spitzen Steine der Chaussierung kitzeln die Füße. Die Temperaturwahrnehmung wird durch das unterschiedliche Wärmespeichervermögen der Materialien gefördert: Der Findling bleibt lange kühl, bevor ihn die Sonne aufheizt, und behält die Wärme am Abend noch lange bei. Metallrutschen, die sich in der Sonne stark aufheizen, sind zwar nicht zu empfehlen; für die Kinder können sie aber zur aufregenden Mutprobe werden. Viele Materialien haben auch überraschend interessante klangliche Möglichkeiten: Die verschiedenen Abschnitte des Klettergerüstes aus Stahl produzieren unterschiedlich hohe Töne. Nicht zuletzt der Sehsinn wird durch eine reichhaltige Materialisierung angeregt. Formen, Strukturen und Farben fordern ihn heraus.

Veränderbarkeit

Veränderbare Materialien können veränderte Nutzungswünsche begleiten und so die Aneignungsfähigkeit von Spielräumen erleichtern. Wo sich leicht – vielleicht sogar ohne Beizug von Fachleuten – etwas anpassen lässt, geschieht dies eher, als wenn der Aufwand zu groß ist. So lassen sich beispielsweise lose, in Sand verlegte Gartenplatten leicht entfernen, wenn der Platz für etwas anderes gebraucht wird. Einrichtungen und Kleinbauten aus Holz lassen es im Gegensatz zu solchen aus Stahl oder Kunststoff zu, dass sie mit geringem Aufwand den veränderten Bedürfnissen angepasst werden können. Anpassbare Materialien sind auch meist reparierbar und damit nachhaltiger als solche, die ersetzt werden müssen. Veränderbar sollten Materialien aber vor allem für die Kinder sein: Am Holz können sie etwas absägen oder anleimen. Sand, Kies oder Gartenplatten können sie herbeitragen oder wegnehmen. Veränderung ist das schönste aller Spiele.

Auswahl von Materialien

Asphalt

Asphalt ist preisgünstig, unterhaltsarm und sehr breit anwendbar. Für Kinder ist er geeignet, weil er universell bespiel- und befahrbar ist. Nach Regengüssen, wenn die Rasenflächen noch nass sind, kann das Fußballspiel darauf weitergehen. Für alles, was rollt, ist feiner Asphalt am besten: Dreiräder, Rollschuhe, Fahrräder, Skates und Boards. Auch für Basketball, Volleyball und Rollhockey ist Asphalt ein idealer harter Spielbelag. Asphalt lässt sich mit Kreide bemalen. Vertiefte Bereiche werden ein paar Stunden lang zu sommerlichen Pfützen oder winterlichen Eisflächen. Asphalt lässt sich gestalterisch leicht aufwerten. Er kann bemalt oder eingefärbt werden, eingewalzte Steine machen ihn bunter und interessanter. Sandstrahlen nimmt ihm sein hartes Schwarz. Asphalt lässt sich erstaunlich gut plastisch formen. Darin können Rinnen und Buckel ausgebildet oder abschüssige Bahnen angelegt werden.

Beton

Beton ist der Stein unserer Zeit.[120] Er lässt sich frei formen und intensiv färben, ist flexibel, witterungsbeständig und kostengünstig. Als schnell trocknender und harter Untergrund ist er wie Asphalt ein geeigneter Belag für Ball- und Rollspiele. Seine Oberfläche wird vom Schalungsmaterial oder von Werkzeugspuren bestimmt, was eine reiche Palette gestalterischer und haptischer Möglichkeiten eröffnet. So können zum Beispiel Matrizen mit Pflanzen- oder Tiermotiven in die Schalung eingelegt werden, oder die Schalung selbst hinterlässt interessante Strukturen. Beton lässt sich scharrieren oder schleifen und erhält mit unterschiedlichen Zuschlagstoffen verschiedenste Erscheinungen. Als Waschbeton erinnert er an ein Bachbett, geschliffen an einen edlen Terrazzo. Ein riesiges Angebot an vorgefertigten Betonelementen lässt sich kreativ für Spielräume nutzen. Vorgefertigte Elemente sind preiswert und haltbar. Im Werk angefertigte besondere Formen geben einem Spielraum einen individuellen Charakter. Künstlerische Formen wie Spieltiere lassen sich als armierte Zementgüsse realisieren. Kleine und leichtere Betonelemente wie Verbundsteine oder Gartenplatten eignen sich zudem hervorragend als billiges mobiles Material, das Kinder selbst zum Bauen und Gestalten benutzen können.

Bronze

Bronze ist ein für die Außenraumgestaltung eher ungewöhnliches und teures Material, kann aber eine wertvolle Alternative für Stahl sein. Für besondere Anwendungen wie Spielfiguren, Beschläge oder Ornamente an ausgewählten Stellen kommt gegossene Bronze infrage. Ihre schöne goldene Farbe und der Glanz werden Kindern gefallen. Bronze ist unbeschränkt haltbar und erhält durch Patinierung und Gebrauchsspuren mit der Zeit eine differenzierte Oberfläche. Sie eignet sich sehr gut, an besonderen Stellen einen Akzent zu setzen. So kann zum Beispiel der Griff am Tor zum Spielplatz eine magische Tierfigur wie ein Drache oder ein Sympathieträger wie ein Teddybär sein. Im Handel sind bereits viele Motive als Türdrücker erhältlich, die Kinder gefallen könnten: Fische, Seepferdchen und Meeresungeheuer, Schwalben, Hähne und Eulen, Wölfe, Affen und Geckos.

Glas

Auf den ersten Blick kommt Glas in Spielräumen nur als Murmel vor. Damit sind die Verwendungsmöglichkeiten dieses Materials jedoch bei Weitem nicht ausgeschöpft. Ein Spielhaus aus bunten Glasbausteinen wird zum Zauberschloss. Eine Betonwand erhält durch eingelegte Glasbrocken leuchtende Farbfenster. Dem gewöhnlichen Kies kann man Glaskies in verschiedenen Farben beimischen und die Kinder so zur Schatzsuche[121] anregen. Einen geschliffenen Beton bringen Zuschläge aus Glas zum Glitzern. Der Barock liebte mit buntem Glassplitt belegte Flächen; auch heute könnten Kinder daran ihren Spaß haben. Und nicht zuletzt machen Glasdächer Spiel- und Aufenthaltsbereiche auch bei Regen benutzbar.

Gummi

Gummi ist ein vielseitig anwendbares, stoß- und schallabsorbierendes Material, das sich leicht in starken Farben einfärben und auf verschiedenste Untergründe aufbringen lässt. Daher ist es für die Anwendung in Spielbereichen prädestiniert. Objekte und Beläge aus Gummi haben allerdings den erheblichen Nachteil, dass Beschädigungen nur aufwendig repariert werden können und Flickstellen immer sichtbar bleiben. Zudem stinkt neuer Gummi bei Hitze, was bei größeren Flächen sehr unangenehm werden kann. Mit Gummigranulat kann man Spielhügel aus Magerbeton überziehen, und es eignet sich gut als Fallschutzbelag rund um Bodentrampoline. Wo Spielgeräte für Kinder mit Behinderungen geeignet sein müssen, sind Beläge aus Gummigranulat besonders geeignet. Weniger bekannt sind Spielobjekte wie Kugeln und Würfel, die mit Gummi überzogen sind. Vorfabrizierte Elemente wie Gummifliesen oder Randabschlüsse aus Gummi eignen sich zudem hervorragend als loses, gefahrloses Spielmaterial. Autoreifen würden sich dafür auch eignen, sind aber aufgrund der giftigen Zuschlagstoffe ungeeignet.

Holz

Holz ist ein häufiges Material in Spielräumen. Es wächst nach und ist fast überall lokal erhältlich. Es ist griffsympathisch, temperaturausgleichend, leicht form- und veränderbar, alterungsbeständig und nachhaltig. Es kann duften, klingen und federn, rau oder glatt sein und so die Sinne reizen. Kinder können etwas hineinschnitzen, einen Nagel einschlagen oder mit dem Taschenmesser ein Loch hineinbohren. Bei der Verwendung im Außenbereich ist vor allem auf Witterungsbeständigkeit zu achten; Lärche, Eiche und Robinie sind dafür besonders geeignet. Selbst als Material für Bodenbeläge, Decks und Dächer sind Stirnholz oder Planken sehr geeignet, wenn für einen guten Wasserabzug gesorgt ist. Holz ist auch für bewegliche Elemente besonders empfehlenswert. Kleinere Holzwürfel oder Stammabschnitte eignen sich zum Bauen und als Möbel; für Zweige, Balken und Pfähle finden Kinder unendliche Verwendungsmöglichkeiten. Holz- und Rindenschnitzel sind ein gutes Material für einen naturnahen Fallschutz.

Kies und Geröll

Kies ist eine Mischung aus gerundetem Gesteinsmaterial in verschiedenen Korngrößen; Grobkies weist eine Körnung von 20–63 Millimetern, Mittelkies von 6,3–20 Millimetern und Feinkies von 2–6,3 Millimetern auf. Feinere Körnungen gelten als Sand, gröbere als Geröll. Als loses, sauberes, giftfreies und sehr billiges Material eignet sich Kies in allen Körnungen für verschiedenste Zwecke im Spielraum. Schon eine wassergebundene Decke mit einer Abstreuung aus feinem Kies ist ein Spielangebot. Sie kann optisch nahtlos in einen Fallschutzbereich aus Kies übergehen. Als eingewalztes Material in Asphalt oder Beton bereichern die Körner die Erscheinung. Kies ist sinnlich. Er rieselt kitzelnd durch die Hand, erzeugt lustige Geräusche, wenn man ihn auf eine klingende Unterlage wirft, und schmeckt nach Stein und Staub. Kies wird zum Zahlungsmittel im Puppenladen, zum Ladematerial im Spielzeuglaster, zur Munition der Steinschleuder und vielem mehr. Wandkies hat einen noch höheren Spielwert als Kies. Er wird direkt so auf die Baustelle gebracht, wie er abgebaut wurde. Das heißt, dass er auch Sande und Geröll und verschiedenste anregende Zuschlagstoffe enthält. Geröll, also gerundete Steine in Größen zwischen 2 und 20 Zentimetern, eignet sich zusätzlich zum Schichten und Bauen; für Steinmännchen, Staudämme, Feuerstellen und Ähnliches ist es unverzichtbar.

Klinker

Klinker sind bei hohen Temperaturen gebrannte Tone, die sehr widerstandsfähig sind. Ihre Eigenschaften machen sie ideal für die Verwendung im Spielraum von Kindern. Die Farben sind naturnah, lebendig und sehr vielfältig. Es gibt außer den bekannten Rottönen Farben von Weiß über Creme, Gelb, Orange, Grau, Braun, Blauschwarz bis Schwarz. Damit lassen sich farbenfrohe Wände und Bodenbeläge gestalten. Klinker können in verschiedenen Farben glasiert werden. Anfertigungen mit eingepressten Formen könnten Tierspuren, Pflanzenteile, Hände oder Füße zeigen. Historische Klinkerbauten wie das Ishtartor[122] in Babylon oder neue, mit Industrierobotern erstellte Bauten[123] zeigen, wie fantasievoll und kindergerecht Klinker angewendet werden könnten. Klinker eignen sich auch hervorragend als loses Spielmaterial im Freien. Die Farben und Formate der handelsüblichen Steine sind außerordentlich vielfältig und regen zu vielfältigen Schöpfungen an.

Kunststoffe

Kunststoffe werden häufig genutzt, um Spielgeräte und Spielzeug für Kinder herzustellen. Sie sind billig, leicht, gut formbar und können in starken Farben eingefärbt werden. Das sind zwar wichtige Vorteile, die aber durch die erheblichen Nachteile mehr als aufgewogen werden. Dies gilt vor allem bei der Verwendung im Freiraum und im Umfeld von Kindern. Kunststoffe altern unter Witterungseinflüssen sehr schlecht, werden schnell unansehnlich, spröde und brüchig. Wenn sie sich zersetzen, landen sie in der Umwelt und enden als Mikroplastik in den Nahrungsketten von Tieren und Menschen, so zum Beispiel das Granulat in Kunstrasen. Für Kinder sind zudem die Zusatzstoffe in Kunststoffen sehr bedenklich. Weichmacher, Bisphenol A, Flammschutzmittel und Organozinn haben hormonelle Wirkungen und können über Luft und Kontakt auf sie übergehen[124]. Aus diesen Gründen sollte auf Kunststoffe in Freiräumen von Kindern verzichtet werden, wo immer es geht. Bälle, Ringe und aufblasbare Spielgeräte als kleine Objekte mit sehr hohem Spielwert können da die Ausnahme sein, ebenso wie Seile, Netze und Blachen aus Kunststoffen, die witterungsbeständiger sind als solche aus Naturfasern.

Metalle

Die ewig haltbare Stahlrutsche, die sich im Sommer unerträglich aufheizt, zeigt die Vor- und Nachteile von Metallen. Sie lassen sich leicht formen, sind vielfältig anwendbar, halten lange der Bewitterung stand und können für viel Spielspaß sorgen. Sie sind sehr tragfähig und erlauben große, schlanke Konstruktionen. Ihre Flexibilität und Elastizität erlaubt es, federnde Elemente auszubilden, die Kinder magisch anziehen. Metallische Stäbe, Gitter und Bleche sind für Kinder auch Musik- und Lärminstrumente, die es zu erproben gilt. Aber Metalle werden in der Sonne schnell sehr heiß, wirken oft technisch-funktional und tragen wenig zu einer kinderfreundlichen Erscheinung bei. Vor allem verzinkter Stahl und Aluminium wirken kalt, abweisend und damit wenig kindgerecht. Das kann mit farbigen Beschichtungen kompensiert werden. Gelbe und braune Metalle wie Kupfer und Bronze wirken dagegen warm, entwickeln mit der Zeit eine freundliche Patina und interessante Gebrauchsspuren. Ihr Nachteil ist ihr hoher Preis. Unbehandelter Stahl korrodiert zu schönen Rosttönen, und die Oberfläche ist ein idealer Untergrund für Ritz-Zeichnungen, was Gründe sind, die für und gegen ihn sprechen können. Metalle sind nur mit einigem Aufwand und handwerklichem Geschick veränderbar, und bei einer nachträglichen Bearbeitung wird oft der Korrosionsschutz beschädigt. Zwischen den Vor- und Nachteilen von Metallen muss abgewogen werden; die Interessen der Kinder sollten im Vordergrund stehen, und oft können Defizite durch die Anwendung behoben werden. Die anfangs genannte heiße Rutsche kann im Schatten eines großen Baumes stehen.

Naturstein

Naturstein ist natürlich, dauerhaft, tragfähig und schön. Seine Verwendungsmöglichkeiten sind fast unbegrenzt. Für Kinder sind seine Farben- und Strukturvielfalt und natürliche Einschlüsse wie Muscheln oder Schnecken interessant. Naturstein eignet sich für Bodenbeläge, Mauern, Abdeckungen, Brunnen, Rinnen, Sitzgelegenheiten oder Klettertiere. Besonders bieten sich die meisten Natursteine für eine Verwendung mit Wasserelementen an. Ihre vielfältigen Farben und Formen können zu Mustern und Ornamenten, zu Spielfeldern für Halma oder Schach kombiniert werden. Unbearbeitete große Steine können Kletterobjekte sein, kleinere werden zu losem Bau- und Spielmaterial. Steine in Spielräumen dürfen keine spitzen Ecken und scharfen Kanten aufweisen. Sie sollten entweder so groß sein, dass sie nicht bewegt werden können, oder so klein, dass sie Kindern nicht gefährlich werden können, wenn sie bewegt werden. Zudem sollten solche Steine nicht in oder nahe an Fallschutzbereichen Verwendung finden.

Sand

Sand, also loses Gesteinsmaterial in Korngrößen zwischen 0,1 und 2,0 Millimetern, ist ein breit anwendbares, leicht veränderbares und von Kindern hochgeschätztes Material. Reiner Sand hat dabei einen geringen Spielwert, eignet sich aber hervorragend als haltbarer Fallschutzbelag. Sand mit bindigen Zuschlagstoffen ist ein ideales Material zum Formen und wird daher sehr häufig kleinen Kindern im Sandkasten angeboten. Auch für Matschgruben eignet er sich hervorragend. Ideal ist er in Verbindung mit einer Wasserquelle. Selbstverständlich muss Sand für jegliche Verwendung frei von giftigen oder gesundheitsgefährdenden Beimischungen sein.

Ein Nachteil ist seine Beliebtheit bei Haus- und Wildtieren als Kotstelle. Das muss aus hygienischen Gründen vor allem bei Sandkästen für Kleinkinder mit einer leicht zu bedienenden Abdeckung verhindert werden. Diese darf weder zu groß noch zu schwer sein, sonst wird sie nicht benutzt.

Ton

Ton als naturnahes Baumaterial kann in verschiedener Form eine große Bereicherung für einen Spielraum sein. In Anlehnung an traditionelle Bauweisen wie Holzrahmen, die mit Lehm bestrichenen Flechtwerken ausgefacht sind, oder Mauern aus Stampflehm können Kleinbauten entstehen, die einem Spielraum eine unverwechselbare Atmosphäre geben. Die konstruktive Ausbildung der Details von solchen Bauelementen muss allerdings die Schwächen des Materials auffangen, was in Europa vor allem den Schutz vor Regen und Schnee betrifft. Ton als Bodenbelag an einzelnen Stellen eines Spielraums ist wie jeder offene Boden eine Einladung zum Spiel. Ein gestampfter Lehmboden ist ein sinnliches Vergnügen und eine Einladung zum Löchergraben oder Pfützenanlegen. Für Flächen, die unabhängig von der Witterung ständig begangen werden, eignen sich Ton und Lehm allerdings nicht.

Wiederverwendetes

Wiederverwendete Materialien sind nachhaltig, preisgünstig und für Kinder sehr anregend. Sie tragen Spuren ihres Gebrauchs, sind oft eigenwillig und unterschiedlich, haben Fehler und Unregelmäßigkeiten. Böschungssicherungen, Mauern und Bodenbeläge aus gebrauchten Steinen sind farblich vielfältiger als normiertes Material und weisen verschiedene Oberflächenbeschaffenheiten auf. Meist sind keine einheitlichen Größen vorhanden, sodass auch die Formate für Abwechslung sorgen. Spolien, also markante Teile ehemaliger Bauwerke, sind besonders anregend. Alte Gitter, Rahmen, Gesimse, Säulen und Bildhauerarbeiten aller Art können einem Spielraum einen rätselhaften und verspielten Charakter geben und die Fantasie anregen. Wiederverwendete Materialien müssen gift- und schadstofffrei sein und so eingebaut werden, dass sie keine gefährlichen Scher- und Fangstellen bilden. Zudem sollten spitze und scharfe Stellen vermieden oder abgerundet werden.

Leitlinien für die Materialwahl

- **Bei der Materialwahl den Spielwert hoch gewichten**
- **Sinnlich anregende Materialien vorziehen**
- **Reichhaltige Materialpalette wählen**
- **Nachhaltige Materialien vorziehen**
- **Keine giftigen oder gefährlichen Stoffe verwenden**
- **Wiederverwendete Materialien auf Unbedenklichkeit prüfen**
- **Auf Robustheit und leichte Reparierbarkeit achten**
- **Pflegeleichte und alterungsbeständige Stoffe vorziehen**
- **Anpassbare und veränderbare Materialien wählen**
- **Materialien so fügen, dass sie leicht trennbar sind**

Auswahl von Materialien und deren Anwendungsmöglichkeiten

Sinnlich anregende, lange haltbare und veränderbare Materialien bereichern einen Spielraum. Ihre ästhetischen, klanglichen und haptischen Eigenschaften prägen die Atmosphäre und regen zum Spielen an.

Nachhaltigkeit

Ökobilanz und Lebenszykluskosten beachten

Materialien mit hohem CO_2-Verbrauch meiden

Materialien mit niedriger grauer Energie vorziehen

Nahe Gelegenes weit Transportiertem vorziehen

Bauteile wiederverwenden

Recycling-Materialien verwenden

Bauteile lösbar fügen, zum Beispiel schrauben, statt zu kleben

Möglichst keine Verbundmaterialien verwenden

Gifte und Schadstoffe

Keine ungeprüften oder unbekannten Bauteile wiederverwenden

Möglichst wenig Kunststoffe

Anstriche und Oberflächenbehandlungen ohne Gifte und Schadstoffe verwenden

Keine Eisenbahnschwellen und Autoreifen

Haltbarkeit und Unterhalt

Robuste Materialien und Dimensionen wählen

Auf schönes Alterungsverhalten achten

Leichte Reparierbarkeit beachten

Strapazierte Teile als leicht austauschbar konzipieren

Bei großen Flächen und Mengen besonders stark auf Pflege und Unterhalt achten

Unterhaltsintensivere Materialien nur in kleineren Mengen benutzen

Zusammensetzung

Keine Anlagen, in denen ein Material alles dominiert

Vielfalt an Materialien anstreben, ohne Chaos zu erzeugen

Materialkontraste nutzen: warm und kalt, roh und fein, steif und federnd

Defizite eines Materials mit anderem ausgleichen

Spielwert

Materialien mit möglichst hohem Spielwert verwenden

Veränderbarkeit als Spielwert bedenken, zum Beispiel bei Holz

Kies statt Gummimatten als Fallschutz

Mobiles Material einsetzen

Sinnlichkeit

Möglichst alle Sinne anregende Materialien integrieren

Haptisch vielfältige Erfahrungen ermöglichen: rau, geriffelt, glatt, spitz, rund

Federnde Materialien wie Gummi, Holz und Stahl verwenden

Vielfältige Temperaturwahrnehmung unterstützen: Stein, Metall, Holz

Klangliches Potenzial nutzbar machen: Stahlstäbe, Holzlatten, Blechwände

Sehsinn durch reiches Angebot an Farben, Formen und Strukturen stimulieren

Veränderbarkeit

Veränderbare Materialien erleichtern selbstständiges Werken von Kindern

Veränderbare Materialien erleichtern Anpassung an veränderte Nutzungswünsche

Veränderbarkeit erleichtert Aneignung

Handwerklich leicht veränderbare Materialien vorziehen (Holz, Ton, Gehwegplatten, Kies)

Veränderbare Materialien sind meist auch leicht reparierbar

Asphalt

Preisgünstig, leicht unterhaltbar und vielseitig anwendbar

Mittels Einfärben oder Einwalzen von Zuschlägen gestaltbar

Leicht befahrbar: Rollschuhe, Boards, Dreiräder etc.

Guter Spiel-Untergrund nach Niederschlägen, wenn der Rasen noch nass ist

Universal nutzbar als harter Spieluntergrund (Basketball, Volleyball, Rollhockey)

Idealer Malgrund für temporäre Kreide- und bleibende Signalisationsfarben

Vertiefungen werden nach Regen zu Pfützen und Rinnen werden zu temporären Bächen

Modellierungen laden zum Balancieren und Ausprobieren ein

Beton

Preiswert, tragfähig, form- und färbbar, universell erhältlich

Schnell abtrocknender Untergrund für Spiele

Harter Untergrund für Ball- und Rollspiele

Schalungsmaterial für Erscheinung nutzen (Struktur, Haptik, Ornament)

Farben, Zuschlagstoffe und Oberflächenbehandlung kreativ nutzen

Nutzung von vorgefertigten Elementen als preiswerte Spielobjekte

Nach Entwurf gefertigte Elemente für eine individuelle Gestaltung nutzen

Kompakte Spieltiere aus armiertem Zementguss

Kleine Elemente wie Verbundsteine oder Platten als loses Spielmaterial

Bronze

Baubronze als Alternative zu Stahl

Schöne warme Farbe und sehr schöne Patinierung

Zeigt Gebrauchsspuren auf angenehme Art

Künstlerisch formbares Material für Spielfiguren

Viele Tierformen als Türdrücker, Griffe oder Beschläge im Handel erhältlich

Glas

Sehr reizvolles, lichtdurchlässiges und buntes Material

Verwendung von Glasbausteinen für Wände oder Spielhäuser

Glasbrocken in Beton als leuchtende Fenster

Glaskies als Beimischung zu Kies oder als Belagsabstreuung

Zuschlagstoff in geschliffenem Beton führt zu Glitzern

Als Glasdach lichtdurchlässiger Witterungsschutz von Spielflächen

Gummi

Federndes, stoß- und schallabsorbierendes Material

Leicht färb- und formbar

Schwierig zu reparieren

Granulatbeläge, wo Fallschutz aus anderen Materialien nicht möglich

Granulatbeläge als Fallschutz bei Geräten für behinderte Kinder

Ideales Fallschutzmaterial neben Bodentrampolinen

Überzug für modelliertes Terrain aus Magerbeton oder Asphalt

Vorgefertigte Spielobjekte in Form von Kugeln und Würfeln

Gummifliesen und -randsteine als mobiles Spielmaterial

Holz

Nachwachsender Rohstoff, lokal erhältlich

Griffsympathisch, temperaturausgleichend, veränderbar und alterungsbeständig

Sinnlich anregend: duftet, federt, klingt und kann rau oder glatt sein

Anpass- und veränderbar, auch für Kinder

Lärche, Eiche und Robinie sind besonders witterungsbeständig

Als Stirnholz in Sand auch als Bodenbelag im Freien geeignet

Ideal als Material für Decks und Dächer

Balken, Blöcke, Stammabschnitte und Pfähle als mobiles Spielmaterial

Holz- und Rindenschnitzel als naturnaher Fallschutz, muss oft erneuert werden

Kies und Geröll

Natürliches, loses, sauberes und sehr billiges Material

Hoher Spielwert, wenn unterschiedliche Körnungen (Feinkies bis Geröll) vorhanden sind

Fallschutzbelag mit hohem Spielwert

Gestalterisch unsichtbarer Übergang von Kiesabstreuung zu Fallschutzkies

Geröll als Material für Steinmännchen, Feuerstellen, Mauern und Staudämme

Klinker

Naturnah, witterungsbeständig

Reiche Farbpalette mit vielen Naturtönen von Weiß über Gelb und Rot bis Schwarz

Glasuren erweitern das mögliche Farbspektrum

Für Bodenbeläge und Mauern geeignet

Große Formenvielfalt in der Anwendung möglich

Anfertigungen mit kindergerechten Elementen wie Tieren oder Pflanzen möglich

An Farben und Formaten reiches Sortiment an Steinen

Geeignet als loses Bau- und Spielmaterial im Freien

Kunststoffe

Billig, leicht, formbar und kann in starken Farben eingefärbt werden

Schlechtes Alterungsverhalten, wird im Freiraum schnell schäbig

Zersetzungsprodukte schädigen die Umwelt (Mikroplastik etc.)

Enthalten Giftstoffe wie Weichmacher, Flammschutzmittel und Organozinn

Enthalten hormonell aktive Stoffe, die für Kinder ungesund sind

Wegen großer Nachteile möglichst nicht im Umfeld von Kindern anwenden

Ausnahmsweise anwenden, wo sinnvoll: bewitterte Netze, Blachen und Seile

Sinnvoll als Bälle und aufblasbare Spielsachen

Metalle

Elastisch, leicht formbar, leistungsfähiges Konstruktionsmaterial

Heizt sich an der Sonne schnell auf, nur im Schatten anwenden

Nur mit handwerklichem Geschick veränderbar

Für federnde Elemente anwenden, die Kindern besonders gefallen

Stäbe, Gitter und Bleche eignen sich zur Erzeugung von Geräuschen

Industriell wirkende Metalle wie verzinkter Stahl farbig beschichten

Patina entwickelnde Metalle wie Baubronze oder Kupfer bevorzugen

Materielle Nachteile durch Anwendung und Behandlung ausgleichen

Naturstein

Naturnah, tragfähig, vielfältig anwendbar

Reiche Farbpalette und viele Strukturen für Muster und Ähnliches verfügbar

Für Bau- und Ausstattungselemente aller Art geeignet, z. B. Beläge, Mauern, Brunnen und Bänke

Gut im Zusammenhang mit Wasser anwendbar

Für künstlerische Bearbeitung, etwa zu Spieltieren, prädestiniert

Große Steine als Klettersteine

Große Steine als Abgrenzungselemente, zum Beispiel zu Parkplätzen

Größen kontrollieren: groß genug, dass sie nicht bewegt werden können

Klein genug, dass sie nicht zur Gefahr werden

Kleine und mittlere Größen als mobiles Spielmaterial, rund oder bearbeitet

Spitzen und scharfe Kanten vermeiden

Nicht in Fallschutzbereichen oder deren Nähe verwenden

Sand

Breit anwendbares, sehr billiges und vielfältiges Material

Gewaschener reiner Sand ohne bindige Anteile als Fallschutzmaterial geeignet

Spielsand muss bindige Anteile enthalten

Jeder Sand muss frei von giftigen Bestandteilen und Schmutz sein

Sandkästen mit praktischen Abdeckungen vor kotenden Tieren schützen

Ton

Natürliches, preisgünstiges Material

Große Formbarkeit als Spielanreiz, z. B. in Matschgruben

Stampflehmelemente gut vor Bewitterung schützen

Mit geflochtenen Ruten als Wandbewurf für Spielhäuser

Gestampft als Bodenbelag, der sich verändern lässt

Nicht als witterungsbeständigen Bodenbelag einplanen

Wiederverwendetes

Nachhaltiges und sehr anregendes Material

Gebrauchsspuren und ungewöhnliche Details regen die Fantasie an

Vielfältiger als normiertes Material

Gebrauchte Steine für Mauern, Bodenbeläge und weitere Verwendungen

Gebrauchte Bauteile wie Tore oder Gitter für Umgrenzungen

Spolien wie Gesimse, Figuren oder Säulenstümpfe als Attraktionen

Sicherstellen, dass keine Gift- und Schadstoffe enthalten sind

Scharfe und spitze Stellen vermeiden oder abrunden

Beim Einbau keine Scher- und Fangstellen erzeugen

Pflanzen-verwendung

Kinder nutzen Früchte und Nüsse, schneiden Zweige und Äste zum Basteln und verstecken sich in Sträuchern. Sie klettern auf Bäume und pflücken Blumen. Die Pflanzenwahl beeinflusst die Spielqualität eines Freiraumes entscheidend. Sträucher und Bäume strukturieren einen Freiraum und schaffen Rückzugs- und Spielorte. Dichte und immergrüne Gehölze verbergen unansehnliche Bereiche wie Matschgruben oder Bauspielplätze. Pflanzen ziehen Tiere an und ermöglichen Kindern, der faszinierenden Natur zu begegnen.

Allgemeine Auswahlkriterien

Vorhandene Gehölze sollten erhalten werden; sie sind widerstandsfähiger als frisch gepflanzte. Bei Neuanpflanzungen lohnt es sich, in große und starke Gehölze zu investieren. Sie widerstehen dem Nutzungsdruck besser. Eine breite Palette von Pflanzen ist sinnvoll. Die Kinder suchen sich das, was sie interessiert, selbst heraus und entdecken Spielmöglichkeiten, wo keine vermutet wurden. Eine breite Artenwahl hilft, Ausfälle von einzelnen Arten auszugleichen. So bleibt eine Gesamtanlage ansprechend, auch wenn Kinder eine oder zwei Arten übernutzen. Zu empfehlen sind generell robuste und regenerationsfähige Pflanzen; austriebstarke und wüchsige Arten ertragen es besser, von Kindern bespielt zu werden. Pflanzenarten, die gern von Kindern gepflückt oder geschnitten werden, sollten in großzügigen Stückzahlen verwendet werden, sodass auch eine starke Nutzung durch das natürliche Wachstum kompensiert wird. Stark giftige oder Hautreizungen erzeugende Pflanzen sollten im Wohnumfeld und auf Spielplätzen vermieden werden. Die Listen im Praxisteil führen besonders geeignete und ungeeignete Pflanzen auf.

Schattenspender

Gehölze als natürliche Schattenspender

Im Sommerhalbjahr ist Schatten unabdingbar. Vor allem Kleinkinderspielplätze und Matschgruben müssen vor der Sonne geschützt werden. Dafür eignen sich Bäume und Großsträucher hervorragend. Sie sind genau zu der Zeit belaubt, in der Schatten dringend nötig ist, und lassen im Winter die wärmenden Strahlen durch. Besonders Gehölze mit dichten und breiten Kronen wie Rosskastanie *(Aesculus hippocastanum* und *A. x carnea ‹Briotii›)*, Linde *(Tilia spec.)* oder Walnussbaum *(Juglans regia)* eignen sich sehr gut. Der Nussbaum treibt zeitig im Frühjahr seine Blätter aus und bietet damit Schatten schon früh im Jahr. Im Herbst fallen seine Blätter früh, was in der kühleren Jahreszeit zu einer angenehmen Erwärmung des Spielplatzes führt. Die Platane *(Platanus spec.)* dagegen treibt sehr spät aus und verliert die Blätter auch spät; beide Vorgänge sind zur Beschattung weniger nützlich. Wertvoll sind schattige Teile einer Anlage als geschützte Orte für die Kinder, in die sie sich bei großer Hitze zurückziehen können.

Kletterpflanzen als natürliche Schattenspender

Anstelle von Schattenbäumen und -sträuchern eignen sich auch laubabwerfende Kletterpflanzen gut als Schattenspender über Spielbereichen. So kann ein Sandkasten in eine Pergola integriert sein, auf der pflegeleichte Arten wachsen, wie zum Beispiel Wilder Wein *(Parthenocissus tricuspidata ‹Veitchii›)*, Rankende Jungfernrebe *(Parthenocissus vitacea)*, Fünflappiper Mauerwein *(Parthenocissus quinquefolia)*, Trompetenblume *(Campsis radicans)*, Waldgeißblatt *(Lonicera periclymenum)* und Ramblerrose (z. B. *Rosa ‹Filipes Kiftsgate›*). Glyzinien *(Wisteria spec.)* eignen sich dafür wegen ihrer giftigen Samen nicht.

Verstecke und Sichtschutz

Pflanzen als Versteck und Rückzugsort

Versteckspiele sind bei Kindern sehr beliebt. Pflanzen sind ein einfaches und günstiges Mittel, auf vielfältige Weise Versteckmöglichkeiten zu bieten. Besonders geeignet sind Pflanzen, die von sich aus schon verborgene und bergende Räume bieten, wie zum Beispiel Hängebuchen *(Fagus sylvatica ‹Pendula›)*, Trauerweiden *(Salix babylonica)* oder andere Arten mit hängendem Habitus. Bei den Blutbuchensorten gibt es auch eine kleiner bleibende Hängeform *(Fagus sylvatica ‹Purpurea pendula›)*, die mit ihren Ästen perfekte, igluartige Räume bildet, die sich ideal für Verstecken und andere Spiele eignen. Aber auch jeder dicht belaubte Strauch kann zum Versteck oder zum Rückzugsort werden. Besonders geeignet sind Kleinbäume und Sträucher, die im Innern wenig Äste haben, keine Dornen oder Stacheln aufweisen und außen dicht belaubt sind. Das sind beispielsweise Haselsträucher *(Corylus avellana)* und Eisenholzbäume *(Parrotia persica)* oder immergrüne Gehölze wie Kriechwacholder *(Juniperus squamata)*. Ein schönes Beispiel findet sich in einem Film des Marie Meierhofer Instituts für das Kind. Dort eignet sich ein Mädchen einen Kriechwacholder als geheime Höhle an, versteckt sich darin und nutzt zudem die flachen Äste zum Wippen und Schaukeln.[125]

Immergrüne Gehölze als Sichtschutz

Bereiche, in denen Kinder unkontrolliert und wild spielen dürfen, können mit immergrünen Gehölzen kaschiert werden. Als Vorpflanzung eignen sich beispielsweise Buchs *(Buxus sempervirens)*, Eibe *(Taxus baccata)* oder Ölweide *(Eleagnus ebbingei)*. Koniferen wie Kiefer (*Pinus silvestris* und *P. nigra*.), Tanne *(Abies alba)* oder Fichte *(Picea abies)* bieten zusätzlich Zapfen als Spielmaterial. Von immergrünen blühenden Gehölzen wie Rhododendron *(Rhododendron spec.)*, Duftblüte *(Osmanthus spec.)* und Lorbeer-Schneeball *(Viburnum tinus)* können zusätzlich Blüten gepflückt werden. Auf die Stechpalme *(Ilex aquifolium)* sollte wegen ihrer sehr starken Giftigkeit trotz ihrer attraktiven Beeren verzichtet werden.

Klettern und Turnen auf Pflanzen

Ideale Kletterbäume

Zum Klettern und Turnen eignen sich Bäume mit tiefsitzenden, eher waagrechten Ästen und hartem Holz, die nicht leicht brechen und gute Aufstiegsmöglichkeiten bieten. Das sind zum Beispiel Buchen *(Fraxinus)*, Hainbuchen *(Carpinus betulus)*, Eichen *(Quercus)*, Eisenholzbäume *(Parrotia persica)* und Ahornarten *(Acer spec.)*. Wegen ihres Habitus und ihrer Robustheit bieten auch Obstbäume wie Apfel *(Malus domestica)*, Birne *(Pyrus domestica)* oder der Walnussbaum *(Juglans regia)* gute Klettermöglichkeiten. Wichtig ist, dass die untersten Äste mindestens 60 Zentimeter oberhalb des Bodens ansetzen, damit Kinder unter drei Jahren den Baum nicht selbstständig erklettern können. Die untersten Äste sollten aber auch nicht höher als etwa 100 Zentimeter über Boden ansetzen, damit ältere Kinder sie noch erklimmen können. Zudem sind Bäume mit einem durchgehend dichten Astwerk zu verwenden, sodass keine zu großen freien Fallhöhen vorhanden sind. Ein Kletterbaum darf kein Totholz aufweisen; dieses stellt eine nicht erkennbare Gefahr für die Kinder dar und muss entfernt werden. Klettergehölze dürfen wegen der Absturzmöglichkeit nie über befestigten Flächen stehen. Wenn besteigbare Bäume innerhalb der Kronentraufe Hartflächen aufweisen, sollten diese entfernt oder der Baum aufgeastet werden.

Pflücken und Basteln

Pflanzen als Bastelmaterial

Viele Pflanzen bieten hervorragendes Bastelmaterial: Samen, Zweige und Blätter dienen Kindern für ihre gestalterischen Tätigkeiten. Aus den Samen von Buchen *(Fagus sylvatica)*, Rosskastanien *(Aesculus hippocastanum)*, Eichen *(Quercus spec.)* und Walnuss *(Juglans regia)* entstehen Figürchen oder Schmuckketten. Hasel *(Corylus avellana)*, Esche *(Fraxinus excelsior)* und Eibe *(Taxus baccata)* bieten das beste Material für einen Bogen. Für Pfeile eignen sich Sträucher mit langen, geraden Schösslingen wie Hartriegel *(Cornus spec.)*, Wolliger Schneeball *(Viburnum lantana)*, Rainweide *(Ligustrum vulgare)* und Hasel *(Coryllus avellana)*. Größere Bambusarten wie *Phyllostachys* und *Fargesia* liefern Material für Flöten, Speere und Zauberstäbe oder für Bauvorhaben wie Hütten und Brücken. Ausschlagwillige Weidenarten wie die Korbweide *(Salix viminalis)* gehören zu den besten Lieferanten von Bastelmaterial für Körbe, Pfeile oder Tipis. Kleinere Flechtarbeiten lassen sich mit Binsen *(Juncus spec.)*, Hainsimsen *(Luzula spec.)* oder langen Gräsern realisieren. Koniferen wie Kiefern *(Pinus spec.)*, Tannen *(Abies alba)* oder Fichten *(Picea abies)* liefern die Zapfen für Spieltiere, Dekorationen und Ähnliches. Es ist wichtig, genügend viele Exemplare anzupflanzen, dass sie auch bei intensiver Nutzung gut überleben können.

Buntes Herbstlaub zum Sammeln und Basteln

Wenn im Herbst die Pflanzen ihr Chlorophyll abbauen, sorgen Xanthophylle und Karotine für leuchtend gelbe und orangefarbene Töne, das Anthocyan für die roten. Diese Prozesse faszinieren auch Kinder. Pflanzen mit intensiver Herbstfärbung liefern Blätter für Bastelarbeiten und Dekorationen. Sie inspirieren Kinder zu bunten Zeichnungen und Collagen. Die spektakulärsten Herbstfärbungen bei den Bäumen finden sich bei Ahornen, beim Amberbaum *(Liquidambar styraciflua)* und beim Eisenholzbaum *(Parrotia persica)*; bei den Sträuchern sind es unter anderem Forsythie *(Forsythia x intermedia)* und Berberitze *(Berberis thunbergii, Berberis vulgaris)*, deren Blätter alle möglichen Farben annehmen können. Selbst Kletterpflanzen wie der Wilde Wein *(Parthenocissus quinquefolia)* oder Stauden wie die Eichblatt-Hortensie *(Hydrangea quercifolia)* können im Herbst mit buntem Laub prunken. Pflanzen mit spektakulärem Herbstlaub finden sich im Listenteil.

Blüten und Samenstände für Spiele und Sträuße

Blütenzweige, robuste Wildblumen und wüchsige Stauden bieten Blüten, für die Kinder vielfältige Verwendungen finden. Sie pflücken sie für Sträuße oder flechten Kränze daraus. Sie pressen sie oder basteln damit Geschenke. Manche Blüten haben einen besonderen Spiel-Reiz: Gänseblümchen *(Bellis perennis)* und Wiesen-Margeriten *(Leucanthemum vulgare)* eignen sich für Abzählspiele. Aus Löwenzahnblüten *(Taraxacum officinale)* werden Blumenkränze. Die Blüten des Garten-Löwenmäulchens *(Antirrhinum majus)* lassen sich auf- und zuklappen. Die Pimpernuss *(Staphylea pinnata)* produziert rasselnde Samenkapseln, der Blasenstrauch *(Koelreuteria panniculata)* und die Lampionblume *(Physalis alkekengi)* kleine Lampions. Wo Blumen zur Verfügung stehen, werden Kinder sie schnell in ihren Spielen verwenden. Wichtig ist, dass genügend viele davon vorhanden sind, damit es auf ein paar gepflückte nicht ankommt.

Liste von empfohlenen Pflanzen

Die nachfolgend aufgeführten Pflanzen sind für Kinder besonders wichtig, wertvoll oder interessant. Die Liste ist eine Anregung ohne Anspruch auf Vollständigkeit. Die Standortansprüche der Pflanzen sind zu berücksichtigen, denn nur gut wüchsige und gesunde Pflanzen überstehen die Beanspruchung durch Kinder über längere Zeit.

Bäume

Aesculus hippocastanum *Rosskastanie*
Kletterbaum, Schatten, Samen als Spielmaterial

Abies alba *Weißtanne*
Kletterbaum, Bastelmaterial Zapfen, Versteck, Sichtschutz

Acer spezies *Ahorne*
Kletterbaum, Schatten, Samen und Blatt zum Basteln

Alnus spezies *Erle*
Zapfen und Zweige zum Basteln

Carpinus betulus *Hainbuche*
Sichtschutz, Kletterbaum

Catalpa bignonoides *Trompetenbaum*
Schatten, Fruchtkapseln zum Basteln

Cercidiphyllum japonicum *Kuchenbaum*
Falllaub duftet nach Lebkuchen

Corylus colurna *Baumhasel*
Samen zum Spielen, Nüsse zum Verzehr

Fagus sylvatica *Rotbuche*
Schatten, Kletterbaum, Nüsse zum Basteln

Fraxinus excelsior *Esche*
Kletterbaum, Holz für Pfeilbogen und anderes Spielzeug

Koelreuteria paniculata *Blasenbaum*
Lampionfrüchte zum Basteln und Spielen

Liquidambar styraciflua *Amberbaum*
Schatten, Herbstfärbung, Samen zum Basteln

Parrotia persica *Eisenholzbaum*
Schatten, Kletterbaum, bunte Herbstfärbung

Paulownia tomentosa *Paulownie*
Schatten, Kletterbaum, Samen zum Basteln

Pinus spezies *Kiefer*
Kletterbaum, Zapfen zum Basteln

Platanus spezies *Platane*
Kletterbaum, Samen zum Basteln

Prunus avium *Vogelkirsche*
Vogelnährgehölz, Blüte, Herbstfärbung, Früchte

Prunus serrula *Mahagoni-Kirsche*
Rinde zum Basteln, Blüten

Pterocarya fraxinifolia *Flügelnuss*
Kletterbaum, Nüsschen zum Basteln

Pyrus salicifolia *Weidenblättrige Birne*
Kleine (sehr saure) Früchte zum Spielen

Quercus spezies *Eiche*
Schatten, Kletterbaum, Eicheln zum Spielen

Salix alba *Silber-Weide*
Zweige zum Basteln und Bauen

Salix caprea *Salweide*
Zweige zum Basteln und Bauen

Salix viminalis *Korbweide*
Zweige zum Flechten und Basteln, Weidentipi

Tilia spezies *Linde*
Kletterbaum, Schatten, Holz zum Schnitzen

Beeren, Nüsse, Obst und Gemüse

Aronia melanocarpa *Apfelbeere*
Früchte zum Verzehr

Brassica rapa *Herbstrübe*
Frucht für «Räbeliechtli»

Cucurbita spezies *Kürbis*
Wachstum beobachten, Frucht zum Spielen

Corylus avellana *Haselnuss*
Nüsse zum Verzehr

Corylus colurna *Baumhasel*
Schatten, Nüsse zum Verzehr

Ficus carica *Feige*
Früchte zum Verzehr, Blätter zum Spielen

Fragraria ananassa *Erdbeere*
Früchte zum Verzehr

Fragraria vesca *Wilde Erdbeere*
Früchte zum Verzehr

Juglans regia *Walnuss*
Kletterbaum, Schatten, Früchte zum Essen

Lycium barbarum *Gojibeere*
Früchte zum Naschen

Malus spezies *Apfelbaum*
Blüten für Sträuße und Früchte zum Verzehr

Morus alba *Maulbeerbaum*
Früchte zum Verzehr

Prunus armeniaca *Aprikose*
Früchte zum Verzehr

Prunus domestica *Zwetschge*
Blüten für Sträuße und Früchte zum Verzehr

Prunus persica *Pfirsich*
Früchte zum Verzehr

Pyrus spezies *Birne*
Blüten für Sträuße und Früchte zum Verzehr

Raphanus sativus *Radieschen*
Wachstum beobachten, Verzehr

Ribes rubrum *Rote Johannisbeere*
Früchte zum Verzehr

Ribes uva-crispa *Stachelbeere*
Früchte zum Verzehr

Rubus idaeus *Himbeere*
Früchte zum Verzehr

Vaccinium myrtillus *Heidelbeere*
Früchte zum Verzehr

Zea mays saccharata *Zuckermais*
Wachstum beobachten, Verzehr

Schling- und Kletterpflanzen

Actinidia spezies *Kiwi, Strahlengriffel*
Früchte (v. a. kleine) zum Verzehr

Cardiospermum halicacabum *Ballonpflanze*
Kapselfrüchte zum Spielen

Clematis spezies *Waldrebe*
Lianen zum Basteln

Rubus fruticosus *Brombeere*
Früchte zum Verzehr, Blätter für Tee

Vitis vinifera *Weintraube*
interessantes Wachstum, Früchte zum Verzehr

Parthenocissus spezies *Jungfernreben*
Herbstfärbung, Blätter zum Basteln

Rosa spezies *Kletternde Rosen*
Blumen für Sträuße und Hagebutten

Thunbergia alata *Schwarzäugige Susanne*
wächst extrem schnell, attraktive Blüten

Stauden, Gräser und Zwiebelpflanzen

Allium giganteum *Zierlauch*
Wachsen beobachten, Sträuße

Anthemis tinctoria *Färberkamille*
zieht Bienen an, für Sträuße

Arundo donax *Pfahlrohr*
Wachsen beobachten, verstecken, basteln

Aster spezies *Astern*
zieht Insekten an, Sträuße

Astilboides tabularis *Tafelblatt*
große Blätter zum Spielen und Basteln

Betonica officinalis *Betonia*
zieht Schmetterlinge an

Campanula spezies *Glockenblumen*
für Sträuße, zieht Insekten an

Cephalophora aromatica *Gummibärchenpflanze*
duftet beim Zerreiben nach Gummibärchen

Cortaderia selloana *Pampasgras*
Samenstände zum Basteln und Spielen

Fargesia spezies *Bambus*
Verstecken und Halme zum Basteln

Lepidium sativum *Kresse*
sehr schnellwüchsig, Verzehr

Leucanthemum spezies *Margeriten*
Sträuße und Abzählspiele

Levisticum officinale *Maggikraut*
duftet nach Maggi, Verzehr

Miscanthus sinensis *Chinaschilf*
Wachsen beobachten, verstecken, basteln

Papaver orientale *Türkischer Mohn*
Samenkapseln zum Spielen

Phyllostachys spezies *Bambus*
Verstecken und Rohre zum Basteln

Physalis alkekengi *Lampionblume*
Fruchtstände zum Basteln und Spielen

Pseudosasa japonica *Breitblattbambus*
Verstecken und Rohre zum Basteln

Semiarundinaria fastuosa *Jap. Säulenbambus*
Verstecken und Rohre zum Basteln

Ein- und zweijährige Pflanzen

Alcea rosea *Stockrose*
Wachstum beobachten, Sträuße

Amaranthus caudatus *Fuchsschwanz*
zieht Schmetterlinge an, Ähren zum Spielen

Antirrhinum majus *Löwenmäulchen*
Blüten zum Spielen, für Sträuße

Bellis perennis *Gänseblümchen*
für Sträuße und Kränze, Abzählverse

Helianthus annuus *Sonnenblume*
Wachstum beobachten, Samen zum Basteln, Verzehr

Helichrysum bracteatum *Strohblume*
getrocknet zum Basteln und Spielen

Lunaria annua *Judassilberling*
getrocknete Schoten zum Basteln

Nigella damascena *Jungfer im Grünen*
getrocknete Frucht zum Basteln und Spielen

Tropaeolum majus *Kapuzinerkresse*
Wachstum beobachten, Verzehr

Liste von ungeeigneten Pflanzen

Vergiftungen mit Pflanzen sind sehr selten. Trotzdem sollten die unten aufgeführten Listen je nach Planungsaufgabe und Auftraggeberschaft beachtet werden. Die Listen stammen von Tox Info Suisse; die Anmerkungen vom Autor.

Liste 1: für Kinder zu gefährliche Pflanzen[126]

Aconitum napellus *Blauer Eisenhut*
hochgiftig, Blüten verlocken zum Spielen

Atropa belladonna *Tollkirsche*
hochgiftig, verlockende Beeren

Brugmansia stramonium *Stechapfel*
hochgiftig, Samenkapseln verlocken zum Spielen

Brugmansia suaveolens *Engelstrompete*
hochgiftig, Topfpflanze, Missbrauch als Droge

Colchicum autumnale *Herbstzeitlose*
hochgiftig, Verwechslungsgefahr mit Bärlauch

Daphne spezies *Seidelbast*
hochgiftig, verlockende Beeren

Digitalis spezies *Fingerhut*
hochgiftig, Blüten verlocken zum Spielen

Euphorbia spezies *Wolfsmilch*
giftig, Milchsaft kann Hautreizungen verursachen

Heracleum mantegazzianum *Riesenbärenklau*
kann Photodermatitis verursachen

Hyoscyamus niger *Schw. Bilsenkraut*
hochgiftig, 15 Samen sind für ein Kind tödlich

Laburnum anagyroides *Goldregen*
hoch giftg, Samenstände verlocken zum Spielen

Littonia spezies *Littonie*
hochgiftig

Nerium oleander *Oleander*
hochgiftig, Samenstände verlocken zum Spielen

Ricinus communis *Wunderbaum*
hochgiftig, Samen verleiten zum Spielen

Sandersonia aurantiaca *Laternenlilie*
hochgiftig, Verwendung oft als Schnittblume

Taxus baccata *Eibe*
giftig in allen Teilen, außer dem Samenmantel

Veratrum album *Weißer Germer*
hochgiftig, Verwechslung mit gelbem Enzian

Liste 2: für Kinder ungeeignete Pflanzen

Arum maculatum *Gefl. Aronstab*
giftige Früchte verlocken zum Verzehr

Bryonia spezies *Zaunrübe*
Beeren reizen zum Verzehr

Cheiranthus cheiri *Goldlack*
attraktive, duftende Blüten

Convallaria majalis *Maiglöckchen*
Verwechslungsgefahr mit Bärlauch

Cotoneaster spezies *Zwergmispel*
Bodendecker, Früchte reizen zum Verzehr

Cytisus spezies *Besenginster*
attraktive, duftende Blüten, in allen Teilen giftig

Delphinium spezies *Rittersporn*
attraktive, aber giftige Gartenpflanze

Dictamnus albus *Diptam*
attraktive, in allen Teilen giftige Gartenpflanze

Euonymus spezies *Pfaffenhütchen*
hochgiftig, sehr bitterer Geschmack

Fritillaria imperialis *Kaiserkrone*
attraktive, aber giftige Zwiebelpflanze

Galanthus nivalis *Schneeglöckchen*
giftige kleine Blume, reizt Kinder zum Pflücken

Genista spezies *Ginster*
duftende Blüten, in allen Teilen giftig

Helleborus spezies *Christrosen*
giftige, kleine Blumen, reizen Kinder zum Pflücken

Juniperus sabina *Sadebaum*
sehr giftig, Zapfen verlocken zum Spiel

Juniperus virginiana *Virginische Zeder*
sehr giftig, Zapfen verlocken zum Spiel

Kalmia latifolia *Berglorbeer*
beliebte, aber in allen Teilen giftige Gartenpflanze

Leucojum vernum *Märzenbecher*
in allen Teilen giftig, verlockt zum Pflücken

Ligustrum vulgare *Liguster*
leicht giftige Beeren, verlocken zum Essen

Lobelia inflata *Aufgebl. Lobelie*
in allen Teilen giftige, einjährige Zierpflanze

Lupinus spezies *Lupine*
giftige Samen verleiten zu Spiel und Verzehr

Narcissus spezies *Osterglocken*
Verwechslungsgefahr mit Küchenzwiebeln

Pachysandra spezies *Ysander*
beliebter Bodendecker

Phaseolus spezies *Bohnen*
im Rohzustand giftig

Phytolacca americana *Kermesbeere*
giftig, versamt sich stark

Prunus laurocerasus *Kirschlorbeer*
giftig (außer Samenmantel)

Rhamnus spezies *Faulbaum*
giftig, Beeren verlocken zum Verzehr

Robinia pseudoacacia *Robinie*
giftig, Schoten verlocken zum Spielen

Ruta graveolens *Gartenraute*
giftig, kann Photodermatitis verursachen

Sarcococca spezies *Fleischbeere*
giftig, Beeren verführen zum Verzehr

Sedum acre *Mauerpfeffer*
wird trotz Giftigkeit als Gewürz verwendet

Solanum spezies *Nachtschatten*
unreife, giftige Beeren verführen zum Verzehr

Spartium junceum *Binsenginster*
in allen Teilen giftiger Zierstrauch

Tamus communis *Schmerwurz*
in allen Teilen giftig, Hautreizungen möglich

Thuja spezies *Lebensbaum*
sehr häufige, in allen Teilen giftige Heckenpflanze

Ulex europaeus *Stechginster*
in allen Teilen giftiger Zierstrauch

Wisteria spezies *Glyzinie*
giftig, Hülsen verleiten zum Spielen

Weitere

Cicuta verosa *Wasserschierling*
stark giftig

Conium maculatum *Gefleckter Schierling*
stark giftig, vor allem die Früchte

Nicotiana tabacum *Virginischer Tabak*
in allen Teilen giftig

Schmecken und Riechen

Früchte für sinnliche Erlebnisse

Früchte selbst pflücken und gleich essen gehört zu den schönsten Erlebnissen im Sommer und Herbst. Viele robuste und wüchsige Gehölze und Stauden produzieren kindergerechte Früchte. Um den Unterhaltsaufwand in Grenzen zu halten, eignen sich Arten, die wenig Pflege benötigen. Dazu gehören Johannisbeere *(Ribes spec.)*, Stachelbeere *(Ribes uva-crispa)* oder Wilde Erdbeere *(Fragraria vesca)*. Auch Felsenbirnen *(Amelanchier spec.)* sind anspruchslos, und es gibt sehr süße Sorten wie etwa ‹Smoky› oder ‹Bayern 1›. Bei großen Obstbaumarten wie Kirsche *(Prunus avium)*, Apfel *(Malus domestica)* oder Birne *(Prunus domestica)* empfiehlt es sich, entweder klein bleibende Säulenformen zu wählen oder normale Sorten als niedrige Spaliere zu ziehen, sodass die Kinder auch an die Früchte gelangen können. Sinnvoll sind kleinfrüchtige und vor allem süße Sorten. Es sollten robuste und resistente Sorten gewählt werden, die nicht gespritzt werden müssen.

Düfte

Düfte sprechen die ältesten Regionen im Hirn an und entfalten auch bei Kindern ihre Wirkung. Dabei kann zum Beispiel ein besonderer Duft wie der des Falllaubes des Lebkuchenbaumes *(Cercidiphyllum japonicum)* für sie besonders reizvoll sein. Die Schokoladenblume *(Cosmos atrosanguineus)* verdankt ihren Namen ihrem Duft, ebenso wie die Lakritz-Tagetes *(Tagetes filifolia)* oder der Colastrauch *(Artemisia abrotanum)*. Auch Kräuter, deren Blätter an Essbares erinnern, finden Kinder anziehend, so etwa das Laub des Currykrauts *(Helichrysum italicum)* oder der Gummibärchenpflanze *(Cephalophora aromatica)*. Gewöhnliche Küchenkräuter mit ihren Aromen und Düften können diese ergänzen. Auch in angenehm riechende Blüten stecken Kinder gern die Nase. Am besten eignen sich Zwergsträucher, deren Blüten in Reichweite der Kinder stehen, wie Zwergflieder *(Syringa meyerii ‹Palibin›)*, Zwerg-Winterschneeball *(Viburnum farreri ‹Nanum›)* oder Koreanischer Duftschneeball *(Viburnum carlesii)*.

Wachstum und Veränderung

Der Reiz von Wachstum und Veränderung

Kinder haben viel kürzere Zeithorizonte als Erwachsene. Daher lieben sie schnell wachsende Pflanzen, bei denen Wachstum und Veränderung schnell sichtbar werden. Die Sämlinge der Gartenkresse *(Lepidium sativum)* sind schon nach einer Woche zur Ernte bereit. Die Kapuzinerkresse *(Tropaeolum majus)* treibt sehr schnell essbare Blätter und Blüten. Eine Sonnenblume *(Helianthus annuus)* keimt, wächst und blüht innerhalb von drei Monaten. Garten-Erbsen *(Pisum sativum)* lassen sich schon nach zwei bis drei Monaten nach der Saat ernten. Im Nu erobern Stangenbohnen *(Phaseolus vulgaris)* ihre Stützen und schließen ihr Blattwerk zum Indianertipi. Auch der jahreszeitliche Wandel kann Kinder faszinieren, wenn er auffällig genug ist, wie zum Beispiel bei der Kirsche *(Prunus avium)*, die auffällig weiß blüht, rot fruchtet und eine flammend rot-orange Herbstfärbung zeigt. Auch die Jungfernrebe *(Parthenocissus quinquefolia)* kann mit ihrem schnellen Wachstum, dem grünen Blattaustrieb und der intensiven Herbstfärbung das Interesse von Kindern wachhalten. Schnell und hoch aufwachsende Pflanzen wie Pfahlrohr *(Arundo donax)*, Chinaschilf *(Miscanthus chinensis)* oder Topinambur *(Helianthus tuberosus)* machen starkes pflanzliches Wachstum in einer einzigen Vegetationsperiode sichtbar.

Rasen und Wiesen

Rasenflächen werden vorgesehen, wo Flächen für Bewegungsspiele oder Picknicks gebraucht werden. Sie sollten robuste Saatmischungen enthalten und gut entwässert werden, damit sie langfristig brauchbar bleiben. Rasenflächen eignen sich auch als Reserveflächen für künftige Nutzungen; sie können leicht an neue Funktionen angepasst werden, sei es als Pflanzflächen, Matschgruben oder Abenteuerspielplatz. Interessanter als Gebrauchs- oder Sportrasen ist für Kinder ein Blumenrasen, in dem trotz des Schnitts auch kleine Blumen gedeihen. Zudem finden sich in einem Blumenrasen mehr interessante Kleintiere. Ein- bis zweimal jährlich gemähte Wiesen mit hohem Gras und blühenden Stauden sind für Kinder sehr attraktiv. Sie erleben dort die Natur ganz nah und auf ihrer Augenhöhe. Magerwiesen ziehen Insekten, Vögel und Kleinsäuger an, die zusätzlich interessant sind. Solche Wiesen eignen sich allerdings nur für wenig genutzte oder periphere Bereiche, sonst wird das Gras niedergetreten oder öfter gemäht, und der Reiz einer Wiese geht verloren.

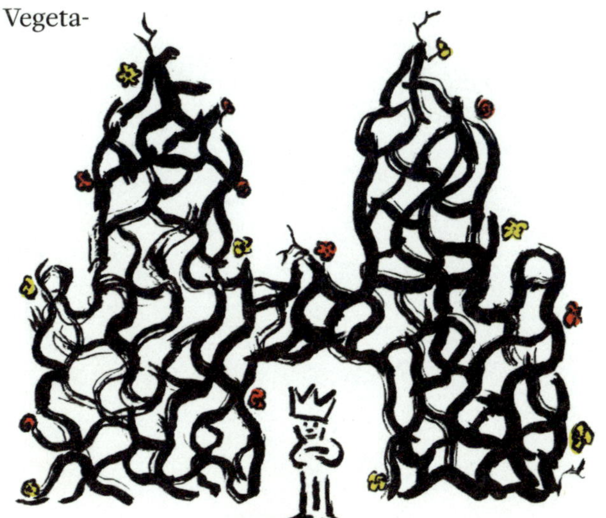

Pflanzen für Tiere

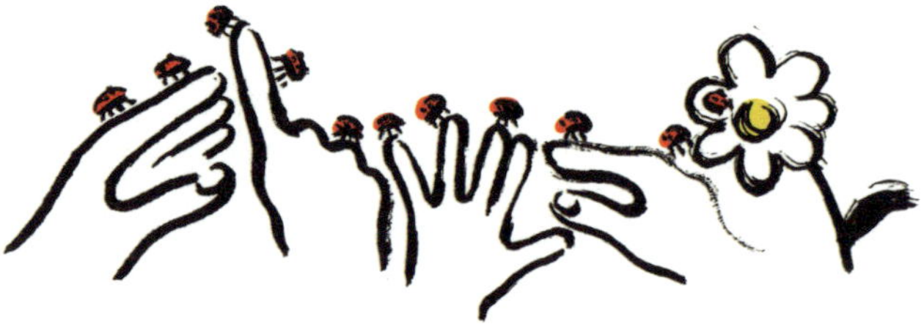

Tiere üben auf Kinder eine noch größere Faszination aus als Pflanzen. Freiräume für Kinder sollten daher sehr strukturreich sein und verschiedenen Tieren einen Lebensraum bieten. Gewächse, die Insekten, Vögel oder Säugetiere anziehen und ernähren, sind beispielsweise die Schmetterlingsmagneten Betonie *(Betonica officinalis)*, Bergminze *(Calamintha nepeta)* oder Blaunessel *(Agastache rugosa)*. Vogelnährgehölze locken Vögel an; dazu gehören etwa Schlehe *(Prunus spinosa)*, Weißdorn *(Crataegus monogyna)*, Holunder *(Sambucus nigra)*, Eberesche *(Sorbus aucuparia)*, Berberitzen *(Berberis vulgaris)*, Hartriegel *(Cornus mas)* und viele weitere. Körnerfressende Vögel werden von samentragenden Pflanzen wie Karden *(Dipsacus fullonum)*, Distelarten *(Cirsium spec., Sonchus spec., Echinops spec.)* und Sonnenblumen *(Helianthus spec.)* angezogen. Nahrungs- und Versteck-Angebote für Kleinsäuger bieten Igel, Haselmaus und anderen einen Lebensraum; die Begegnung mit ihnen ist für Kinder besonders spannend.

Problematische Pflanzen

Giftpflanzen

Vergiftungen mit Gartenpflanzen sind sehr selten, die Furcht davor ist übertrieben. Im Umfeld von Kindern gilt es, einige Pflanzen zu vermeiden, um schwere Vergiftungen zu verhüten. Gefährlich sind hochgiftige Pflanzen wie Daphne *(Daphne sp.)* oder giftige Pflanzen mit attraktiven Beeren, deren Geschmack nicht abstoßend ist wie etwa der Tollkirsche *(Atropa belladonna)*. Die DIN 18034 empfiehlt in Bereichen, die für Kinder im Alter von bis zu vier Jahren erreichbar sind, generell auf giftige Pflanzen zu verzichten. Sie empfahl bis zur Neufassung im Jahr 2020 in Bereichen, die für Kinder über vier Jahren vorgesehen sind, auf die folgenden vier Pflanzen zu verzichten: Pfaffenhütchen *(Euonymus europaeus)*, Seidelbast *(Daphne mezereum)*, Stechpalme *(Ilex aquifolium)* und Goldregen *(Laburnum anagyroides)*. Verbindlich ist diese Empfehlung nicht mehr, sinnvoll bleibt sie. Ausführlichere Listen für Pflanzen, die zu vermeiden sind, liefern

verschiedene Fachstellen, unter anderem Tox Info Suisse (siehe die Listen der Pflanzen auf Seite 174 und 175). In Einzelfällen muss zwischen Spielwert und Giftigkeit abgewogen werden, so zum Beispiel bei schwach giftigen Pflanzen wie Liguster *(Ligustrum vulgare)* oder Rosskastanie *(Aesculus hippocastanum)*.

Andere problematische Pflanzen

Zu vermeiden sind auch Pflanzen, die starke Hautreizungen oder Allergien auslösen können, wie Riesenbärenklau *(Heracleum mantegazzianum)*, Ambrosia *(Ambrosia artemisifolia)* und Gartenraute *(Ruta graveolens)*. Auch Pflanzen mit großen und starken Dornen, die ernsthafte Verletzungen verursachen können, sind ungeeignet, wie beispielsweise die Gleditschie *(Gleditsia triacanthus)*. In Spielbereichen für sehr junge Kinder sind auch sämtliche dornigen Sträucher und Grasarten mit schneidenden Blatträndern zu vermeiden.

Unterhaltsverantwortliche müssen die Bedürfnisse von Kindern kennen. Der Umgang mit Pflanzen kann in Spielbereichen recht rüde sein. Dies ist zu tolerieren und durch andere, gepflegte Bereiche zu kompensieren. Orte, wo die Pflanzen nicht geschnitten oder die Beete nicht betreten werden dürfen, müssen klar unterschieden sein von solchen, wo dies ausdrücklich erlaubt ist. Diese unterschiedlichen Bereiche sollten deutlich verschieden gestaltet und für die Kinder leicht erkennbar sein. Die Pflanzen in bespielbaren Bereichen müssen gut gewässert und gedüngt werden, damit sie durch Neuaustrieb und Wachstum die Strapazen des kindlichen Spiels gut verkraften. Totholz ist aus Kletterbäumen regelmäßig zu entfernen. Spontan aufkommende problematische Pflanzen wie etwa Tollkirsche *(Atropa belladonna)* oder Beifußblättriges Traubenkraut *(Ambrosia artemisiifolia)* sind auszujäten. Spielrasen sind etwa alle 14 Tage zu mähen, Blumenrasen auf magerem Substrat nach Bedarf, fünf- bis siebenmal pro Vegetationsperiode, Wiesen je nach Wüchsigkeit ein- bis zweimal pro Jahr.

Leitlinien für eine kindergerechte Pflanzenverwendung

- Vorhandene Gehölze möglichst belassen
- In Neupflanzungen große und starke Gehölze verwenden
- Pflanzen als Versteckmöglichkeiten vorsehen
- Austriebstarke und regenerationsfreudige Gehölze verwenden
- Kletterbäume und Großsträucher pflanzen
- Schattenbäume und -sträucher vorsehen
- Pflanzen mit Nüssen und Früchten pflanzen
- Pflanzen, die Tiere anziehen, vorsehen
- Bereiche für wildes Spiel mit Pflanzen peripher anordnen
- In Kleinkinderbereichen keine giftigen, stechenden und schneidenden Pflanzen

Empfehlungen für Auswahl und Verwendung von Pflanzen

Pflanzen sind für Kinder unverzichtbar. Sie können Turngeräte, Versteckorte, Materiallieferanten, Schattenspender und vieles mehr sein. Ihre Blätter, Blüten und Früchte regen die Wahrnehmung an und ziehen interessante Tiere an.

Allgemeine Auswahlkriterien

Vorhandene Gehölze möglichst erhalten

Bei Neupflanzungen große und starke Gehölze wählen

Robuste, wüchsige und austriebstarke Pflanzen verwenden

Breite Palette von Pflanzen wählen

Bei intensiv von Kindern genutzten Pflanzenarten große Stückzahlen verwenden

Schatten

Spielbereiche mit laubabwerfenden Kletterpflanzen beschatten

Verstecke

Pflanzen als Verstecke und Rückzugsorte einplanen

Hängeformen von Gehölzen, die höhlenartige Situationen ergeben

Immergrüne Gehölze für permanenten Sichtschutz verwenden

Klettern und Turnen

Bruchsichere und robuste Gehölze als natürliche Turn- und Klettermöglichkeiten

Bei Kletterbäumen: unterste Äste zwischen 60 cm und 100 cm über Boden (Schutz von sehr jungen Kindern)

Dichtes Astgerüst (keine großen freien Fallhöhen)

Kletterbäume nie über harten Belägen anordnen (Fallschutz)

Bäume mit Kronen über Hartbelägen auf 2,5 m aufasten

Hartbeläge unter Kletterbäumen entfernen

Obst- und Nussbäume eignen sich auch als Kletterbäume

Bastelmaterialien

Pflanzen mit Nüssen, Früchten, Zapfen

Pflanzen mit harten elastischen Zweigen und Schösslingen für Pfeile und Speere

Pflanzen mit intensiver Herbstfärbung

Pflanzen mit hohlen Stängeln wie Bambus für Flöten und Bienenhotels

Pflanzen mit biegsamen Zweigen wie Korbweide zum Flechten

Früchte

Fruchttragende Pflanzen in Reichweite und -höhe von Kindern einplanen

Nur Arten und Sorten, die nicht gespritzt werden müssen, verwenden

Pflegeleichte Beerensträucher wie Johannis- und Stachelbeere sowie Felsenbirne

Niedrig gezogene Himbeeren und Brombeeren

Walderdbeeren als Unterpflanzung

Obstgehölze, als niedrige Kordons oder Spaliere sowie in Zwerg- und Säulenformen gezogen

Vorzugsweise kleinfruchtige Sorten

Holzapfel und Zierquitte bieten kleine, essbare Spielfrüchte

Blüten und Samenstände

Vielfältige Auswahl von blühenden Pflanzen vorsehen

Blumenwiesen auf magerem Substrat, Saatmischungen mit auffällig blühenden Arten wie Wiesenmargerite

Blumenrasen auf magerem Substrat, Saatmischungen mit hohem Anteil an blühenden Arten

Gehölze mit Blüten oder Samenständen mit Spielwert

Stauden und Zwiebelpflanzen mit Blüten oder Samenständen mit Spielwert

Düfte

Duftpflanzen für die Anregung der Sinne verwenden

Duftpflanzen, die an Lebensmittel erinnern

Duftende Kleinsträucher mit Blüten auf Nasenhöhe

Pflanzen mit duftendem Laub

Wachstum und Veränderung

Saatpflanzen, die schnell aufgehen, wie z. B. Kresse oder Sonnenblumen

Pflanzen mit starken Veränderungen im jahreszeitlichen Ablauf, wie z. B. Wildkirschen

Schnell und groß aufwachsende Pflanzen, wie z. B. Pfahlrohr oder Chinaschilf

Rasen und Wiesen

Sportrasen für intensive Bewegungsspiele

Blumenrasen für Bewegungsspiele und Blüten zum Sammeln

Wiesen mit hohen Gräsern und Stauden für die Naturbegegnung

Wiesen zum Pflücken von Blumensträußen

Magere Substrate sorgen für mehr Artenvielfalt und weniger Unterhalt

Robuste und wüchsige Saatmischungen wählen

Pflanzen, die Tiere anlocken

Vorzugsweise einheimische, standortgerechte Pflanzen verwenden

Freiräume strukturreich gestalten

Zur nachhaltigen Schaffung von Lebensräumen für Wildtiere Fachleute beiziehen

Schmetterlingsmagneten und Vogelnährgehölze einsetzen

Karden, Distelarten und Sonnenblumen und weitere für körnerfressende Vögel

Giftpflanzen

Gefahr von Giftpflanzen ist überschätzt

Lokale Vorschriften und spezifische Anforderungen beachten

In Spielräumen nicht verwenden: Pfaffenhütchen (Euonymus europaeus), Seidelbast (Daphne mezereum), Stechpalme (Ilex aquifolium) und Goldregen (Laburnum anagyroides)

In Bereichen für Kinder unter vier Jahren generell auf giftige Pflanzen verzichten

Zwischen Spielwert und leichter Giftigkeit abwägen

Andere problematische Pflanzen

Potenziell stark allergene Pflanzen vermeiden

Schwere Hautreizungen auslösende Pflanzen meiden

Große Dornen aufweisende Pflanzen meiden

In Kleinkindbereichen stechende und schneidende Pflanzen meiden

Pflege und Unterhalt

Durch Planung des Unterhalts Pflanzenbestand sichern

Unterhaltsverantwortliche für die Spielbedürfnisse von Kindern sensibilisieren

Wild bespielbare von gepflegten, nicht bespielbaren Bereichen klar unterscheiden

Spielbereiche regelmäßig kontrollieren

Pflanzen in stark bespielten Bereichen gut wässern und düngen

Totholz aus Kletterbäumen und -sträuchern regelmäßig entfernen

Spontan aufkommende Giftpflanzen oder allergieauslösende Pflanzen ausjäten

Spielrasen alle 14 Tage mähen, Blumenrasen nach Bedarf, 5- bis 7-mal, Wiesen je nach Wüchsigkeit 1- bis 2-mal pro Jahr

Sicherheit in Freiräumen

Kinder werden oft am Spiel im Freien gehindert, weil es zu gefährlich ist. Die häufigsten Ursachen für schwere Verletzungen und Todesfälle sind Verkehrsunfälle, Abstürze und Ertrinken. Diese Gefahren müssen gebannt werden. Freiräume müssen nicht nur sicher sein, sondern auch als sicher erscheinen. Sonst lassen Eltern und Aufsichtspersonen die Kinder nicht unbeaufsichtigt spielen. Trotz aller Sicherheitsbedenken müssen Kinder ihr eigenes Risikoverhalten einüben, damit sie lernen, mit Gefahren umzugehen.

Risiken, Vorschriften und Haftung

In sicheren Freiräumen können sich Kinder unbeaufsichtigt bewegen, ihrem Alter entsprechende Erfahrungen machen und sich ein angemessenes Risikoverhalten aneignen. In unsicheren Räumen mit versteckten Gefahren und zu großen Risiken drohen ihnen ernsthafte Verletzungen, oder sie müssen dauernd beaufsichtigt werden. Die häufigsten Ursachen für Unfälle mit Todesfolgen bei Kindern bis 15 Jahre sind Verkehrsunfälle mit 35 Prozent, Ertrinken mit 22 Prozent, Stürze mit 14 Prozent, sonstige und unbekannte Todesursachen mit 13 Prozent, Ersticken mit elf Prozent, Vergiftungen mit vier Prozent sowie Rauch, Feuer und Flammen mit einem Prozent.[127] Diese Zahlen zeigen, dass sich ein großer Anteil an Unfällen im Außenraum ereignet.

Vorschriften und Haftung

Auftraggeberschaft, Planende und Bauleitung sind im Rahmen der Werkeigentümer- und Planungshaftung bzw. der Verkehrssicherungspflicht für die Einhaltung von Vorschriften und anerkannten Regeln der Technik zuständig. Für eingekaufte Produkte wie Spielgeräte kommt zusätzlich die Produkthaftung zum Tragen. Die entsprechenden Gesetze und Verordnungen sowie die einschlägigen Normen sind überall einzuhalten. Außerdem sind weitere Quellen hilfreich, so z. B. die Merkblätter der Schweizer «Beratungsstelle für Unfallverhütung bfu»[128] und die Hinweise der deutschen «Bundesarbeitsgemeinschaft Mehr Sicherheit für Kinder e. V.».[129] Seiten im Netz wie die des Österreichischen «Komitees Unfallverhütung im Kindesalter»[130] bieten ebenfalls gute Denkanstöße. Im Folgenden werden Hinweise zur Sicherheit gegeben, die als Einstieg in das Thema gedacht sind. Sie sind weder vollständig noch rechtsverbindlich, und alle an Planung und Bau Beteiligten sind verpflichtet, die vor Ort geltenden Vorgaben zu kennen und zu befolgen.

Sicher sein und sicher wirken

Hauptziel aller Sicherheitsüberlegungen ist das Vermeiden von schweren und bleibenden Schäden. Dies ist auch das Ziel der Vorschriften und Normen, wie beispielsweise der DIN 18034 «Spielplätze und Freiräume zum Spielen – Anforderungen für Planung, Bau und Betrieb». Kleinere Verletzungen bis hin zu Knochenbrüchen oder Schnittwunden und Schürfungen können vorkommen; sie heilen und sind der Preis für freie Entfaltungsmöglichkeiten. Kinder lernen durch Verletzungen die Grenzen ihrer Fähigkeiten kennen und beginnen, Risiken präziser einzuschätzen. Risikofreie Spielräume gibt es nicht. Eine übertriebene Angst vor Verletzungen führt zu Überbehütung, zu anregungsarmen Freiräumen und permanenter Kontrolle. Übertrieben vorsichtige Gestaltungen, die Kinder davon abhalten, einen sinnvollen Umgang mit Gefahren zu erlernen, sind kontraproduktiv. Der Begriff «Hors-sol-Kinder»[131] beschreibt die Gefahren von zu intensiver Betreuung und fehlender Anregung gut.

Sicher sein und sicher wirken

Freiräume für Kinder müssen nicht nur sicher sein, sondern auch als sicher eingeschätzt werden. Nur wenn Eltern oder Betreuungspersonen einen Freiraum als sicher betrachten, lassen sie Kinder dort frei und unbeaufsichtigt spielen. Erwachsene schätzen allerdings die Risiken oft falsch ein. So ist beispielsweise das reale Risiko von Vergiftungen durch Pflanzen verschwindend klein (vgl. Kapitel «Pflanzenverwendung»), aber Auftraggeberschaften und Betreuungspersonen legen oft großen Wert darauf, dass überhaupt keine giftigen Pflanzen verwendet werden. Dagegen unterschätzen Laien Absturzgefahren und Risiken von Gewässern für kleine Kinder oft, obschon diese zu den häufigeren Ursachen von schweren Verletzungen gehören.

Gefahren nach Altersstufen

In den verschiedenen Altersstufen sind unterschiedliche Gefahren vorherrschend. Im Säuglingsalter drohen vor allem Ersticken und Stürze. Ab einem Jahr kommen Verbrennungen und Vergiftungen dazu, allerdings vor allem im Haushalt. Je älter die Kinder werden, desto stärker ereignen sich schwere Unfälle im Freiraum. Dabei handelt es sich um Verkehrsunfälle, Stürze und Ertrinken. Im Alter zwischen drei und sieben Jahren wollen Kinder nicht mehr ständig unter Aufsicht spielen und haben einen starken Bewegungs- und Entdeckungsdrang. Sie können allerdings Gefahren noch nicht richtig einschätzen. Das funktioniert erst im Alter von etwa zehn Jahren. Deshalb ist es besonders für diese Altersgruppe wichtig, dass die Spielräume sicher sind.

Wahl und Sicherung des Ortes

Ein Ort für unkontrolliertes Kinderspiel muss frei von großen Risiken sein. Er muss zuerst auf vorhandene Gefahrenquellen, wie beispielsweise Altlasten, Absturzgefahren, stark befahrene Straßen, tiefe Gewässer oder andere hohe Risiken, hin überprüft werden. Diese sind durch geeignete Maßnahmen zu beseitigen. Dabei sind alle Alterskategorien von Kindern und ihr Spielverhalten zu berücksichtigen. Es ist von nicht beaufsichtigten Kindern auszugehen, die sich nicht immer an Vorschriften halten. So werden zum Beispiel fußballbegeisterte Kinder, die neben einer Bahnanlage spielen, früher oder später einen Ball, der auf die Gleise gefallen ist, zurückholen wollen, auch wenn ihnen das verboten wurde. Hier muss ein Ballfangzaun auf der Grenze zur Bahnanlage errichtet werden. Gewässer, die wegen zu großer Wassertiefe oder steiler Ufer eine ernsthafte Gefahr darstellen, müssen entweder umgebaut oder abgezäunt werden. Liegen unübersichtliche, schnell oder stark befahrene Straßen neben einem künftigen Spielraum, müssen sie mit Zäunen oder Mauern davon abgetrennt werden.

Sichere Zugänge

Ein Spielort muss sicher erreichbar sein. Die Zugänge, die Straßen und deren Querungen müssen auf Risiken hin untersucht und Gefahren beseitigt werden. Mit Verbesserungsmaßnahmen kann viel erreicht werden. Sichtdreiecke an Kreuzungen können beispielsweise vergrößert oder verkehrsberuhigende Maßnahmen eingeleitet werden (siehe Kapitel «Verkehr»). Im Idealfall sind verschiedene Spielorte in einem Quartier mit sicheren Wegen verbunden, sodass sich ein Netz von sicheren Spielplätzen und Wegen ergibt (siehe Kapitel «Stadt- und Freiraumplanung», Konzept Spielraumvernetzung).

Absturzsicherungen

Abstürze sind eine der häufigsten Ursachen für schwere Verletzungen. Sie müssen so weit wie möglich verhindert werden. Kinder sind neugierig und experimentierfreudig. Sie respektieren Brüstungen und Geländer nicht immer als Grenzen, sondern besteigen und überklettern sie. Dort, wo das Verletzungsrisiko hoch ist, sind deshalb Absturzsicherungen vorzusehen, die überhaupt nicht besteigbar sind. Es muss sichergestellt werden, dass sie auch für unbeaufsichtigte Kinder Sicherheit schaffen.

Gestaltung von Absturzsicherungen

Für Absturzsicherungen gilt gemäß Schweizer Normierung das sogenannte Gefährdungsbild 1[132]. Es geht von einem Fehlverhalten unbeaufsichtigter Kinder aus, mit dem gerechnet werden muss. Dieses Szenario kann überall eintreten, wo sich Kinder unbeaufsichtigt aufhalten. Hier gelten unter anderem die folgenden Vorschriften: Eine Absturzsicherung ist in der Regel ab 100 Zentimeter Absturzhöhe vorzusehen. Wo besondere Gefahren lauern, kann sie schon ab geringeren Höhen erforderlich sein, ebenso dort, wo der Absturz auf harte Beläge wie Beton oder Asphalt droht. Die Höhe des Schutzelementes (Brüstung oder Geländer) muss mindestens 100 Zentimeter betragen. Das Schutzelement darf bis zur Höhe von 75 Zentimetern keine Öffnungen enthalten, die einen

Durchmesser von mehr als 12 Zentimetern aufweisen. Das Beklettern der Schutzelemente muss verhindert werden. Am besten geschieht dies, wenn die Geländer oder Brüstungen geschlossen sind. Sie sollten allerdings Öffnungen enthalten, die Kindern unterschiedlicher Größe Durchblicke erlauben, ohne das Schutzelement besteigen zu müssen. Diese Öffnungen sollten nicht mehr als 5 Zentimeter im Durchmesser haben, Drahtgitter sollten eine Maschenweite unter 4 Zentimetern haben. Alle besteigbaren Elemente an oder neben einer Absturzsicherung müssen höher als 75 Zentimeter sein. Dies gilt beispielsweise für horizontale Bauelemente, die als Tritte dienen könnten, oder für Pflanztröge und Ähnliches. Sind solche Elemente niedriger als 75 Zentimeter, müssen sie einen Mindestabstand von 100 Zentimetern zum Schutzelement einhalten.

Keine Absicherung mit Bepflanzungen

Gemäß der Schweizer SIA-Norm 358 könnte bis zu einer Absturzhöhe von 1,5 Metern die Sicherung erreicht werden, indem der Zugang zur Randzone durch Bepflanzung erschwert wird. Davon muss dringend abgeraten werden, denn Kinder werden im Spiel solche Zonen dennoch betreten. Zudem wird durch eine Bepflanzung die Gefahr eher verschleiert als gebannt. So wird der klassische Fall einer versteckten Gefahr geschaffen, also einer Gefahr, die Kinder nicht erkennen.

Ansteigende bauliche Elemente

Vorsicht ist bei ansteigenden baulichen Elementen geboten. Dies können Mauern mit zunehmender Höhe oder besteigbare Brüstungen bei Rampen oder Tiefgaragen-Abfahrten sein. Auch bauliche Elemente, die auf einer Böschung stehen und im oberen Bereich niedrig und im unteren hoch sind, können zu gefährlichen Absturzhöhen führen. Wenn bauliche Elemente an irgendeiner Stelle eine Absturzgefahr aufweisen, dürfen sie nirgends besteigbar sein, d. h., ihre geringste Höhe über Terrain muss mindestens 100 Zentimeter betragen. Ein häufiger Fall sind die Seitenwände von Tiefgaragenrampen. Auch diese müssen an der niedrigsten Stelle mind. 100 Zentimeter hoch sein.

Gefahr durch Gewässer

Gewässer stellen eine ernsthafte Gefahr durch Ertrinken dar. Vor allem Kinder unter vier Jahren sind betroffen. Sehr junge Kinder haben noch keinen Reflex, der die Atemwege unter Wasser verschließt, und sie sind oft noch nicht in der Lage, den Kopf über Wasser zu halten. Beides kann zu Ertrinken führen, auch in flachem Wasser. Kinder, die gerettet werden, tragen oft schwere Schädigungen davon.

Absicherung von Wasserelementen

Einige einfache Vorkehrungen erlauben die Integration von Gewässern in Spielräume für Kinder. In der Schweiz müssen zugängliche Wasserstellen ein abgestuftes Ufer aufweisen, dessen erste Stufe eine Wassertiefe von höchstens 20 Zentimetern aufweist, bei einer minimalen Stufenbreite von einem Meter. Die nächsttiefere Stufe darf maximal 40 Zentimeter Wassertiefe bei einer minimalen Breite von einem Meter aufweisen. Insgesamt sollten für Kinder zugängliche Gewässer eine Tiefe von 60 Zentimetern nicht überschreiten.[133] In Deutschland dürfen Gewässer in Spielbereichen 40 Zentimeter tief sein. Tiefere Gewässer und solche mit steilen Ufern müssen entweder baulich angepasst oder abgezäunt werden. Gehölze eignen sich nicht, zu steile Ufer unzugänglich zu machen, denn Kinder werden solche Bereiche trotzdem aufsuchen und in Gefahr geraten. Zu tiefe Gewässer oder Becken können mit einem Netz, Stabmatten oder Gittern gesichert werden, die nicht mehr als 20 Zentimeter unter der Oberfläche liegen. Die Wassertiefe bestehender Becken kann durch eine Schicht aus Kies, Beton etc. auf dem Beckenboden auf die maximal zulässige Wassertiefe reduziert werden.

Spielgeräte

Spielgeräte müssen sicher sein. Dies ist bei nach DIN SN EN 1176 zertifizierten Produkten gegeben. Für ihre Sicherheit wichtig ist zudem der korrekte Einbau. Dies betrifft unter anderem die Dimensionierung von Fallschutzbereichen und die Berücksichtigung von Abstandsvorschriften und Montageweisen (siehe Abschnitt «Spielgeräte» im Kapitel «Landschaftsarchitektur»). Wenn Geräte nicht aus einem zertifizierten Programm stammen oder von den Planenden selbst entworfen werden, ist größte Vorsicht geboten. Sie müssen im Hinblick auf Gestaltung und Konstruktion den geltenden Vorschriften und der üblichen Berufspraxis entsprechen. Dies bedeutet, dass bei einem Schadensfall unter anderem auch die geltenden Normen zugezogen werden. Da diese Normenwerke mittlerweile sehr umfangreich und komplex sind, ist die Planung von eigenen Entwürfen anspruchsvoll und zeitaufwendig. Im Regelfall ist deshalb von selbst entworfenen Geräten abzuraten. Essenziell sind auch die regelmäßige Kontrolle und Wartung der Geräte.

Motorisierter Verkehr

Der motorisierte Verkehr stellt das größte Risiko für bleibende Verletzungen und Todesfälle von Kindern dar. 45 Prozent aller schweren Kinderunfälle in der Schweiz geschehen auf dem Schulweg[134]. Das hat einerseits mit der Vorherrschaft des motorisierten Verkehrs in unseren Siedlungen und mit fehlenden Sicherheitsvorkehrungen sowie überhöhten Geschwindigkeiten zu tun. Andererseits trägt auch der Entwicklungsstand der Kinder dazu bei. Erst ab etwa zehn Jahren können Kinder Gefahren im Verkehr einigermaßen richtig einschätzen. Kinder zwischen drei und vier können ein stehendes Auto nicht von einem fahrenden unterscheiden, und Kinder im Grundschulalter können die Geschwindigkeit eines Autos nur bis ca. 30 km/h einigermaßen richtig einschätzen[135]. Schnellere Bewegungen werden unterschätzt. Die noch nicht voll entwickelte Fähigkeit der Kinder, Abstände, Geschwindigkeiten und Gefahren richtig einzuschätzen, stellt eine wichtige Unfallursache dar. Zudem lassen sich Kinder leicht ablenken und ändern impulsiv ihr Verhalten. Daher müssen sie durch verkehrslenkende und bauliche Maßnahmen geschützt werden.

Temporeduktion und Verkehrsberuhigung

Die wichtigste Sicherheitsvorkehrung sind niedrigere Fahrgeschwindigkeiten. In den «Superblocks» des Quartier Eixample in Barcelona zum Beispiel wurde im Rahmen des Stadtumbaus das maximal zulässige Tempo auf 10 km/h festgelegt. Temporeduktionen sind ein sehr wirksames Mittel, schwere Unfälle mit Kindern zu vermeiden. In Siedlungen sollte daher für Erschließungsstraßen generell Tempo 30 vorgesehen werden. Begegnungszonen bzw. verkehrsberuhigte Bereiche mit maximal 20 km/h[136] auszuweisen und baulich entsprechend auszurüsten, ist eine weitere, sehr wirkungsvolle Maßnahme.

Keine Sichtbehinderung

Gute Sichtverhältnisse sind eine wichtige Voraussetzung für Sicherheit. Kinder müssen sehen und gesehen werden. Daher sind Sichthindernisse konsequent zu vermeiden oder zu beseitigen. In Begegnungszonen und Spielstraßen ist beispielsweise auf Parkplätze zu verzichten. Auch Pflanztröge, Aufwuchs auf Baumscheiben oder geschlossene Abschrankungen sind zu vermeiden. Wenn Absperrelemente notwendig sind, sollten schlanke Pfosten gewählt werden, die den Fahrzeugen den Durchgang verwehren und trotzdem volle Sicht zulassen. An Abbiegesituationen sind große freie Sichtdreiecke vorzusehen, Gefahren an unübersichtlichen Situationen müssen durch geeignete Maßnahmen entschärft werden.

Frequenzen in Begegnungszonen reduzieren

Zudem muss sichergestellt werden, dass verkehrsberuhigte Zonen nicht zu hohe Fahrfrequenzen aufweisen, beispielsweise durch Schleichverkehr. Bei zu vielen Fahrzeugbewegungen werden sie als Spielbereich unbenutzbar. Die Kinder sind dauernd gezwungen, die Fahrzeuge durchzulassen, und die Personen in den Fahrzeugen halten sich für vortrittsberechtigt. Dies führt zu Missverständnissen und Unfällen. Eine ausführlichere Darstellung zum Thema Verkehr und Sicherheit für spielende Kinder findet sich im Kapitel «Verkehrsplanung».

Materialien und Pflanzen

Von Materialien dürfen keine ernsthaften Gefährdungen ausgehen. Sie müssen giftfrei sein und dürfen keine schneidenden oder stechenden Eigenschaften haben. Sehr kleine Kinder erproben ihr Umfeld oft mit dem Mund. Daher dürfen in ihren Spielbereichen keine Materialien verwendet werden, die beim Verschlucken zu Ersticken führen können. Besonders zu beachten ist auch die Alterungsbeständigkeit von Materialien. Unsichtbare Alterung bei tragenden Elementen aus Holz zum Beispiel kann zu unzureichender Tragfähigkeit und in der Folge zu einer ernsthaften Gefährdung führen.

Giftpflanzen

Vergiftungen mit Pflanzen sind sehr selten. Auf Spielplätzen sollte auf diese vier Pflanzen verzichtet werden: Pfaffenhütchen (*Euonymus europaeus*), Seidelbast (*Daphne mezereum*), Stechpalme (*Ilex aquifolium*) und Goldregen (*Laburnum anagyroides*). In Bereichen, die für Kleinkinder im Alter von bis zu vier Jahren selbstständig erreichbar sind, sollte generell auf giftige Pflanzen verzichtet werden. Das Schweizerische Toxikologische Informationszentrum Tox Info Suisse[137] führt zwei Listen mit giftigen Pflanzen, die für Kinder zu gefährlich oder ungeeignet sind. Die Vergiftungs-Informationszentrale Freiburg listet 23 Pflanzen als mittelstark bis hochgiftig auf.[138] Wichtig ist, dass Pflanzen, die attraktive und stark giftige Früchte entwickeln, wie zum Beispiel die Tollkirsche (*Atropa belladonna*), nicht geduldet werden. Auszujäten sind in Spielbereichen auch weitere ungeeignete Pflanzen wie der Riesenbärenklau (*Heracleum mantegazzianum*), der starke Hautreizungen (*Photodermatitis*) auslösen kann.

Kletterbäume

Von Bäumen geht eine Gefahr aus, wenn sie zum Klettern ungeeignet sind oder wenn sie ganz oder teilweise auf harten Untergründen stehen. Deshalb ist dafür zu sorgen, dass ein Baum, dessen Äste über eine Hartfläche ragen, auf mindestens zwei Meter Höhe aufgeastet ist oder die Hartfläche entfernt wird. Kletterbäume sollten ein dichtes Astwerk haben, das die freie Fallhöhe reduziert. Zudem sollten sich die untersten Äste mehr als 60 Zentimeter über dem Boden befinden, sodass ganz kleine Kinder sie nicht besteigen und sich in Gefahr bringen können. Mehr zu Pflanzen und Sicherheit findet sich im Kapitel «Pflanzen».

Gefahrensituation Baustelle

Baustellen üben auf Kinder eine große Anziehungskraft aus. Während des Betriebes faszinieren die Abläufe und Maschinen. Wenn nicht gearbeitet wird, lockt ein riesiger «Spielplatz», voll mit interessanten Materialien, Verstecken und Geräten. Aber Baustellen bergen für unbeaufsichtigte Kinder oft große Risiken. Sie sind in der Regel nicht im Hinblick auf Kinder gesichert. Unfertige Bauten oder Außenräume können Gefahren wie unzureichend gesicherte Absturzstellen, Wasser in Form von Becken (Baustellenentwässerung), temporären Weihern oder gefährliche Materialien und Geräte enthalten. Daher sind Baustellen unter diesen Sicherheitsaspekten zu kontrollieren und durch Absperrungen konsequent zu sichern. Absperrungen dienen nicht nur dazu, das Betreten physisch zu verhindern, sondern auch dazu, den Bereich als gefährlich auszuweisen. Im Wohnumfeld empfiehlt es sich zudem, die Bewohnerschaft und die Unterhaltsverantwortlichen mit einem Anschreiben auf die Gefahren einer Baustelle aufmerksam zu machen.

Leitlinien für sichere Spielräume

- Verkehr, Abstürze und Ertrinken sind die größten Gefahren
- Unbeaufsichtigtes Spiel in sicheren Freiräumen ermöglichen
- Schwere und bleibende Verletzungen vermeiden
- Normen und Vorschriften beachten
- Gefahren mit großem Risiko erkennen und bannen
- Geeignete Orte für Spielräume wählen und absichern
- Für gute und sichere Erreichbarkeit sorgen
- Vor allem auf Gefahren achten, die für Kinder nicht sichtbar sind
- Erlernen von eigenem Risikoverhalten der Kinder ermöglichen

Empfehlungen für die Planung sicherer Freiräume

Freiräume müssen sicher sein und sicher erscheinen, damit sie genutzt werden. Verkehrsunfälle, Ertrinken und Abstürze sind die größten Gefahren, die gebannt werden müssen. So können Kinder ein eigenes, realistisches Risikoverhalten erlernen.

Allgemeines

Sicher heißt nicht komplett risikofrei

Kindern erlauben, eigenes Risikoverhalten zu erlernen

Kinder nicht überbehüten

Häufigste Ursache schwerer Unfälle: motorisierter Verkehr

Weitere Ursachen: Abstürze und Ertrinken

Spielräume müssen objektiv sicher sein

Spielräume müssen sicher aussehen, sonst dürfen Kinder dort nicht spielen

Gefahren für die verschiedenen Altersstufen

Säuglinge: Ersticken und Stürze

Kleinkinder: Ersticken, Stürze, Verbrennungen und Vergiftungen

Vorschulalter: Verkehrsunfälle, Stürze und Ertrinken

Erst ab ca. zehn Jahren schätzen Kinder Gefahren richtig ein

Wahl und Sicherung des Spielraums

Geeignete Orte als Spielräume wählen

Risiken analysieren und bewerten

Gefahren für alle Altersklassen richtig einschätzen

Bestehende Gefahren (Absturzhöhen etc.) an diesen Orten eliminieren

Gegen gefährliche Zonen (Straßen, Gewässer etc.) physische Grenzen wie Mauern oder Zäune schaffen

Altlasten entsorgen

Sichere Zugänge schaffen

Erreichbarkeit des Spielorts prüfen

Gefahrenstellen auf den Zuwegen eliminieren

Verschiedene Spielorte mit sicheren Fußwegen verbinden und an andere Zielorte anbinden (Spielraumvernetzung)

Absturzsicherungen

Absturzhöhen ab 100 cm müssen immer gesichert sein

Absturzhöhen ab 60 cm müssen bei harten Belägen gesichert sein

Bei besonderer Gefahr auch bei niedrigeren Absturzhöhen Brüstungen vorsehen

Absturzsicherungen mit Sichtmöglichkeiten versehen

Höhe der Schutzelemente mindestens 100 cm

Bis auf 75 cm Höhe nicht besteigbar

Keine Öffnungen mit mehr als 12 cm Durchmesser

Drahtmaschen bei Gittern mit weniger als 4 cm Durchmesser

Keine Bepflanzungen als Absturzsicherung

Ansteigende bauliche Elemente

Mauern in Böschungen und bei Tiefgaragen-Abfahrten an allen Stellen nicht besteigbar machen

Bauliche Elemente, die auf mehr als 100 cm ansteigen, nirgends besteigbar und überall höher als 75 cm planen

Wasserelemente

Sehr häufige und gefährliche Unfallursache

Für Kinder erreichbare Gewässer müssen abgestuft sein: Stufen von 20 cm, mindestens 1 m breit

Gewässer generell nicht tiefer als 60 cm planen

Nicht sichere und für Kinder erreichbare Gewässer (große Tiefe, starke Strömungen etc.) müssen abgezäunt sein

Steile Böschungen an Gewässern vermeiden

Keine Bepflanzungen als Absicherung von Gewässern verwenden

Bestehende, zu tiefe Becken mit Gittern maximal 20 cm unter der Wasseroberfläche sichern oder durch Kies auf max. 20 cm Wassertiefe auffüllen

Spielgeräte

Nur nach DIN SN EN 1176 zertifizierte Produkte einsetzen

Geräte gemäß Herstellerangaben einbauen

Nur bei verlässlichem Vorwissen Geräte selbst entwerfen

Fallschutzbereiche einhalten und nicht überlappen lassen

Geräte regelmäßig kontrollieren und warten

Motorisierter Verkehr

Häufigste Ursache für schwere Kinderunfälle

Kinder können Geschwindigkeiten und Entfernungen generell sehr schlecht einschätzen

Kinder im Grundschulalter können Geschwindigkeiten nur bis etwa Tempo 30 richtig einschätzen

Kinder lassen sich leicht ablenken

Kinder werden von Autos verdeckt

Stark und schnell befahrene Straßen absichern (Zäune, Ampelanlagen, Sichtdreiecke etc.)

Empfehlenswert: generell maximal Tempo 30 in Siedlungsräumen

In Wohngebieten wenn möglich Begegnungszonen (max. Tempo 20) einrichten

In Begegnungszonen Sichtbehinderungen (parkende Autos, Barrieren, Pflanztröge etc.) vermeiden

Keine Begegnungszonen auf stark frequentierten Straßen

Materialien

Nur ungefährliche Materialien verwenden

Giftfreie Produkte wählen

Keine schneidenden oder stechenden Eigenschaften

Keine Materialien, die zu Ersticken führen können

Alterungsbeständige Materialien wählen

Gefahren durch Pflanzen

Diese vier Pflanzen nicht verwenden: Pfaffenhütchen, Seidelbast, Goldregen und Stechpalme

Listen von Giftpflanzen der Fachstellen konsultieren und anwenden

Pflanzen mit stark giftigen Beeren wie Tollkirsche meiden

Keine Kletterbäume über Flächen mit harten Belägen

Unterste Äste von Kletterbäumen mindestens 60 cm ab Boden

Gefahrensituation Baustelle

Baustellen locken Kinder an und sind gefährlich

Baustellen abzäunen und Anwohner benachrichtigen

Gefahrenstellen auf Baustellen wenn möglich beseitigen

Typen von Spielräumen

Grundsätzlich sollten alle für Kinder interessanten Zonen und Räume als allgemein nutzbare Spielräume betrachtet und gestaltet werden. Zusätzlich können besondere Formen von Spielräumen bereichernd und anregend sein. Im Folgenden werden einige Planungs- und Bauaufgaben kurz dargestellt, die für Kinder wichtig sind. Die meisten haben sehr spezifische Anforderungen, die in eigenen Publikationen und Normenwerken behandelt werden. Hilfreiche Quellen dazu werden jeweils in den Anmerkungen genannt.

Außenräume für Kindertagesstätten und Kindergärten

Die Außenräume von Kindertagesstätten und Kindergärten müssen direkt an die Innenräume angrenzen. Unabdingbar ist der freie Blick vom Hauptraum auf den Außenraum, sodass eine Überwachung möglich ist. Auf jeden Fall müssen die Außenräume eingezäunt sein. Sie sollten an sonnigen Lagen, vorzugsweise Ost-, Südost-, Südwest- oder Südlage, liegen und ausreichend Schatten aufweisen, vorzugsweise von laubabwerfenden Gehölzen. Bei Kindern im Vorschulalter dominieren Bewegungsspiele; sie sind besonders darauf angewiesen, ihre grob- und feinmotorischen Fähigkeiten spielend zu entwickeln. Der Außenraum sollte mindestens eine Rasenfläche von 100 Quadratmetern, einen teilweise gedeckten Trockenplatz von 75 Quadratmetern, einen Sand- und Kiesspielbereich von 15–25 Quadratmetern mit einer Wasserzapfstelle in unmittelbarer Nähe sowie Kletter- und Rutschmöglichkeiten bieten. Zudem braucht es Sitzgelegenheiten, Nischen für Rückzug und stilles Spiel. Empfehlenswert sind Bereiche für Aneignung und spätere Veränderung, da sich Nutzungsansprüche ändern können. Außenräume von Kleinkindern müssen sehr sicher sein. Es darf keine Absturzstellen geben und keine Wasserelemente, in denen Kinder ertrinken können. Zudem dürfen keine giftigen, allergieauslösenden, stechenden oder schneidenden Pflanzen verwendet werden.[139]

Außenräume für Schulen

Schulfreiräume dienen nicht nur der Erholung, sondern auch dem informellen Lernen, der Selbstbildung und der sozialen Interaktion. Sie müssen dem Alter der Kinder entsprechend gestaltet sein. Die Stufen Kinder (1. bis 4. Klasse), «Kids» (5. bis 7. Klasse) und Jugendliche haben unterschiedliche Bedürfnisse. Für das Kinderspiel sind vor allem Toben, Raufen, Rennen, Klettern, Rutschen und Ähnliches wichtig. «Kids» sind in der Übergangsphase von Kindheit und Jugend. Sie wollen vor allem Räume für sich erobern und selbst gestalten. Jugendliche brauchen eher Sportangebote und Rückzugsräume. Für alle Gruppen braucht es Möglichkeiten für Bewegung, Begegnung, Gestaltung und Rückzug. Schulfreiflächen sollten in Sportflächen, Spielplätze und Schulhofflächen gegliedert sein. Zur Grundausstattung gehören verschiedene Sportangebote wie Ballspiele, Laufflächen, Boulder- und andere Klettermöglichkeiten, Schaukeln sowie Sitz- und Aufenthaltsgelegenheiten. Sinnvoll sind Angebote, die zur sozialen Interaktion und Bewegung einladen, zum Beispiel Spielgeräte, die von mehreren Kindern gleichzeitig genutzt werden können. Wertvoll sind auch naturnahe Bereiche, die frei bespielt werden können und Naturbeobachtungen ermöglichen. Bolzplätze, Allwetterplätze, Skateranlagen, Schulgärten, Tischtennis und Ähnliches können das Angebot situationsabhängig ergänzen. Die Bedürfnisse von Schulkindern verändern sich; die Außenanlagen von Schulen sollten daher wenigstens in Teilen veränderbar sein. Sinnvoll sind zudem Flächen, die für Schulprojekte, wie zum Beispiel Kleintierhaltung oder Gärtnern, genutzt werden können. Wegen der hohen Nutzungsintensität müssen Schulfreiräume besonders robust und leicht zu unterhalten sein. Schulfreiräume sollten auch außerhalb der Schulzeiten zugänglich und nutzbar und über ein sicheres Wegenetz mit anderen Spielräumen verbunden sein. Wegen der vorhandenen pädagogischen Fachkräfte sind Schulfreiräume prädestiniert dafür, Kinder in ihre Planung als Mitredende und Mitgestaltende einzubinden.[140]

Brachen

«Brachflächen haben nur einen Nachteil: Es gibt zu wenige davon!»[141] Kinder wollen gestalten, um sich kreativ betätigen zu können und ihre Selbstwirksamkeit zu erfahren. Brachen sind dafür am besten geeignet, denn Gestaltung heißt Veränderung. Je älter die Kinder sind, desto wichtiger ist Gestaltungsspiel. «Die ungeordneten ‹wilden› Freiräume, mit Sukzessionsgrün bewachsen, üben für Kinder und Jugendliche eine große Faszination aus und werden intensiv von ihnen genutzt.»[142] Die einfachste Form sind Freiflächen ohne Nutzungszuweisung und ohne Einrichtungen, die den Kindern überlassen werden, meist als Übergangslösungen für kurze Zeiträume. Brachen können und sollten aber auch feste und bleibende Bestandteile der Freiraumplanung einer Gemeinde sein. Sie können kleine Flächen in einer Park- oder Wohnanlage sein oder große, eigenständige Freiräume. Ihre Nutzung kann von der Gemeinde oder einer Institution moderiert sein; sinnvoll sind auch Brachen in einem Gemeinschaftszentrum oder auf einem Schulgelände.

Auf Brachen gelten die gleichen Haftungs- und Verkehrssicherungspflichten wie überall.[143] Die Besitzerschaft des Bodens oder der Einrichtungen darauf kann zu geringen Kosten eine Haftpflichtversicherung abschließen. Gefahrenquellen wie zu tiefe Gewässer, Absturzstellen oder brüchige Gehölze müssen beseitigt, Müll und Altlasten entsorgt werden. Langweilige Brachen können zum Beispiel durch eine Geländemodellierung mit Mulden und Hügeln anregender gemacht werden. Wo Schatten fehlt, können schnellwüchsige Gehölze angepflanzt werden. Zu starker Bewuchs sollte teilweise ausgelichtet und gemäht werden. Ein Wasseranschluss und vielleicht auch ein Elektroanschluss oder sogar eine Toilette können zusätzliche Nutzungsmöglichkeiten schaffen. Loses Material, das sich zum Spielen eignet, kann auf der Fläche verbleiben oder zusätzlich eingebracht werden. Unerwünschte Nutzungen – vor allem durch Erwachsene – wie illegales Parken oder der Konsum von Drogen und Alkohol sollten mit geeigneten Mitteln verhindert werden.[144]

Naturerfahrungsräume

Naturerfahrungen führen zu Abbau von Stress und können psychischen Erkrankungen entgegenwirken. Naturerfahrungsräume sind frei zugängliche, möglichst naturnahe Freiräume, die das unbeobachtete, selbstbestimmte und freie Spiel in einem naturnahen Umfeld ermöglichen. Sie fördern die körperliche Entwicklung und das intrinsische Spiel. In Naturerfahrungsräumen spielen Kinder länger und intensiver als auf konventionellen Spielplätzen, und sie spielen in altersübergreifenden und sozial gemischteren Gruppen. Das Kinderspiel hat in der Regel keine nennenswerten negativen Auswirkungen auf die örtliche Ökologie. Daher können Naturerfahrungsräume auch in Naturschutzgebieten angelegt werden. Naturerfahrungsräume sollten in maximal 500 Meter Entfernung von den Wohngebieten oder Schulen liegen und von den Kindern selbstständig und sicher erreicht werden können. Die Spielflächen sollten mindestens einen Hektar, besser zwei Hektar groß sein, bei einer minimalen Breite von 20 Metern. Zusätzlich in den naturnahen Raum eingebaute Spielangebote wie Schaukeln oder Rutschen können zum Spielen animieren. Veränderungen durch die Kinder sind zuzulassen und erwünscht. Bei Planung, Bau und Betrieb sollten Kinder beteiligt werden. Die Pflege muss Vermüllung und Verbuschung verhindern.[145]

Naturspielplätze

Naturspielplätze haben den großen Vorteil, dass dort «Unordnung» und Veränderungen durch die Kinder akzeptiert werden. Das ist in einer fast durchgehend geregelten Lebensumwelt für die Kinder ein hoher Wert. Für einen wilden Naturspielbereich ist eine klare Begrenzung mittels Einfriedung, Steinrand, Zaun oder ähnlichen Grenzmarkierungen sinnvoll. Naturspielplätze müssen groß genug sein, um dem hohen Nutzungsdruck standhalten zu können. Eine vielfältige Struktur mit freien Flächen für Bewegungs- und Gruppenspiele, Gehölzpartien zum Verstecken und Hüttenbauen sorgt für vielfältige Spielanregungen. Anstelle von konventionellen Spielgeräten sollen natürliche Elemente zu Spiel und Bewegung anregen. Geländemodellierungen mit Hügeln und Senken sollten die Grundlage bilden, Stege und Rutschhänge entstehen schnell von selbst. Wasser in Form von Regenwassermulden, Matschgruben, Pumpen oder Teichen ist höchst attraktiv. Das Wasser muss mindestens Badewasserqualität und, wo es getrunken werden kann, Trinkwasserqualität haben. Gehölze bieten Schatten, dienen zum Beklettern und Verstecken und liefern Bau- und Bastelmaterial. Blüten- und fruchttragende Pflanzen laden zum Pflücken und Naschen ein. Die Pflanzen müssen austriebstark und robust sein, damit sie sich regenerieren können. Bereichernd wirken Pflanzen, die Tiere wie Kleinsäuger, Vögel und Insekten anlocken. Auch Naturspielplätze unterliegen den Vorschriften für Sicherheit. In der Praxis geht es vor allem um Gewässertiefen und Absturzhöhen sowie regelmäßige Sicherheitskontrollen.[146]

Öffentliche Parkanlagen

Öffentliche Parkanlagen bieten Platz, sind im Besitz der öffentlichen Hand und meist zentral gelegen. Trotz dieser guten Voraussetzungen sind sie für Kinder oft uninteressant. Ihren spezifischen Bedürfnissen wird mit konventionellen Gerätespielplätzen zu entsprechen versucht. Diese richten sich meist an sehr junge Kinder und weisen einen sehr beschränkten Spielwert auf. Das ist unzureichend.

Ein öffentlicher Park sollte durchgehend als Spielraum gesehen und reich mit verschiedenen Anziehungspunkten ausgestattet werden. Es muss Angebote für Bewegungs-, Veränderungs- und soziales Spiel geben, und mindestens zehn möglichst verschiedene Spielformen sollten darin möglich sein.

Alle Altersstufen von den Kleinkindern bis zu den Jugendlichen müssen Spiel- und Aufenthaltsorte vorfinden. Außer den unentbehrlichen großen Spielwiesen kann es darin die verschiedensten Elemente geben, zum Beispiel Wege und Plätze mit Hartbelägen für Rollschuhe und Kinderfahrräder oder Planschbecken, Teiche, Springbrunnen und andere Wasserelemente. Wertvoll sind wilde, unkontrollierte Bereiche wie Naturerlebnisräume, Wald- und Naturspielplätze. Tiergehege und Kinderbauernhöfe, Rodel- und Rutschhügel, Matsch- und Sandgruben werden zu Anziehungspunkten. An Orten, wo Lärm keine Rolle spielt, kann es ein Skatepark sein oder ein Bolzplatz. Auch betreute Einrichtungen, wie zum Beispiel ein Bauspielplatz oder ein Nutzgarten für Kinder, sind sinnvoll. Der Park sollte räumlich reich strukturiert sein, gleichzeitig übersichtlich wirken und Sichtachsen zwischen seinen Teilbereichen aufweisen. Dies ermöglicht es Personen, die die Kinder begleiten und beaufsichtigen, auch aus einiger Distanz ihre Aufgaben wahrnehmen zu können.[147]

Es sollten für alle Jahreszeiten und Wetterlagen geeignete Aufenthaltsorte vorhanden sein, also sonnige und schattige Bereiche, Regendächer und windgeschützte Bereiche, offenere und intimere Bereiche und Orte, wo sich Kinder auch einmal zurückziehen können. Sehr wertvoll sind zudem Spielbrachen oder andere Formen von veränderbaren und aneigenbaren Zonen oder Bereichen. Diese müssen als solche kenntlich gemacht werden, sodass sie zu Veränderung einladen. Solche Bereiche sollten einen Wasser- und wenn möglich auch einen Elektroanschluss haben.[148]

Öffentliche Spielplätze

Öffentliche Spielplätze sollten für Kinder selbstständig und sicher erreichbar sein. Idealerweise sind sie Teil eines Netzes von unterschiedlichen Spielräumen, die mit den Wohnsiedlungen, Schulen, Sportstätten und weiteren, für Kinder interessanten Orten verbunden sind. Die Spielraumvernetzung oder der Spielraumverbund[149] erlauben es, verschiedene Spielplätze ganz unterschiedlich zu gestalten, weil die Kinder die freie Wahl haben. So kann einer beispielsweise eine Spielbrache sein, ein anderer ein Wasser- und Matschspielplatz und ein dritter ein Naturbegegnungsraum oder ein Skatepark. Öffentliche Spielplätze sind Begegnungsorte für Kinder unterschiedlicher Altersstufen und sozialer Hintergründe und können sozial integrierende Funktionen haben. Daher sollten sie ein möglichst breites Spektrum an Spielmöglichkeiten für Kinder unterschiedlichen Alters mit verschiedensten Interessen aufweisen, um gemeinschaftliches Spiel zu fördern. Öffentliche Spielplätze sind eine gute Möglichkeit, Spielangebote zu machen, die auf privaten Spielplätzen nicht möglich sind, also zum Beispiel ein Wasserspielplatz oder ein größeres Spielgerät wie eine Seilbahn oder Anlagen, die Lärm erzeugen, wie Bolzplätze oder Skateranlagen. Wichtig sind anpassbare Bereiche, die auf sich wandelnde Spielformen reagieren können. Auch Unterhalts- und Erneuerungsbudgets sollten mit Veränderungswünschen rechnen. Ein öffentlicher Spielplatz sollte ein breites Angebot von Spielformen ermöglichen, also Bewegungs-, Rollen- und Gestaltungsspiele. Für Ball- und Fangspiele ist mindestens eine freie ebene Rasenfläche und für Rollspiele eine Hartfläche einzuplanen. Für Gestaltungsspiele eignen sich Spielbrachen, Sandkästen, Matschgruben und wilde, naturnahe Bereiche. Sehr willkommen sind in diesen Bereichen Wasseranschlüsse, die jedes Spiel viel interessanter machen. Wasser sollte auf jedem Spielplatz vorkommen, mindestens als Trinkbrunnen, besser noch als Pumpe, Rinnsal, Planschbecken oder natürliches Gewässer. Sonderformen wie Bauspielplätze oder Kinderbauernhöfe sind auf ständige Betreuung angewiesen und sollten daher eher institutionellen Einrichtungen wie Schulen oder Gemeinschaftszentren angegliedert werden.[150]

Skateparks

Skateparks sprechen ein breites Spektrum von Kindern und Jugendlichen an, die sie vielfältig nutzen. Die körperliche Bewegung und die Begegnung über Alters- und soziale Klassen hinaus werden gefördert. Die Anforderungen an die Planung sind hoch; die Ausführung ist genormt (EN 14974:2019); daher sollten professionelle Firmen damit beauftragt werden. Sehr wichtig ist es, Ort, Größe und Typ der Anlage auf die künftige Nutzerschaft abzustimmen. Skateranlagen sind lärmintensiv, was bei der Wahl des Ortes berücksichtigt werden muss. Die Größe richtet sich nach der zur Verfügung stehenden Fläche und den finanziellen Vorgaben. Sie können für wenig Geld schon mit ein paar Rampen und Rails auf kleinen, bestehenden Asphaltflächen von 200 Quadratmetern eingerichtet werden, oder sie können zu mehreren Tausend Quadratmeter großen kombinierten Anlagen im Außen- oder Innenraum werden. Die Elemente der Anlage sollten Kinder und Jugendliche unterschiedlicher Altersklassen ansprechen und daher unterschiedliche Schwierigkeitsgrade aufweisen. Eine einfache und preisgünstige Variante sind vorfabrizierte Elemente wie Halfpipes, Rampen und Rails, die auf ebenen Hartflächen aufgestellt werden. Eine aufwendigere Variante sind fest gebaute Anlagen aus Ortbeton oder Asphalt, mit denen sich auch ausgefallene Gestaltungen realisieren lassen. Aufwendig und teuer sind Indoor-Anlagen, die aber zwei bedeutende Vorteile haben: Sie sind witterungsunabhängig und ihre Wände verhindern Schallemissionen nach außen.[151]

Spielplätze für Kinder mit Behinderungen

Kinder mit körperlichen oder geistigen Behinderungen können an vielen Spielen teilhaben, ohne dass besondere Einrichtungen notwendig wären. Dafür müssen Spielplätze aber hindernisfrei gestaltet sein. Überall sollte es mindestens ein paar Spielgeräte geben, die auch für sie gefahrlos nutzbar sind. Kinder mit Behinderungen werden oft von Begleitpersonen unterstützt, für die beschattete und möblierte Aufenthaltsorte vorzusehen sind. Neben fest installierten Möbeln wie Tischen und Bänken ist immer auch Platz zur Aufstellung von Rollstühlen erforderlich. Tische und Matschtische müssen unterfahrbar sein. Das primäre Wegnetz muss hindernisfrei sein. Rampen sollten nicht mehr als sechs Prozent Neigung, Wege nicht mehr als zwei Prozent Quergefälle aufweisen und mindestens 1,5 Meter breit sein. Stufen sind zu vermeiden; wo dies nicht möglich ist, sind Handläufe anzubringen. Giftige und stechende Pflanzen müssen im Hinblick auf Kinder mit geistigen oder sensorischen Einschränkungen vermieden werden. Bei der Auswahl der Spielgeräte ist auf die Bedürfnisse von Kindern mit Behinderungen besonders zu achten. Besonders wertvoll sind Spielgeräte, die von Kindern mit und ohne Behinderung gemeinsam genutzt werden können. Zusätzlich sind spezielle Spielgeräte sinnvoll, wie solche, die mit dem Rollstuhl nutzbar sind. Die Zugänge zu den Spielgeräten müssen hindernisfrei und befahrbar sein; Fallschutzbeläge sind als Gummibeläge auszuführen. Für Kinder mit Sehbehinderungen sind kontrastreiche Gestaltungen wichtig, wobei nicht nur auf Farbkontraste, sondern auch auf starke Helligkeitskontraste zu achten ist.[152]

Tiergehege und Kinderbauernhöfe

Am einfachsten begegnen Kinder im Freiraum Wildtieren, die ohnehin dort leben. Es lohnt sich daher, dementsprechende Lebensräume zu schaffen, sodass Kinder selbstbestimmt und unbetreut Tiere beobachten können. Dies kann zum Beispiel ein Bienenhotel an einer Blumenwiese sein oder ein Ententeich, in und auf dem sich schnell Fische, Amphibien und Wasservögel einfinden. Eine zweite, für Kinder sehr anziehende Form, Tieren zu begegnen, sind Tiergehege und Kinderbauernhöfe. Sie können hier Haus- und Wildtieren begegnen, sie beobachten, vielleicht füttern und im Fall von Haustieren auch berühren. Oft genügen schon einfache Gehege für Meerschweinchen und Kaninchen, Vogelvolieren oder Ähnliches. Wenn die Mittel und das nötige Fachwissen dafür vorhanden sind, sollten auch größere Anlagen mit einem Betreuungsangebot geplant werden. Die Tiere, zu denen die Kinder direkten Kontakt haben, müssen handzahm, an Kinder gewöhnt und dürfen nicht aggressiv sein. Besonders eignen sich Hühner, Kaninchen, Schafe, Ziegen, Ponys und Esel. Therapietiere müssen zudem für ihre Aufgaben besonders trainiert sein. Selbstverständlich sind eine artgerechte Haltung und eine kontinuierliche Pflege zu gewährleisten. Wenn sie in die Pflege der Tiere eingebunden sind, können Kinder Verantwortung übernehmen und Vertrauen entwickeln. Ein direkter Kontakt zu den Tieren ist wünschenswert, die Tiere müssen sich bei Bedarf aber auch in geschützte Bereiche zurückziehen können.[153]

Verkehrsberuhigte Straßen

Verkehrsberuhigte Straßen sind für Kinder sehr wichtige Spielräume. Sie sind meist wohnungsnah und leicht erreichbar. Ihre Beläge erlauben Spiele auf Rollen, weitere Bewegungsspiele und Kreidemalereien. Kinder lernen hier die konfliktfreie gemeinschaftliche Nutzung eines Raumes. Fußgängerzonen, Begegnungszonen, Wohnstraßen oder verkehrsberuhigte Bereiche sind ein effizientes Mittel, mit wenig Geld zusätzlichen Spielraum zu schaffen. Meist gilt hier maximal Tempo 20 für die Fahrzeuge und Vortritt für den Fußverkehr, manchmal sogar Schrittgeschwindigkeit. Kinderspiel ist überall erlaubt. Wichtig sind gute Sichtverhältnisse. Daher dürfen keine Pflanztröge, hohe Baumscheibenbepflanzung oder andere sichtbehindernden Elemente darin vorkommen, ebenso wenig abgestellte Fahrzeuge. Poller oder niedrige Mäuerchen dienen zur Verkehrslenkung. Die Gestaltung der verkehrsberuhigten Straßenabschnitte muss sich möglichst deutlich von den Straßen mit anderen Verkehrsregelungen unterscheiden. Die Übergänge müssen beschildert sein und mittels Einengungen, Aufpflasterungen und Belag- oder Farbwechseln markiert werden. Fest installierte Tempoanzeigen motivieren Fahrzeuglenkende, die Maximalgeschwindigkeit einzuhalten. Eine ausführlichere Darstellung der verschiedenen Typen von verkehrsberuhigten Straßen findet sich im Kapitel «Verkehrsplanung».[154]

Wohnumfeld

Das Wohnumfeld ist der wichtigste Freiraum für Kinder. Sie müssen selbstständig von der Wohnung ins Freie und zurück gelangen können. Jüngere Kinder brauchen Ruf- und Sichtkontakt zur Wohnung. Freiräume von Wohnsiedlungen sollten möglichst autofrei sein; Motorfahrzeuge sollten am Rand der Siedlung parken oder dort in Tiefgaragen geführt werden. Die Erschließungsflächen müssen als Spielflächen nutzbar und entsprechend dimensioniert sein. Für jüngere Kinder sind separate, ruhigere Spielbereiche an sonnigen Lagen mit Schattenbäumen anzulegen. Dort sind Sitzgelegenheiten für die Aufsichtspersonen erforderlich. Für ältere Kinder braucht es unbeobachtete Bereiche mit vielfältigen Bewegungs- und Rückzugsmöglichkeiten. Es ist zudem wichtig, das Wohnumfeld mit weiteren Spielräumen, Schulen, Sportstätten etc. zu vernetzen, sodass diese sicher erreichbar sind. Das Gelände sollte anregend modelliert sein, ebene freie Flächen für Bewegungsspiele aufweisen, aber auch Böschungen, Hügel und Senken zum Rutschen und Sich-Verstecken. Kleinbauten, Gehölze und Ausstattungsgegenstände sollen das Wohnumfeld vielfältig und anregend strukturieren. Es sollten mindestens fünf unterschiedliche Spielarten möglich sein, zum Beispiel Fußballspielen, Klettern, Hüttenbauen, Rollschuhfahren und Rollenspiele. Veränderbarkeit sollte für alle Altersstufen möglich sein: Sand- und Matschgruben mit Wasseranschluss, Brachen zum Graben und Bauen, Gehölzgürtel als Materiallieferant für Stecken und Zweige, Graffitiwand zum Besprühen, Holzlager zum Hüttenbauen und Ähnliches für die Älteren. Außer Aktivitätsangeboten sind verschiedene, intimere Rückzugsmöglichkeiten mit Nischencharakter und eventuellem Schutzdach anzubieten. Spielgeräte sollten für verschiedene Altersstufen und auf verschiedene Arten nutzbar, von mehreren Kindern gleichzeitig bespielbar und im Idealfall veränderbar sein. Mobile Spielobjekte wie Holzstämme, Ziegel, Latten und Ähnliches sind willkommene Ergänzungen. Wilde, naturnahe Bereiche, die nicht beaufsichtigt werden, sind für selbstbestimmte Kinderspiele ideal. Sie sollten so groß wie möglich angelegt und von gepflegten Bereichen klar unterschieden werden. Wohnumfelder sind nicht nur für Kinder da, sondern auch für Jugendliche und Erwachsene; für sie alle braucht es Möglichkeiten der Begegnung, aber auch zum ungestörten Zurückziehen. Zonierungen, etwa in laute und leise Bereiche, sowie klare Grenzen, wie zwischen halbprivaten Sitzplätzen und gemeinschaftlichem Raum, helfen Konflikte zu vermeiden. In jedem Wohnumfeld sollten Bereiche für Aneignung und Veränderung vorgesehen werden, weil sich die Nutzungsansprüche kontinuierlich verändern. Detailliertere Angaben für die Gestaltung eines Wohnumfeldes finden sich in den Kapiteln «Landschaftsarchitektur», «Pflanzenverwendung», «Sicherheit» und «Spielgeräte».[155]

Vorwort

1 Zu den Bedürfnissen von Jugendlichen siehe unter anderem: Hochschule für Technik Rapperswil, IRAP Institut für Raumentwicklung (Hrsg.), *Leitfaden für die Beteiligung Jugendlicher in der Planung.* Rapperswil 2012.

Einführung

2 Zum Spielverhalten von Kindern im Außenraum siehe verschiedene Studien des Freiburger Instituts für angewandte Sozialwissenschaft, FIFA, z. B. Baldo Blinkert, *Aktionsräume von Kindern in der Stadt,* Freiburg 1996, oder: ders., Peter Höfflin, *Freiraum für Kinder. Ergebnisse einer Umfrage im Rahmen der Freiraumkampagne der Stiftung Pro Juventute,* Zürich, Freiburg 2016.

3 Marco Hüttenmoser, «Den aufrechten Gang lernt man – in einer gesunden Umwelt – spontan!» in: *undKinder* 77, Zürich 2006, S. 5.

4 Heidi Simoni, «Editorial», in: *undKinder* 94, 2014.

5 Marco Hüttenmoser, *Ohne gesunde Umwelt keine gesunde Entwicklung.* Dokumentationsstelle Kind und Umwelt, Muri 2004.

6 Hüttenmoser, Muri 2004 (wie Anm. 5).

7 Hüttenmoser, Muri 2004 (wie Anm. 5).

8 Gabriela Muri-Koller, *Kinder und ihre Lebensräume. Grundlagenbericht 2011.* Paul Schiller Stiftung, Zürich 2011, S. 52.

9 Hüttenmoser, Muri 2004 (wie Anm. 5).

10 Manfred Spitzer, «Die Entwicklung von Freiheit und Selbstbestimmung aus neurobiologischer Sicht.» Vortrag an der Tagung Kinderfreundliche Lebensräume, «Ich kann das allein!» der UNICEF Schweiz vom 30. Okt. 2017 in St. Gallen. St. Gallen 2017.

11 Hüttenmoser, Muri 2004 (wie Anm. 5).

12 Daniel Sauter, Marco Hüttenmoser, *Integrationspotenziale im öffentlichen Raum urbaner Wohnquartiere,* Zürich 2006, S. 1.

13 Marco Hüttenmoser, «Hors-sol-Kinder», in: *Neue Zürcher Zeitung,* Zürich 23. Aug. 2010.

14 Siehe Daniel Sauter, Marco Hüttenmoser 2006 (wie Anm. 12).

15 Claudius Natsch, «Kinder an die Macht? », in: *undKinder* 98, 2016, S. 42.

16 Siehe Philippe Ariès. *L'enfant et la vie familiale sous l'ancien régime,* (deutsch: Die Entdeckung der Kindheit) Paris 1960.

17 Vgl. Daniel Rimbach, *Öffentliche Freiräume für Kinder als Gegenstand der städtischen Freiraumplanung von der Mitte des 19. bis zur Mitte des 20. Jahrhunderts.* Dissertation, Hannover 2009 S. 41–44.

18 Vgl. Alexandra Lange, *The Design of Childhood,* New York 2018, S. 204.

19 Der dänische Landschaftsarchitekt Carl Theodor Sørensen forderte schon 1931 sogenannte Skrammellegeplads, also Bau- oder Schrottspielplätze für Kinder. Siehe Carl Theodor Sørensen, *Parkpolitik i Sogn og Købstad,* Kopenhagen 1931.

20 Der Schweizer Gestalter und Eisenplastiker Yvan Pestalozzi entwickelte den «Lozziwurm». Das Modell war in Europa, vor allem aber in der Schweiz, jahrzehntelang weit verbreitet. Vgl. www.lozzi.ch.

21 Diese Beispiele stammen aus dem sehr unterhaltsamen und anschaulichen Film «Einblicke in die Lebenswelten junger Kinder», enthalten in: Marie Meierhofer Institut für das Kind. *undKinder spezial* 96, 2015.

22 Siehe Eva Müller, «Ich kann das! Selbstwirksamkeit bei Kindern», in: *Kindergarten heute* 2, 2012.

23 Manche Autoren teilen die Spiele in zusätzliche Kategorien auf: Bewegungsspiele, Rollenspiele, Herstellungsspiele, Regelspiele, Kommunikationsspiele und Explorationsspiele. Siehe Klaus Busch, *Kindgerechte Wohnumwelt. Grundsätze einer an den Bedürfnissen von Kindern orientierten Planung städtischer Wohnquartiere,* Oldenburg, 1995.

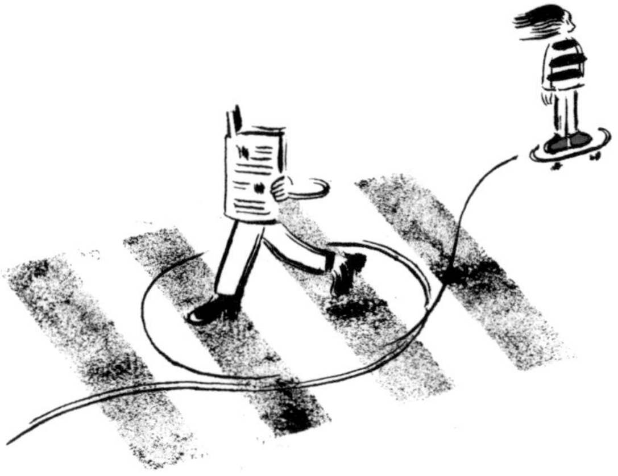

Akteure

24 Zur kindlichen Entwicklung siehe Maria Teresa Diez Grieser, «Entwicklungsphasen der Kindheit. Themen, Aufgaben und Konflikte», in: *Traumatisierte Kinder. Castagna Themenheft* 2011, Zürich 2011, S. 8–11.

25 Zur Entwicklung der Wahrnehmung von jungen Kindern siehe Maria Teresa Diez Grieser, Olivia Gasser, «Wechselwirkung zwischen innerer und äusserer Welt in der Entwicklung des Kindes», in: *undKinder* 94, 2014, S. 11–15.

26 Siehe Georg Agde et. al., *Spielräume und Freiräume zum Spielen,* Berlin 2013, S. 64.

27 Zum Thema Risikokompetenz siehe Martin Vetter, *Spielend Risikokompetenz erwerben?,* in: «undKinder», 77, 2006.

28 Vgl. Rüdiger Maas, *Generation lebensunfähig,* München 2021, S. 49.

29 Das Schweizer Bundesgericht hat mit Urteil vom 28. Februar 2005 die Lärmklage einer Anwohnerin gegen einen Kinderspielplatz vollumfänglich abgewiesen. Diverse kantonale Gerichtsentscheide nehmen die gleiche Haltung ein.

30 Paragraf 22, Absatz (1a) des deutschen Bundes-Immissionsschutzgesetzes BImSchG besagt seit 2011: «Geräuscheinwirkungen, die von Kindertageseinrichtungen, Kinderspielplätzen und ähnlichen Einrichtungen wie beispielsweise Ballspielplätzen durch Kinder hervorgerufen werden, sind im Regelfall keine schädliche Umwelteinwirkung. Bei der Beurteilung der Geräuscheinwirkungen dürfen Immissionsgrenz- und -richtwerte nicht herangezogen werden.»

31 OGH-Urteil 4Ob53/08k.

32 Vgl. *Kinderfreundliche Politik,* in: Unicef Schweiz und Liechtenstein, Paul Schiller Stiftung (Hrsg.). Planung und Gestaltung von kinderfreundlichen Lebensräumen, Zürich 2020, S. 64–77.

Partizipation

33 Mehr zur Partizipation mit Kindern im entsprechenden Kapitel

34 Wortlaut des entsprechenden Artikels 13, Absatz 1: «Die Vertragsstaaten sichern dem Kind, das fähig ist, sich eine eigene Meinung zu bilden, das Recht zu, diese Meinung in allen das Kind berührenden Angelegenheiten frei zu äußern, und berücksichtigen die Meinung des Kindes angemessen und entsprechend seinem Alter und seiner Reife.» Die UN-Kinderrechtskonvention wurde von Deutschland und Österreich 1992, von der Schweiz 1997 ratifiziert.

35 Siehe Lea Aeschlimann, Annina Fritz, Richard Zemp, *Handlungsempfehlung für die transdisziplinäre und partizipative Planung von Spielräumen für Kinder,* Luzern o. J.

36 Zum Ansatz der «Baupiloten-Methode» siehe Susanne Hofmann, *Partizipation macht Architektur,* Berlin 2014.

37 Vgl. Gerison Lansdown, «Das Konzept der Partizipation», in: *undKinder* 89, Dez. 2016. Marie Meierhofer Institut für das Kind, Zürich 2016, S. 49–53.

38 Siehe Marie Meierhofer Institut für das Kind, «Partizipation in der frühen Kindheit», in: *undKinder* 98, Zürich 2016.

39 Siehe Marie Meierhofer Institut für das Kind 2015 (wie Anm. 21).

40 Siehe Hochschule für Technik Rapperswil, 2012 (wie Anm. 1).

41 Siehe www.archijeunes.ch. Die Seite zeigt eine große Zahl von Schulversuchen, bei denen sich Kinder unter anderem mit Stadtplanung, Städtebau, Landschaftsarchitektur und Architektur beschäftigt haben.

42 Siehe *Nachbarschaft 3000,* in: Hofmann, 2014, (wie Anm. 36) S. 112.

Stadt- und Freiraumplanung

43 Gill, Tim, *Urban Playground. How Child-Friendly Planning and Design Can Save Cities,* London 2022; Raimund Kemper, Nicola Roggo, *Kinder- und jugendgerechte Freiräume. Anleitung zu Planung und Gestaltung,* St. Gallen 2022; Franco Bezzola, Simone Gäumann, Susanne Karn, *Freiraumentwicklung in Agglomerationsgemeinden. Herausforderungen und Empfehlungen,* Zürich 2018.

44 Unicef Schweiz und Liechtenstein (Hrsg.) 2020 (wie Anm. 32).

45 Diese knappe und grundlegende Formulierung und einige wertvolle Gedanken in diesem Buch verdankt der Autor seiner ehemaligen Studentin Manon Bütikofer, die diese Formulierung als Titel für eine individuelle Forschungsarbeit zu kindergerechten Freiräumen benutzt hat.

46 Bundesministerium für Verkehr, Bau und Stadtentwicklung (Hrsg.), *Freiräume für Kinder und Jugendliche,* Berlin 2010, S. 16.

47 Siehe Homepage der Senatsverwaltung für Stadtentwicklung Berlin (Juli 2018) sowie Homepage der Landeshauptstadt München, Referat für Stadtplanung und Bauordnung (Juli 2018) sowie Freiraumkonzept der Stadt Bern (März 2018). Die Schweizer Gemeinde Winterthur fordert für wohnungsnahe Spielräume eine Mindestfläche von 3 m² pro Zimmer. Vgl. Stadt Winterthur, «Raum für Bewegung und Sport. Departement technische Betriebe. Merkblatt 3. Spiel- und Ruheflächen», Winterthur 2014, S. 1.

48 Die Werte stammen aus: Astrid Zimmermann, *Landschaft Planen. Dimensionen, Elemente, Typologien,* Basel 2014, S. 22. Weiterführende Angaben siehe Ralph Gälzer, *Grünplanung der Städte,* Stuttgart 2001.

49 Vgl. DIN 18034-1, «Spielplätze und Freiräume zum Spielen – Anforderungen für Planung, Bau und Betrieb».

50 «Viele Kinder erleben ihre Umwelt nur mehr aus der sog. ‹Windschutzscheiben-Perspektive›. Damit fehlen ihnen wichtige Erfahrungen, die sie zu kompetenten und sicheren Verkehrsteilnehmern machen. Die Generation der Kinder, die nur mehr mit dem Auto gebracht werden, lässt sich als ‹back-seat generation› bezeichnen.» Cosima Pilz, Petra Völkl, *Kinderfreundliche Mobilität. Ein Leitfaden für eine kindergerechte Verkehrsplanung und -gestaltung,* Wien o. J., S. 23.

51 Dieser Ansatz wurde von der Zürcher Architektin und Ethnologin Gabriela Muri Koller entwickelt und propagiert. Siehe Gabriela Muri Koller, «Gesellschaftsräume: Wo sind die Kinder? Argumente für eine kindergerechte Struktur- und Prozessqualität im Alltag», in: Sabine Fischer, Peter Rahn (Hrsg.), *Kind sein in der Stadt. Bildung und ein gutes Leben,* Leverkusen-Opladen 2017, S. 49–63; Gabriela Muri Koller, «‹Mehr als Wohnen› – Wohnen, Räume, Lebenswelten: Planung, Architektur und Erziehungsmuster ermöglichen oder verhindern Entwicklung», in: Marie Meierhofer Institut für das Kind (Hrsg.), *undKinder. Drinnen und Draussen* 94. Zürich 2014, S. 31–42; Gabriela Muri Koller, «*Für eine familienfreundliche Wohnpolitik.* Thesenpapier im Auftrag der Eidgenössischen Koordinationskommission für Familienfragen EKFF», Bern 2011.

52 Im orthogonalen Straßensystem des Cerdà-Plans wurden jeweils neun Wohnblocks zu einem sogenannten Superblock zusammengefasst. Im Inneren dieser Superblocks wurden alle Straßen vom motorisierten Verkehr befreit. Sie dürfen nur noch für Anlieferungen befahren werden und nur mit maximal Tempo 10 km/h.

53 Die Bezeichnungen sind länderspezifisch und beinhalten unterschiedliche Verkehrsregeln. Zudem wurde zum Beispiel die «Wohnstraße» in der Schweiz abgeschafft, in Österreich gibt es sie immer noch. Detaillierte Angaben zu verkehrsberuhigten Straßen finden sich im Kapitel «Verkehrsplanung».

54 Ein frühes Beispiel für eine Kleingartenanlage, die gleichzeitig als Park und als Kinderspielraum fungiert, ist der Entwurf von Carl Theodor Sørensen für die Kleingartenkolonie in Naerum bei Kopenhagen.

55 Zu Kindergerechtigkeit und baulicher Verdichtung liegt in der Dissertation von Herbert Claus Leindecker eine Grundlagenarbeit vor. Im Kapitel «Verdichtung unter dem Aspekt der kinderfreundlichen Planung» (S. 92–97) zieht der Autor basierend auf verschiedenen Quellen die Schlussfolgerung, dass eine bauliche Dichte von 0.5 bis maximal 1.0 für Wohnsiedlungen als kindergerecht gelten kann. Siehe Herbert Claus Leindecker, *Verdichtete Bebauungsstrukturen als kinderfreundliche Wohnumwelt in der Stadt,* Herbolzheim 2004.

Städtebau und Architektur

56 Siehe Laozi (Lao-Tse), *Tao-Te-King. Das Buch des Alten vom Sinn und Leben.* Der Sinn. 11. Die Wirksamkeit des Negativen. Zit. in: www.zeno.org (aufgerufen am 15.07.2022).

57 Klaus Busch 1995 (wie Anm. 23), S. 78.

58 Detailangaben zu Haustüren, Badges und Schließungen sowie weitere Hilfsmittel finden sich in: Marco Hüttenmoser, *Wenn schon hoch hinaus, dann kinderfreundlich. Verdichtet bauen.* Forschungsstelle Kind und Umwelt. O. J. zit. in: www.kindundumwelt.ch (aufgerufen am 13.10.2022).

59 Siehe www.nullbarriere.de, Kindermaße sowie DIN 33402.

Stadtumbau

60 Vgl. Fabian Kessl, Christian Reutlinger, *Urbane Spielräume. Bildung und Stadtentwicklung*, Wiesbaden 2013, S. 8.

61 Ward zitiert damit den amerikanischer Meeresforscher Albert Ede Parr (1900–1991), der diesen Satz bei einer Versammlung über das Thema «Beglückender Lebensraum» gesagt haben soll. Siehe Colin Ward, *Das Kind in der Stadt*, Frankfurt 1978, S. 245.

62 siehe https://www.unicef.de/kinderfreundliche-kommunen bzw. https://www.unicef.ch/de/unsere-arbeit/schweiz-liechtenstein/kinderfreundliche-gemeinde bzw. https://unicef.at/mitmachen/kinderfreundliche-gemeinden (aufgerufen am 18.04.2022).

63 Zur Ergiebigkeit von Begehungen städtischer Außenräume mit Kindern siehe: Mirjam Bernegger, *Projekt Jo! St. Johann. Quartierentwicklung mit Kindern, Auswertung und Schlussbericht der Mental Maps*, Basel 2006. Sowie: Ruedi Weidmann, «Kinderstimmen in der Stadtplanung», in: tec21 14/15 / 2009, Zürich 2009, S. 22.

64 Siehe die Broschüre des Präsidialdepartements des Kantons Basel-Stadt, Kantons- und Stadtentwicklung *Auf Augenhöhe 1.2 m. Leitfaden zur Förderung einer kinderfreundlichen Stadtentwicklung*, Basel 2016.

65 Vgl. Fabian Kessl, 2013 (wie Anm. 60) S. 7: «Während die Bildungspolitik zumeist in einem eigenen Ressort oder in gemeinsamen Ressorts mit der Forschung- oder immer auch der Jugend-, Familien- und Sozialpolitik verortet wird, findet sich die Stadtentwicklung zumeist als Bestandteil der Ressorts, die für Fragen der baulichen Infrastruktur verantwortlich zeichnen. (...) Parallel zu dieser administrativ-institutionellen Trennung vollziehen sich bislang auch die jeweiligen Fachdiskurse.»

66 Als Beispiel für eine umfangreiche Darstellung von Spielmöglichkeiten in einer Stadt siehe Arbeitsgruppe Spielraum Stadt Weimar, *Spielen in Weimar*, Weimar 2011.

67 Zum Instrument Spielleitplanung siehe Jan Abt, Claudia Hillmann, *Kinder- und Jugendinteressen in der räumlichen Planung: Das neue Planungsinstrument «Spielleitplanung» am Beispiel von Berlin*, Berlin 2011.

68 Vgl. https://www.griesheim.de/bildung-kultur/bespielbare-stadt/ (aufgerufen am 22.06.2022) und Bernhard Meyer, *Die bespielbare Stadt*, Düren 2009.

69 Vgl. Homepage der Senatsverwaltung für Stadtentwicklung Berlin (Juli 2018) bzw. Homepage der Landeshauptstadt München, Referat für Stadtplanung und Bauordnung (Juli 2018) bzw. Freiraumkonzept der Stadt Bern vom März 2018.

70 Der Bestand wird in Brutto (Gesamtfläche öffentlicher Spielplätze) und Netto («bebaute» Spielplatzflächen mit Spielgeräten) unterteilt. Der Nettobedarf wird mit einem Quadratmeter pro Einwohner als Referenzgröße angegeben. Siehe Abt 2011 (wie Anm. 67), S. 95.

71 Siehe das Kapitel «Sauberkeit und Sicherheit», in: Franziska Shenton-Bärlocher, Stefan Schnurr, *Jo! St. Johann – Quartierentwicklung mit Kindern. Nachbearbeitung der Bestandesaufnahme. Auswertung von Streifzügen mit Kindern durchs St. Johannquartier,* Basel 2007, S. 26–28.

72 Siehe auch den Abschnitt zu Naturerlebnisräumen.

73 Siehe dazu und zu weiteren Maßnahmen die Ausführungen im Kapitel «Verkehrsplanung».

74 Dem Zürcher Landschaftsarchitekten Martin Keller (egü-Landschaftsarchitektur) verdankt der Autor diesen Gedanken.

75 Beispiele für rückgebaute Spielplätze sind in der Regel Sparmaßnahmen geschuldet. Manchmal führt das zu Verbesserungen: In Echterdingen wurde 2012 ein maroder Spielplatz an Hanglage nicht saniert, sondern zu einem Rodelhang umgebaut. In Erkelenz wurden 2013 die meisten Geräte entfernt und durch frei bespielbare Elemente wie Matschgruben, Versteckpflanzungen etc. ersetzt.

76 Joachim Scheiner, «Mobilität von Kindern. Stand der Forschung und planerische Konzepte», in: *Raumforschung und Raumordnung / Spatial Research and Planning* 77 (5), 2019, S. 449.

77 Peter Höfflin, »Kinderfreundliche Stadtentwicklung und kommunale Kinderpolitik«, in: *Stadtforschung und Statistik: Zeitschrift des Verbandes Deutscher Städtestatistik,* 35(1), 2022. S. 5.

78 Siehe dazu auch das Schlagwort «Veränderung» in diesem Buch.

79 www.mini-muenchen.info.

Verkehrsplanung

80 Höfflin 2022 (wie Anm. 77), S. 6.

81 Der Verkehrsplaner Klaus Zweibrücken formuliert dies in einem Skript so: «Die Prioritäten kommunaler Verkehrsplanung orientieren sich kaum an Kinderinteressen – kindgerecht und verkehrsgerecht sind miteinander fast unvereinbar.» Zweibrücken, Klaus, «Fussverkehr II: Kinder als Verkehrsteilnehmende», unveröffentlichtes Skript der Fachhochschule Rapperswil, Rapperswil 2016, S. 18.

82 Da es keine «verkehrsgerechten» Kinder gibt, ist es nötig, Verkehrsanlagen auf Schulwegen möglichst kindergerecht zu planen und zu gestalten. Siehe Sabine Degener, «Schulweg zu Fuss», *Bfu-Fachdokumentation* 2.262, 2016, S. 10.

83 «Vor einigen Jahren haben sich die Verkehrsinstrukteure der Stadt Biel geweigert, weiterhin bei Schülern der 4. Primarklasse die Fahrradprüfung abzunehmen. Begründung: Die Kinder würden die motorischen Voraussetzungen zum Beherrschen des Fahrrades nicht mehr mitbringen.» Siehe Marco Hüttenmoser, «Kinder auf dem Weg – selbständig und sicher durch Stadt und Gemeinde», Vortrag am Gemeindevernetzungstreffen in Wolfurt am 19.11.2015, S. 2, www.kindundumwelt.ch.

84 Höfflin 2022 (wie Anm. 77), S. 9.

85 Hüttenmoser 2010 (wie Anm. 13), S. 40.

86 In der Stadt St. Gallen wurde im Rahmen des Projekts «Streifzüge auf Augenhöhe 1,20 m» die Qualität der St. Galler Straßen, Fußwege und Plätze aus Kinderoptik untersucht. Die darin gewonnenen Erkenntnisse dienten als Ergänzung für die Schwachstellenanalyse Fußverkehr der Stadt St. Gallen. https://fussverkehr.ch/regional/st-gallen/streifzuege-auf-augenhoehe-1-20-m/.

87 Andrea Uhr, «Entwicklungspsychologische Grundlagen. Überblick und Bedeutung für die Verkehrssicherheit», bfu – Beratungsstelle für Unfallverhütung, Bern 2015, S. 24.

88 Uhr 2015 (wie Anm. 87), S. 24.

89 «Exekutive Funktionen sind von zentraler Bedeutung für die Unfallprävention. Sie steuern motorische, sensorische, emotionale und kognitive Prozesse wie z. B. die Aufmerksamkeit, so dass eine optimale Anpassung an die aktuelle Situation gelingt. Kinder, welche noch nicht über ausreichende exekutive Fähigkeiten verfügen, sind anfälliger für impulsives Verhalten im Straßenverkehr und haben Schwierigkeiten, ihre Aufmerksamkeit auf die relevanten Informationen auszurichten.» Uhr 2015 (wie Anm. 87), S. 22.

90 Uhr 2015 (wie Anm. 87), S. 28.

91 Zweibrücken 2016 (wie Anm. 81), S. 6.

92 2016 (wie Anm. 81), S. 13.

93 Vgl. Bundesamt für Strassen ASTRA und Fussverkehr Schweiz (Hrsg.), *Fusswegnetzplanung*, Zürich und Bern 2015.

94 Zum Konzept Spielraumvernetzung siehe: Muri 2017 (wie Anm. 51), S. 49–63; Muri 2014 (wie Anm. 51), S. 31–42.

95 Siehe Bundesministerium für Verkehr, Bau und Stadtentwicklung 2010 (wie Anm. 46), S. 10.

96 «Eckpunkte für einen kinderfreundlichen Verkehr», in: *fairkehr spezial* 1997. Zit. in Zweibrücken 2016 (wie Anm. 81), S. 25.

97 Der Verkehrsplaner Klaus Zweibrücken fordert: «Die zu ergreifenden Maßnahmen sind eindeutig: Tempo 30 generell innerorts erlaubt es den Kindern, Freunde in der Nachbarschaft zu besuchen. Kindergartenkinder und Schulkinder sind auf dem Weg weniger gefährdet. Schritttempo in Wohnquartieren oder die Befreiung wohnungsnaher Straßen vom Verkehr erlauben das alltägliche Spiel auf der Straße. Diese Freiräume sind unabdingbar, wenn wir den Kindern eine Umwelt vermitteln wollen, in der sie sich gesund entwickeln und allmählich in unsere Gesellschaft hineinwachsen können.» Zweibücken 2016 (wie Anm. 81), S. 7.

98 Degener 2016 (wie Anm. 82), S. 30. Anm. des Verfassers: Mit dem Schweizerischen «Langsamverkehr» ist Fuß- und Radverkehr gemeint.

99 An Hauptstraßen ist diese Maßnahme nicht erlaubt. Dort muss mit Zebrastreifen gearbeitet werden.

100 Degener 2016 (wie Anm. 82), S. 47.

101 Degener 2016 (wie Anm. 82), S. 16.

102 Vgl. Bundesamt für Strassen ASTRA und Fussverkehr Schweiz (Hrsg.), *Massnahmenplanung Fussverkehr*, Bern und Zürich 2018, S. 69–70.

103 Beratungsstelle für Unfallverhütung bfu (Hrsg.), *Fachbroschüre Tempo-30-Zonen*, Bern 2011, S. 2.

104 Nicht zu verwechseln mit der Wohnstraße in der Schweiz, die es dort auch gab, die aber mit der Revision des Gesetzes zugunsten der «Begegnungszone» abgeschafft wurde.

105 Seit 2019 wird die Böckhstraße in Berlin-Kreuzberg am Mittwochnachmittag im Sommerhalbjahr als Spielstraße auf Zeit genutzt.

106 In Österreich auch «Fußgeherzone» genannt.

Landschaftsarchitektur

107 Vgl. Busch 1995 (wie Anm. 23), S. 51.

108 Zum Thema Brachen siehe Sabine Tschäppeler, Sabine Gresch, Martin Beutler, *Brachland. Urbane Freiräume neu entdecken*, Bern, Stuttgart, Wien 2007.

109 Vgl. Lange 2018 (wie Anm. 18), S. 204.

110 Diese Ideen basieren auf Vorschlägen von Prof. Joan Iverson Nassauer. Die amerikanische Wissenschaftlerin hat untersucht, wie wilde Naturelemente im Siedlungsraum besser akzeptiert werden können. Nach ihr geschieht das unter anderem mithilfe von Hinweisen zur Pflege («cues to care») und klaren Grenzen («orderly frames»), mit denen gezeigt wird, dass es sich hier um eine absichtsvolle Maßnahme mit klaren Grenzen und einem Pflegeregime handelt. Vgl. Joan Iverson Nassauer, «Messy Ecosystems, Orderly Frames», in: *Landscape Journal*. (Vol. 14, No. 2. Madison. Wisconsin. 1995). S. 161–170.

111 «Der Grundriss der Kita Weltenbummler erinnert an eine Landkarte. Die Farbinseln dienen der Zuordnung zu einer Altersgruppe und geben den Kindern Hilfestellung bei der räumlichen Orientierung. Die Kinder fühlen sich zugehörig, ganz nach dem Motto: meine Farbe, meine Gruppe.» Nathalie Dziobek-Bepler (Hrsg.), *Räume für Kinder. Gestaltung auf Augenhöhe,* Berlin 2020.

112 Marie Meierhofer Institut für das Kind 2015 (wie Anm. 21).

113 Die Abmessungen aller Spielfeldgrößen für Kinder unterschiedlicher Altersstufen finden sich zum Beispiel auf www.fussballtraining.de.

114 Ernst Neufert, *Bauentwurfslehre.* Köln 1992, S 430.

115 Siehe www.fussballtraining.de.

Spielgeräte

116 Neufert 1992 (wie Anm. 114), S. 276.

117 Siehe etwa DIN SN EN 1176.

118 Siehe etwa Fachdokumentation Nr. 2.348, Spielplätze der Beratungsstelle für Unfallverhütung.

119 Eine ausführliche Beschreibung von Kontroll- und Wartungsaufgaben findet sich in der Fachdokumentation der Beratungsstelle für Unfallverhütung (wie Anm. 118), S. 19 ff.

Materialien

120 Der Ausspruch stammt ursprünglich vom bekannten Schweizer Architekten Luigi Snozzi (1932–2020).

121 Die Idee stammt vom Schweizer Landschaftsarchitekten Martin Keller (Büro egü in Zürich), der sie in seinem Projekt «Parc des anciennes serres» in Neuchâtel umgesetzt hat.

122 Babylon, 6. Jh. v. Chr. Ein bunter Nachbau mit den Löwen, Greifen und Stieren findet sich im Pergamonmuseum in Berlin.

123 Ein frühes Beispiel für ein mit Robotern erstelltes Ziegelbauwerk ist das von den Schweizer Architekten Gramazio und Kohler 2006 erstellte Weingut Gantenbein in Fläsch.

124 «Zahlreiche Spielzeuge und Produkte für Kinder wären eher ein Fall für die Sondermülldeponie als für das Kinderzimmer.» Bund für Umwelt und Naturschutz Deutschland, Achtung Plastik! www.bund.net (14.08.2021), S. 21.

Pflanzenverwendung

125 Marie Meierhofer Institut 2015 (wie Anm. 21).

126 Quelle: www.toxinfo.ch. Eine entsprechende Liste für Deutschland findet sich im Bundesanzeiger unter dem Kürzel: BAnz AT 02.07.2021 B4: Bekanntmachung einer Liste besonders giftiger Gartenpflanzen und einheimischer Pflanzen in der freien Natur. 19. Mai 2021.

Sicherheit in Freiräumen

127 Siehe Bundesarbeitsgemeinschaft Mehr Sicherheit für Kinder e. V., www.kindersicherheit.de.

128 Beratungsstelle für Unfallverhütung: www.bfu.ch.

129 Bundesarbeitsgemeinschaft (wie Anm. 127).

130 Österreichisches Komitee Unfallverhütung im Kindesalter: www.grosse-schuetzen-kleine.at/sicherheitstipps.

131 Hüttenmoser 2010 (wie Anm. 13).

132 Norm SIA 358 Geländer und Brüstungen.

133 Dies sind die Schweizer Regelungen. Die deutschen und österreichischen Regelungen weichen ab. Siehe DIN 18034: Spielplätze – Vorgaben zu Einfriedung, Spielsand und Wasser.

134 Beratungsstelle für Unfallverhütung: www.bfu.ch/de/dossiers/kinder-im-strassenverkehr.

135 https://www.zukunft-mobilitaet.net/2315/verkehrssicherheit/kinder-einschaetzung-geschwindigkeit-unfall-looming/.

136 Tox Info Suisse. Giftige Garten- und Wildpflanzen.

137 https://www.uniklinik-freiburg.de/giftberatung.

138 https://www.uniklinik-freiburg.de/giftberatung

Typen von Spielräumen

139 Weiterführende Informationen: Verband Kindergärtnerinnen Schweiz KgCh (Hrsg.), *Richtlinien für den Bau von Kindergärten und Räumen der Basisstufe,* Bern 2006.

140 Quelle: Ahmed Derecik, *Praxisbuch Schulfreiraum. Gestaltung von Bewegungs- und Ruheräumen an Schulen,* Wiesbaden 2015.

141 Marco Hüttenmoser, in: Tschäppeler 2007 (wie Anm. 108), S. 10.

142 Bundesministerium für Verkehr, Bau und Stadtentwicklung 2010 (wie Anm. 46), S. 16.

143 Detailliertere Angaben zu diesen rechtlichen Fragen finden sich in: Tschäppeler 2007 (wie Anm. 108), S. 89–92.

144 Weiterführende Literatur: Philipp Oswalt, *Urban Catalyst. Mit Zwischennutzungen Stadt entwickeln,* Berlin 2014; sowie Sabine Tschäppeler 2007 (wie Anm. 108).

145 Weiterführende Literatur: Bundesamt für Naturschutz (Hrsg.), Heike Molitor, *Leitfaden Naturerfahrungsräume in Großstädten. Eine Arbeitshilfe für Vorbereitung, Planung, Einrichtung und Betrieb,* Eberswalde 2016.

146 Weiterführende Literatur: Alex Oberholzer, Lore Lässer, *Gärten für Kinder. Naturnahe Schul- und Familiengärten,* Stuttgart 1995; Land Niederösterreich (Hrsg.), *Naturnahe Schulfreiräume. Ein Handbuch für Planung, Gestaltung und Nutzung,* St. Pölten o. J.; Deutsche gesetzliche Unfallverhütung (Hrsg.), *Naturnahe Spielräume,* Berlin 2006.

147 Vgl. Heidi Kasper, *Erlebnis Stadtpark. Nutzung und Wahrnehmung urbaner Grünräume.* Wiesbaden 2012, S. 267: «Denn übersichtlich gestaltete Räume erlauben einerseits eine distanzierte und daher zurückhaltende Kontrolle über den Raum. Dies erhöht den Bewegungsradius von Kindern und verringert die Notwendigkeit der unmittelbaren Nähe ihrer Betreuungspersonen, wodurch letztere entspannter verweilen können.»

148 Weiterführende Literatur: Elisabeth Behre, *Naturbezogene Gestaltung eines Stadtparks unter besonderer Berücksichtigung der Bedeutung von Naturerfahrung für Kinder,* Eberswalde 2005; sowie Kasper 2012 (wie Anm. 147).

149 Vgl. Jürgen Kleeberg, *Spielräume für Kinder planen und realisieren,* Stuttgart 1999, S. 122.

150 Weiterführende Literatur: Kleeberg 1999 (wie Anm. 149), Agde 2013 (wie Anm. 26), Beratungsstelle für Unfallverhütung 2020 (wie Anm. 119).

151 Weiterführende Literatur: Veith Kilberth, *Skateparks: Räume für Skateboarding zwischen Subkultur und Versportlichung,* Bielefeld 2021, Deutsches Institut für Normung, *Skateparks – Sicherheitstechnische Anforderungen und Prüfverfahren. Deutsche Fassung EN 14974:2019,* Berlin 2019.

152 Weiterführende Literatur: Stiftung Denk an mich, «Spielplätze für alle. Ein Leitfaden», Zürich 2013; www.denkanmich.ch; https://nullbarriere.de/spielplatz-barrierefrei.htm; Günter Beltzing, *Spielmöglichkeiten für behinderte Kinder,* in: Agde 2013 (wie Anm. 26).

153 Weiterführende Literatur: Marie Meierhofer Institut für das Kind, «Kinder und Tiere», *und Kinder,* 85, 2010.

154 Weiterführende Literatur: Beratungsstelle für Unfallverhütung 2013 (wie Anm. 103).

Bibliografie

Jan Abt, Claudia Hillmann, *Kinder- und Jugendinteressen in der räumlichen Planung. Das neue Planungsinstrument «Spielleitplanung» am Beispiel von Berlin,* Berlin 2011.

Lea Aeschlimann, Annina Fritz, Richard Zemp, *Handlungsempfehlung für die transdisziplinäre und partizipative Planung von Spielräumen für Kinder,* Luzern o. J.

Georg Agde et. al., *Spielräume und Freiräume zum Spielen,* Berlin 2013.

Arbeitsgruppe Spielraum Stadt Weimar, *Spielen in Weimar,* Weimar 2011.

Philippe Ariès, *L'enfant et la vie familiale sous l'ancien régime* (deutsch: Die Entdeckung der Kindheit), Paris 1960.

Elisabeth Behre, *Naturbezogene Gestaltung eines Stadtparks unter besonderer Berücksichtigung der Bedeutung von Naturerfahrung für Kinder,* Eberswalde 2005.

Beratungsstelle für Unfallverhütung bfu (Hrsg.), *Fachbroschüre Begegnungs-Zonen,* Bern 2013.

Beratungsstelle für Unfallverhütung bfu (Hrsg.), *Fachbroschüre Tempo-30-Zonen,* Bern 2011.

Beratungsstelle für Unfallverhütung: www.bfu.ch/de/dossiers/kinder-im-strassenverkehr.

Beratungsstelle für Unfallverhütung bfu (Hrsg.), *Spielplätze. Planung und Gestaltung von sicheren Spielplätzen im öffentlichen Aussenbereich. Fachdokumentation 2.348,* Bern 2020.

Mirjam Bernegger, *Projekt JO! St. Johann. Quartierentwicklung mit Kindern, Auswertung und Schlussbericht der Mental Maps,* Basel 2006.

Franco Bezzola, Simone Gäumann, Susanne Karn, *Freiraumentwicklung in Agglomerationsgemeinden. Herausforderungen und Empfehlungen,* Zürich 2018.

Baldo Blinkert, *Aktionsräume von Kindern in der Stadt,* Freiburg 1996.

Baldo Blinkert, Peter Höfflin, *Freiraum für Kinder. Ergebnisse einer Umfrage im Rahmen der Freiraumkampagne der Stiftung Pro Juventute,* Zürich / Freiburg 2016.

Klaus Busch, *Kindgerechte Wohnumwelt. Grundsätze einer an den Bedürfnissen von Kindern orientierten Planung städtischer Wohnquartiere,* Oldenburg. 1995.

Bundesamt für Naturschutz (Hrsg.), Heike Molitor, *Leitfaden Naturerfahrungsräume in Großstädten. Eine Arbeitshilfe für Vorbereitung, Planung, Einrichtung und Betrieb,* Eberswalde 2016.

Bundesamt für Strassen ASTRA und Fussverkehr Schweiz, *Fusswegnetzplanung,* Bern 2015.

Bundesamt für Strassen ASTRA und Fussverkehr Schweiz, *Massnahmenplanung Fussverkehr,* Bern / Zürich 2018.

Bundesarbeitsgemeinschaft Mehr Sicherheit für Kinder e. V., www.kindersicherheit.de.

Bundesministerium für Verkehr, Bau und Stadtentwicklung (Hrsg.), *Freiräume für Kinder und Jugendliche,* Berlin 2010.

Bund für Umwelt und Naturschutz Deutschland, Achtung Plastik! www.bund.#net.

Sabine Degener, *Schulweg zu Fuss.* Bfu-Fachdokumentation 2.262, Bern 2016.

Ahmed Derecik, *Praxisbuch Schulfreiraum. Gestaltung von Bewegungs- und Ruheräumen an Schulen,* Wiesbaden 2015.

Deutsche gesetzliche Unfallverhütung (Hrsg.), *Naturnahe Spielräume,* Berlin 2006.

Maria Teresa Diez Grieser, «Entwicklungsphasen der Kindheit. Themen, Aufgaben und Konflikte», in: *Traumatisierte Kinder. Castagna Themenheft* 2011, Zürich 2011.

Maria Teresa Diez Grieser, Olivia Gasser, «Wechselwirkung zwischen innerer und äusserer Welt in der Entwicklung des Kindes», in: Marie Meierhofer Institut für das Kind (Hrsg.), *undKinder. Drinnen und Draussen* 94, Zürich 2014.

Deutsche gesetzliche Unfallverhütung (Hrsg.), *Naturnahe Spielräume*, Berlin 2006.

DIN EN 14974, *Skateparks – Sicherheitstechnische Anforderungen und Prüfverfahren.*

DIN 18034, *Spielplätze und Freiräume zum Spielen – Anforderungen für Planung, Bau und Betrieb.*

DIN EN 1176, *Spielplatzgeräte und Spielplatzböden.*

DIN EN 1177, *Stoßdämpfende Spielplatzböden – Prüfverfahren zur Bestimmung der Stoßdämpfung.*

Nathalie Dziobek-Bepler (Hrsg.), *Räume für Kinder. Gestaltung auf Augenhöhe*, Berlin 2020.

Einwohnergemeinde Sarnen, *Richtlinien für qualitätsvolle Wohnumfelder*, Sarnen 2013.

Sabine Fischer, Peter Rahn, (Hrsg.), *Kind sein in der Stadt. Bildung und ein gutes Leben*, Leverkusen-Opladen 2017.

Ralph Gälzer, *Grünplanung der Städte*, Stuttgart 2001.

Tim Gill, *Urban Playground. How Child-Friendly Planning and Design Can Save Cities*, London 2022.

HSR Hochschule für Technik Rapperswil – Kompetenzzentrum Wohnumfeld (Hrsg.), *Wohnumfeldqualität. Kriterien und Handlungsansätze für die Planung*, Aachen 2018.

Peter Höfflin, «Kinderfreundliche Stadtentwicklung und kommunale Kinderpolitik. Stadtforschung und Statistik», in: *Zeitschrift des Verbandes Deutscher Städtestatistik*, 35(1), 2022.

Susanne Hofmann, *Partizipation macht Architektur*, Berlin 2014.

Marco Hüttenmoser, «Den aufrechten Gang lernt man – in einer gesunden Umwelt – spontan!», in: *undKinder* 77, Zürich 2006.

Marco Hüttenmoser, *Ohne gesunde Umwelt keine gesunde Entwicklung*, Dokumentationsstelle Kind und Umwelt, Muri 2004. www.kindundumwelt.ch.

Marco Hüttenmoser, «Hors-sol-Kinder», in: *Neue Zürcher Zeitung*, 23.08.2010.

Marco Hüttenmoser, «Kinder auf dem Weg – selbständig und sicher durch Stadt und Gemeinde», Vortrag am Gemeindevernetzungstreffen in Wolfurt am 19.11.2015, S. 2., www.kindundumwelt.ch.

Marco Hüttenmoser, *Wenn schon hoch hinaus, dann kinderfreundlich. Verdichtet bauen.* Forschungsstelle Kind und Umwelt, o. J., www.kindundumwelt.ch.

Hochschule für Technik Rapperswil, IRAP Institut für Raumentwicklung (Hrsg.), *Leitfaden für die Beteiligung Jugendlicher in der Planung*, Rapperswil 2012.

Joan Iverson Nassauer, «Messy Ecosystems, Orderly Frames», in: *Landscape Journal*, 14, No. 2, 1995.

Heidi Kasper, *Erlebnis Stadtpark. Nutzung und Wahrnehmung urbaner Grünräume*, Wiesbaden 2012.

Raimund Kemper, Nicola Roggo, *Kinder- und jugendgerechte Freiräume. Anleitung zu Planung und Gestaltung*, St. Gallen 2022.

Raimund Kemper, Christian Reutlinger, Joachim Schöffel, *Wohnumfeld. Nutzung, Qualität, Planung*, Düren 2020.

Fabian Kessl, Christian Reutlinger, *Urbane Spielräume. Bildung und Stadtentwicklung*, Wiesbaden 2013.

Veith Kilberth, *Skateparks. Räume für Skateboarding zwischen Subkultur und Versportlichung,* Bielefeld 2021.

Jürgen Kleeberg, *Spielräume für Kinder planen und realisieren,* Stuttgart 1999.

Land Niederösterreich (Hrsg.), *Naturnahe Schulfreiräume. Ein Handbuch für Planung, Gestaltung und Nutzung,* St. Pölten o. J.

Alexandra Lange, *The Design of Childhood,* New York 2018.

Gerison Lansdown, «Das Konzept der Partizipation», in: Marie Meierhofer Institut für das Kind (Hrsg.), *undKinder* 89, Zürich 2016.

Laozi (Lao-Tse), *Tao-Te-King, Das Buch des Alten vom Sinn und Leben. o. J.*

Herbert Claus Leindecker, *Verdichtete Bebauungsstrukturen als kinderfreundliche Wohnumwelt in der Stadt,* Herbolzheim 2004.

Österreichisches Komitee für Unfallverhütung im Kindesalter: www.grosse-schuetzen-kleine.at/sicherheitstipps.

Rüdiger Maas, *Generation lebensunfähig,* München 2021.

Marie Meierhofer Institut für das Kind (Hrsg.), «Einblicke in die Lebenswelten junger Kinder», in: *undKinder* spezial 96, Zürich 2015.

Marie Meierhofer Institut für das Kind (Hrsg.), «Kinder und Tiere», in: *undKinder* 85, Zürich 2010.

Marie Meierhofer Institut für das Kind (Hrsg.), «Partizipation in der frühen Kindheit», in: *undKinder* 98, Zürich 2016.

Bernhard Meyer, *Die bespielbare Stadt,* Düren 2009.

Eva Müller, «Ich kann das! Selbstwirksamkeit bei Kindern», in: *Kindergarten heute* 2, 2012.

Gabriela Muri-Koller, *Kinder und ihre Lebensräume. Grundlagenbericht 2011,* Paul Schiller Stiftung, Zürich 2011.

Gabriela Muri, «Gesellschaftsräume: Wo sind die Kinder? Argumente für eine kindergerechte Struktur- und Prozessqualität im Alltag», in: Fischer, Sabine, Rahn, Peter (Hrsg.), *Kind sein in der Stadt. Bildung und ein gutes Leben,* Leverkusen-Opladen 2017.

Gabriela Muri, «‹Mehr als Wohnen› – Wohnen, Räume, Lebenswelten: Planung, Architektur und Erziehungsmuster ermöglichen oder verhindern Entwicklung», in: Marie Meierhofer Institut für das Kind (Hrsg.), in: *undKinder* 94, Zürich 2014.

Gabriela Muri, *Für eine familienfreundliche Wohnpolitik. Thesenpapier im Auftrag der Eidgenössischen Koordinationskommission für Familienfragen EKFF,* Bern 2011.

Claudius Natsch, «Kinder an die Macht?», in: Marie Meierhofer Institut für das Kind (Hrsg.), *undKinder* 98, Zürich 2016.

Joan Iverson Nassauer, «Messy Ecosystems, Orderly Frames», in: *Landscape Journal* Vol. 14, Nr. 2 Wisconsin 1995.

Ernst Neufert, *Bauentwurfslehre.* Köln 1992.

Alex Oberholzer, Lore Lässer, *Gärten für Kinder. Naturnahe Schul- und Familiengärten,* Stuttgart 1995.

Philipp Oswalt, *Urban Catalyst. Mit Zwischennutzungen Stadt entwickeln,* Berlin 2014.

Cosima Pilz, Petra Völkl, *Kinderfreundliche Mobilität. Ein Leitfaden für eine kindergerechte Verkehrsplanung und -gestaltung,* Wien o.J.

Präsidialdepartement des Kantons Basel-Stadt. Kantons- und Stadtentwicklung, *Auf Augenhöhe 1.2 m. Leitfaden zur Förderung einer kinderfreundlichen Stadtentwicklung,* Basel 2016.

Daniel Rimbach, *Öffentliche Freiräume für Kinder als Gegenstand der städtischen Freiraumplanung von der Mitte des 19. bis zur Mitte des 20. Jahrhunderts,* Dissertation, Hannover 2009.

Daniel Sauter, Marco Hüttenmoser, *Integrationspotenziale im öffentlichen Raum urbaner Wohnquartiere,* Zürich 2006.

Joachim Scheiner, *Mobilität von Kindern. Stand der Forschung und planerische Konzepte,* Sciendo, Warschau 2019.

Franziska Shenton-Bärlocher, Stefan Schnurr, *Jo! St. Johann – Quartierentwicklung mit Kindern. Nachbearbeitung der Bestandesaufnahme. Auswertung von Streifzügen mit Kindern durchs St. Johannquartier,* Basel 2007.

SIA-Norm 358, Geländer und Brüstungen.

Heidi Simoni, «Editorial», in: Marie Meierhofer Institut für das Kind (Hrsg.), *undKinder* 94, Zürich 2014.

Carl Theodor Sørensen, *Parkpolitik i Sogn og Købstad* (deutsch: Parkpolitik für Stadt und Land), Kopenhagen 1931.

Manfred Spitzer, *Die Entwicklung von Freiheit und Selbstbestimmung aus neurobiologischer Sicht.* Vortrag an der Tagung Kinderfreundliche Lebensräume, «Ich kann das allein!» der UNICEF Schweiz vom 30.10.2017 in St. Gallen.

Stiftung Denk an mich, *Spielplätze für alle. Ein Leitfaden,* Zürich 2013.

Sabine Tschäppeler, Sabine Gresch, Martin Beutler, *Brachland. Urbane Freiräume neu entdecken,* Bern, Stuttgart, Wien 2007.

Andrea Uhr, *Entwicklungspsychologische Grundlagen. Überblick und Bedeutung für die Verkehrssicherheit,* bfu – Beratungsstelle für Unfallverhütung, Bern 2015.

Unicef Schweiz und Liechtenstein, Paul Schiller Stiftung (Hrsg.), *Planung und Gestaltung von kinderfreundlichen Lebensräumen. Grundlagen, Checklisten, Fallbeispiele,* Zürich 2020.

Verband Kindergärtnerinnen Schweiz KgCh (Hrsg.), *Richtlinien für den Bau von Kindergärten und Räumen der Basisstufe,* Bern 2006.

Martin Vetter, «Spielend Risikokompetenz erwerben?», in: Marie Meierhofer Institut für das Kind (Hrsg.), *undKinder* 77, Zürich 2006.

Colin Ward, *Das Kind in der Stadt,* Frankfurt 1978.

Ruedi Weidmann, «Kinderstimmen in der Stadtplanung», in: *tec21* 14/15, Zürich 2009.

Astrid Zimmermann, *Landschaft Planen. Dimensionen, Elemente, Typologien,* Basel 2014.

Klaus Zweibrücken, *Fussverkehr II: Kinder als Verkehrsteilnehmende.* Unveröffentlichtes Skript der Fachhochschule Rapperswil, Rapperswil 2016.

Schlagwortverzeichnis

A

B

C

D

E

F

G

H

J

K

L

M

N

U

V

W

Z

Dank

Viele Personen haben die Entstehung des Manuskripts und die Produktion des Buches freundlich begleitet und unterstützt.

Am Ende half eine sehr namhafte Summe dem Vorhaben zur Realisierung. Dafür danke ich ganz herzlich einem Verleger und Freund, der nicht genannt werden möchte. Er hat mit seinem begeisterten Lob und seinem Beitrag den entscheidenden Schub gegeben.

Von Beginn an stand mir Maja Nagel Dettling mit gutem Rat und großer Geduld zur Seite. Sie hat als Stiftungsrätin der Paul Schiller Stiftung das Vorhaben gefördert und mir aus einer großen Krise mit Lob und gutem Zureden herausgeholfen.

Auch der Lektor des Buches, Michael Wachholz, hat in dieser Krise mit klugem Rat geholfen. Ihm und seinem Vorgänger, dem Lektor Andreas Müller, danke ich sehr herzlich für die sehr engagierte Begleitung des Vorhabens.

Dem Produktionsteam des Birkhäuser Verlags mit Katharina Kulke, Ulrich Schmidt und Amelie Solbrig gehört ein großes Dankeschön für die freundliche Unterstützung und die professionelle und effiziente Zusammenarbeit in der Realisierungsphase.

Meine Schwester, Andrea Gadient-Horváth, Erstleserin, Lehrerin, Grafikerin und Mutter, hat mich über Jahre immer wieder ermutigt, das Manuskript kritisch kommentiert und mich in allen gestalterischen Fragen beraten. ¡Muchas gracias!

Fünf Studentinnen der Landschaftsarchitektur an der Ostschweizer Fachhochschule haben sich in individuellen Vertiefungsprojekten mit Kindern und Freiräumen beschäftigt, und viele ihrer Erkenntnisse haben Eingang ins Manuskript gefunden. Dafür danke ich Manon Bütiker, Manuela Walser, Anne Zumstein, Rebecca Glaus und Manuela Meier ganz herzlich.

Ein großer Dank geht an meinen Kollegen Professor Carsten Hagedorn, der als Verkehrsplaner mit seinem Fachlektorat sehr viel beigetragen hat, um in das anspruchsvolle Thema mehr Klarheit zu bringen.

Ein herzliches Dankeschön geht auch an meine Kollegin, die Landschaftsarchitektin Manuela Egeter, die mit ihrer Erfahrung als Fachfrau und Mutter das Manuskript gelesen und mit hilfreichen Anmerkungen versehen hat.

Jan Robert Dünnweller war von Anfang an mein Wunschillustrator. Mit seinen wunderbaren, witzigen und präzisen Zeichnungen hat er Farbe und Leben in die Textwüste getragen und dem Buch ein Gesicht gegeben. Ich danke ihm von Herzen für seine tolle Arbeit und die fruchtbare Zusammenarbeit mit den Grafikern, dem Verlag und mir.

Text und Zeichnungen in ihre schöne Endform gegossen hat das Team von Michael Heimann und Hendrik Schwantes, das mit seiner Grafik von Anfang an die richtige Richtung vorgegeben hat. Danke für ihren Enthusiasmus und die große Sorgfalt.

Erhebliche finanzielle Unterstützung leisteten die folgenden Institutionen und Stiftungen: Ostschweizer Fachhochschule, Rapperswil-Jona; Paul Schiller Stiftung, Zürich; Ernst Göhner Stiftung, Zug; Bund Schweizer Landschaftsarchitektinnen und Landschaftsarchitekten, Zürich. Ihnen allen danke ich herzlich.

Zum Autor

Hansjörg Gadient hat an der Eidgenössischen Technischen Hochschule Zürich und an der Hochschule der Künste Berlin Architektur und Bildhauerei studiert. Er hat freiberuflich als Stadtplaner in Berlin und als Landschaftsarchitekt in Zürich gearbeitet und zu Kunst, Architektur, Städtebau und Landschaftsarchitektur in tec21, Neue Zürcher Zeitung, Centrum Jahrbuch, Das Magazin und mare publiziert. Seit 2012 ist er Professor für Planung und Entwurf urbaner Freiräume an der Ostschweizer Fachhochschule in Rapperswil. Auf das Thema kindergerechte Freiräume ist er durch seine Arbeit als Co-Leiter der Fachstelle Architektur und Schule an der ETH Zürich gestoßen.

Zum Illustrator

Jan Robert Dünnweller hat in Linz, Istanbul und Weimar Industriedesign und visuelle Kommunikation studiert. Seit mehr als 10 Jahren arbeitet er als Illustrator unter anderem für Zeitungen und Magazine wie die New York Times, The New Yorker, The Atlantic und Die Zeit, für Unternehmen wie Apple, Moncler und Rimowa, sowie Stiftungen und kulturelle Institutionen wie der Bayerischen Staatsoper und den Verband deutscher Stiftungen. Als Lehrbeauftragter für Illustration hat er an der Akademie der Bildenden Künste in Nürnberg gearbeitet und Workshops und Vorträge unter anderem an der Bauhaus Universität Weimar und der Hochschule Mainz gehalten. 2020 wurde er mit dem World Illustration Award ausgezeichnet. Mit seiner Familie lebt er in Passau.

Konzept und Text
Hansjörg Gadient

Illustrationen
Jan Robert Dünnweller

Lektorat
Michael Wachholz, Ulrich Schmidt

Projektkoordination
Katharina Kulke

Herstellung
Amelie Solbrig

Layout und Satz
Heiman + Schwantes

Lithografie
Jan Scheffler & Kerstin Wenzel GbR

Druck
Gutenberg Beuys Feindruckerei GmbH

Papier
Munken Print White 18, 115 g/m²

Library of Congress Control Number
2024934330

Bibliografische Information
der Deutschen Nationalbibliothek

Die Deutsche Nationalbibliothek verzeichnet diese Publikation in der Deutschen Nationalbibliografie; detaillierte bibliografische Daten sind im Internet über http://dnb.dnb.de abrufbar.

ISBN 978-3-0356-2473-1
e-ISBN (PDF) 978-3-0356-2476-2

Im Westfeld 8, 4055 Basel, Schweiz

Ein Unternehmen der Walter de Gruyter GmbH, Berlin/Boston

www.birkhauser.com

FSC www.fsc.org
MIX
Papier | Fördert gute Waldnutzung
FSC® C009051